Guide *de* Charme

HOTELS UND LANDGASTHÄUSER MIT CHARME IN PORTUGAL

Wichtiger Hinweis

Gemäß einer Rechtsprechung (Toulouse, 14.01.1887) kann der Verleger für eventuelle Fehler und Mängel in diesem Titel, die trotz sorgfältiger Arbeit und Kontrolle des Redaktionsteams nicht vermieden werden konnten, nicht haftbar gemacht werden.

ISBN: 2-7436-0538-3
ISSN: 0991-4781

© Editions Payot et Rivages, 2000
106, boulevard Saint-Germain - 75006 Paris - France

Michelle Gastaut – Editions Rivages
10, rue Fortia 13001 Marseille - France

Guide *de* Charme

HOTELS UND LANDGASTHÄUSER MIT CHARME IN PORTUGAL

Projektleitung:
Michelle Gastaut

Mitarbeit: Fabrice Camoin

Aus dem Französischen von
Claudia Baldus

Rivages

Diese Neuauflage für das Jahr 2000 umfaßt 212 Adressen. Die von uns ausgewählten Häuser gehören verschiedenen Kategorien an: vom schlichten Landgasthof bis zum Luxushotel. Mit Hilfe der Beschreibungen der Hotels - die vor der Reservierung aufmerksam gelesen werden sollten - sind die Kategorien leicht zu erkennen. Die Auswahl sollte allerdings nicht nur nach Anzahl der Sterne getroffen werden, denn die Adressen des *Turismo d'Habitaçao* werden beispielsweise gar nicht auf diese Weise klassifiziert.

Tourismus in ländlichen Gegenden

Dies ist eine Art der Unterbringung bei Einheimischen. Sie wohnen im Haupthaus oder in Nebengebäuden und kommen dank einer familiären Atmosphäre unmittelbar in Kontakt mit der lokalen Bevölkerung, ihren Sitten und Gebräuchen.

Kategorien:
Turismo d'Habitaçao (TH)
Herrenhäuser, villenähnliche Häuser oder Wohnsitze von architektonisch anerkanntem Wert, mit entsprechenden Räumlichkeiten und schöner Innenausstattung.
Turismo Rural (TR)
Rustikale Häuser, die den charakteristischen Stil ihrer ländlichen Umgebung aufweisen. Sie befinden sich in Ortschaften oder nicht weit davon entfernt.
Agroturismo (AT)
Diese Häuser oder Nebengebäude gehören zu landwirtschaftlichen Anwesen.

Einige dieser Adressen (TH*), (TH-MA), Pousadas*, gehören einem Eigentümer-Verband an, dessen Anschriften wir Ihnen anbei mitteilen. Sie können sich an diese Verbände wenden, falls Sie Schwierigkeiten haben, einen Besitzer zu erreichen. Sie können auch über den Verband direkt reservieren. Sie sollten auch wissen, daß eine Reservierung bei dieser Art Unterkunft immer vonnöten ist und daß eine Mindestreservierung gewöhnlich zwei Nächte umfaßt.

TURIHAB (TH*)
4990 Ponte de Lima - Praça da Repùblica
Tel. 00 351/58-74 16 72 - 74 28 27 - 74 28 29
Fax 00 351/58-74 14 44
E-mail: turihab@mail.telepac.pt

ANTER
Travessa do Megué, 4-1.°
7000 Evora
Tel. u. Fax 00 351/66-74 45 55

PRIVETUR
Largo das Pereiras
4990 Ponte de Lima
Tel. 00 351/58-74 93
Fax 00 351/58-74 14 93

POUSADAS DE PORTUGAL*
Tel. 00 351/1-844 20 00 /1
Fax 00351/1-844 20 85 /7
Web: http://www.pousadas.pt

TURISMO MONTES ALENTEJANOS (TH-MA)
7400 - Ponte de Sôr, Avenida da Libertade 115
Tel. und Fax 00 351/042-24 102

Außerdem möchten wir auch darauf hinweisen, daß die von uns angegebenen Preise 1998 gültig waren und von den Hoteliers jederzeit revidiert werden können.
Die hier angegebenen Preise sollten deshalb nur als Richtwert angesehen werden. Am besten fragen Sie noch einmal nach den genauen Preisen, wenn Sie reservieren. In Portugal gibt es davon abgesehen drei saisonal bedingte, unterschiedliche Preiskategorien. Außerdem möchten wir Sie darauf hinweisen, daß der Preis der Halb- oder Vollpension meist zu dem Zimmerpreis addiert wird.

Am Ende des Führers sind einige empfehlenswerte Restaurants und Bars nach Regionen aufgeführt, damit Sie auch die Lebensart des Landes kennenlernen können. Die Preisangaben entsprechen vollständigen Mahlzeiten ohne Getränke.

Wie man diesen Führer benutzen sollte

Die Hotels sind nach Regionen und innerhalb dieser nach Ortschaften alphabetisch geordnet; die Seitennummer des Hotels entspricht der Nummer auf den eingangs abgebildeten Straßenkarten. Um eine bestimmte Adresse zu finden, kann man entweder das Hotelverzeichnis am Anfang oder das alphabetische Verzeichnis am Ende benutzen.

Alle praktischen Hinweise (Flughäfen, Vorwahlen und Wechselkurse) finden Sie auf Seite 8.

Um unsere Ausgabe weiterhin zu verbessern, wären wir Ihnen für eine Bewertung der ausgewählten Hotels dankbar, aber auch für Vorschläge neuer Adressen, die Ihnen empfehlenswert erscheinen. Wenn Sie eines der Hotels enttäuscht hat, können Sie uns dies ebenfalls gerne mitteilen.

Unsere Anschrift:

Editions Payot & Rivages
106, bd. Saint-Germain   *oder*   *10, rue Fortia*
F - 75006 Paris   *F- 13001 Marseille*

INHALT

Restaurantverzeichnis
Praktische Hinweise
Hotelverzeichnis
Inhalt
Generalkarte
Straßenkarten

Hôtels und Landgasthäuser:
    Alentejo 1
    Algarve..37
    Beira..53
    Douro 78
    Estramadura 92
    Minho 131
    Ribatejo..165
    Tras-os-Montes 176
    Azoren..183
    Madeira...200

Restaurants...215
Ortsverzeichnis..229
Alphabetisches Verzeichnis 235

RESTAURANT

Alentejo 215
Algarve 216
Beira 217
Douro 218
Estramadura 220
Minho 225
Ribatejo 226
Azoren 226
Madeira 227

PRAKTISCHE HINWEISE

FLUGHÄFEN

– **Faro**: Tel. 289-80 08 00 - 7 km.

– **Lisabon**: Tel. 21-849 36 89 - 8 km.

– **Porto - Pedras Rubras**: Tel. 22- 608 02 00 - 17 km.

– **Funchal (Madeira)**: Tel. 291-52 49 41 - 25 km.

– **Azoren**: Ab Lissabon zur Insel São Miguel. Informationen über die anderen Flüge (Terceira, Faial) in Ponta Delgada: TAP-Air Portugal, av. Infante Dom Henrique.

TELEFON

Für Portugal gilt die Länderwahl
00 351 + gewünschte Rufnummer

HOTELVERZEICHNIS

Die Preisangaben in Klammern sind in Escudos und in Euro. Es sind jeweils die Preise für ein Doppelzimmer, manchmal mit Halbpension. Dazu kann noch eine Taxe zwischen 6 und 15% kommen (bei Reservierung erfragen). Nähe Informationen finden Sie auf den angegebenen Seiten.

Turismo d'Habitação / (TH) et (TH*)
Turismo Rural / (TR)
Agroturismo / (AT)
Pousada / (P*)

A L E N T E J O

Aldeia Velha (Avis) - Karte 4:
Monte de Pêro Viegas *(12000 Esc / 59,86 €)* 1
Benavilla (Avis) - Karte 4:
Monte do Chafariz *(12000 Esc / 59,86 €)* 2
Figueira e Barros (Avis) - Karte 4:
Monte do Padrão *(15000 Esc / 74,82 €)* 3
Beja - Karte 6:
Pousada de São Francisco *(20300-31000 Esc / 101,25-154,63 €)* 4
Alvito (Beja) - Karte 6:
Pousada do Castelo de Alvito *(20300-31000 Esc / 101,25-154,63 €)* 5
Quinta dos Prazeres (TR) *(12500 Esc / 62,35 €)* 6
Santa Clara a velha (Beja) - Karte 5:
Quinta do Barranco da Estrada *(13250-18500 Esc / 66,09-92,28 €)* 7
Serpa (Beja) - Karte 6:
Pousada de São Gens *(16300-24600 Esc / 81,30-122,7 €)* 8
Vila Nova de Milfontes (Odemira) - Karte 5:
Castelo de Milfontes *(26000/28000 Esc - 129,69/139,66 € HP f. 2 Pers.)* 9
Arraiolos- (Évora) - Karte 4:
Pousada de Nossa Senhora da Assuncão *(20300-31600 Esc / 101,25-157,62 €)* .. 10
Pavia- (Évora) - Karte 4:
Monte Velho da Jordana *(18000-24000 Esc / 89,78-119,71 € 4 Pers)* 11
Mora- (Évora) - Karte 3:
Monte da Fraga *(9200/10500 Esc / 45,88-52,37 €)* 12
Estremoz (Évora) - Karte 4:
Pousada La Rainha Santa Isabel *(26500-35700 Esc / 132,18-178,07 €)* 13
Monte dos Pensamentos (TH) *(11000 Esc / 54,87 €)* 14
Évora - Karte 4:
Pousada dos Lóios *(26100-32700 Esc / 130,18-163,1 €)* 15

Residencial Solar Monfalim *(11500-14000 Esc / 57,36-69,83 €)* 16
Residencial Policarpo *(7000-10000 Esc / 34,92-49,88 €)* 17
Casa de Sam Pedro *(12500 Esc / 62,35 €)* 18
Quinta da Espada *(13000 Esc / 64,84 €)* 19
Quinta de S. Thiago *(13250 Esc / 66,09 €)* 20
Monte das Flores-Évora - Karte 4:
  Estalagem Monte das Flores *(7500-14000 Esc / 37,41-69,83 €)* 21
Redondo (Évora) - Karte 4:
  Quinta da Tahla (TH) *(11500 Esc / 57,36 €)* 22
  Hotel Convento de São Paulo *(21500-42000 Esc / 107,24-209,50 €)* 23
Vila Viçosa (Évora) - Karte 4:
  Casa de Peixinhos (TH) *(17500 Esc / 87,29 €)* 24
  Pousada D. João IV *(20300-31600 Esc / 101,25-157,62 €)* 25
Borba (Évora) - Karte 4:
  Casa de Borba *(15000 Esc / 74,82 €)* 26
Flor da Rosa - Crato (Portalegre) - Karte 4:
  Pousada Flor da Rosa *(20300-31000 Esc / 101,25-154,63 €)* 27
Salteiros (Portalegre) - Karte 4:
  Monte da Varzea d'Agua de Salteiros (TH) *(12000 Esc / 59,86 €)* 28
Campo Maior (Portalegre) - Karte 4:
  Quinta dos Avòs (TH) *(10900 Esc / 54,36 €)* 29
Marvão (Portalegre) - Karte 4:
  Pousada Santa Maria *(16300-25100 Esc / 81,30-125,19 €)* 30
Elvas (Portalegre) - Karte 4:
  Estalagem Quinta de Sto Antonio *(12500-17500 Esc / 62,35-87,29 €)* 31
Elvas - Monte da Amoreira (Portalegre) - Karte 4:
  Monte da Amoreira (TR) *(9000 Esc / 44,89 €)* 32
Barrada de Monzaraz - Karte 4:
  Monte Saraz (TH) *(16000 Esc / 79,81 €)* 33
Monsaraz - Karte 4:
  Casa D. Nuno *(10000 Esc / 49,88 €)* 34
Reguengos de Monsaraz - Arrabalde - Karte 4:
  Estalagem de Monsaraz *(16000 Esc / 79,81 €)* 35
Palmela (Setúbal) - Karte 3:
  Pousada de Palmela *(20300-31000 Esc / 101,25-154,63 €)* 36

ALGARVE

Albufeira-Praia do Galé (Faro) - Karte 5:
  Vila Joya *(33000-43000 Esc m. HP/ Pers.. / 164,60-214,48 €)* 37
Almancil-Vale do Lobo (Faro) - Karte 5:
  Hotel Dona Filipa *(35000-57000 Esc / 174,58-284,31 €)* 38
Faro - Santa Barbara de Nexe - Karte 6:
  La Réserve *(28000-40000 Esc / 139,66-199,52 €)* 39
Faro - Estói - Karte 6:
  Monte do Casal *(25200-55600 Esc / 125,69-277,33 €)* 40

Loulé (Faro) - Karte 5:
  Casa Belaventura (TR) *(10500-17000 Esc / 52,37-84,80 €)* 41
  Loulé Jardim Hotel *(7000-11000 Esc / 34,92-54,87 €)* 42
Monchique (Faro) - Karte 5:
  Estalagem Abrigo da Montanha *(11000-16000 Esc / 54,87-79,81 €)* 43
Portimão (Faro) - Karte 5:
  Hotel Bela Vista *(10000-23000 Esc/ 49,88-114,72 €)* 44
Mexilhoeira Grande (Faro) - Karte 5:
  Casa de Palmerinha (TH) *(7500-15000 Esc / 37,41-74,82 €)* 45
Saõ Bras de Alportel (Faro) - Karte 6 :
  Pousada de Saõ Bras *(16000-24600 Esc / 79,81-122,7 €)* 46
Sagres (Faro) - Karte 5:
  Pousada do Infante *(16300-25100 Esc / 81,30-125,19 €)* 47
  Fortaleza do Beliche *(12200-16300 Esc / 60,85-81,30 €)* 48
Tavira (Faro) - Karte 6:
  Quinta do Caracol (TH) *(12000-18000 Esc / 59,86-89,78 €)* 49
  Convento de Santo António (TH) *(17000-24000 Esc / 84,80-119,71 €)* 50
Vilamoura (Faro) - Karte 5:
  Estalagem de Cegonha *(13000-18000 Esc / 64,84-89,78 €)* 51
Lagos - Karte 5:
  Casa de San˙Gonzalo *(10000-14000 Esc / 49,88-69,83 €)* 52

B E I R A S

Aveiro - Karte 1:
  Hotel Paloma Blanca *(12000-15000 Esc / 59,86-74,82 €)* 53
Buçaco (Aveiro) - Karte 1:
  Palace Hotel do Bussaco *(24000-39000 Esc / 119,71-194,53 €)* 54
Curia (Aveiro) - Karte 1:
  Palace Hotel da Curia *(14000-17000 Esc / 69,83-84,80 €)* 55
Luso - Mealhada (Aveiro) - Karte 1:
  Villa Duparchy (TH*) *(12000-14000 Esc / 59,86-69,83 €)* 56
Fundão (Castelo Branco) - Karte 4:
  Casa dos Maias *(10000 Esc / 49,88 €)* 57
Alpedrinha (Castelo Branco) - Karte 4:
  Casa da Comenda (TH) *(11000 Esc / 54,87 €)* 58
  Casa do Barreiro (TH) *(10000 Esc / 49,88 €)* 59
Sertã (Castelo Branco) - Karte 4:
  Albergue do Bonjardim (TH*) *(12500-14000 Esc / 62,35-69,83* 60
Coimbra - Karte 1:
  Quinta das Lagrimas *(29000 Esc / 144,65 €)* 61
  Hotel Astória *(14000-18000 Esc / 69,83-89,78 €)* 62
Oliveira do Hospital (Coimbra) - Karte 1:
  Pousada Santa Bárbara *(14800-22500 Esc / 73,82-112,23 €)* 63
Buarcos-Figueira da Foz (Coimbra) - Karte 1:
  Clube de Vale de Leão *(7250-14500 Esc / 36,16-72,33 €)* 64

Caceira de Cima-Figueira da Foz (Coimbra) - Karte 1:
Casa da Azenha Velha *(13000 Esc / 64,84 €)*... 65
Faia (Guarda) - Karte 2:
Quinta da Ponte (TH*) *(19000 Esc / 94,77 €)*.. 66
Penhas Douradas-Manteigas (Guarda) - Karte 2:
Pousada de São Lourenço *(16300-24600 Esc / 81,30-122,7 €)*................... 67
Seia (Guarda) - Karte 1:
Estalagem da Seia *(11000-11500 Esc / 54,87-57,36 €)*.................................. 68
San Romão - Seia (Guarda) - Karte 1:
Casa das Tílias *(10000-14000 Esc / 49,88-69,83 €)*....................................... 69
Torrozelo (Guarda) - Karte 1:
Quinta da Bela Vista *(12000-13000 Esc / 59,86-64,84 €)*............................. 70
Caramulo (Viseu) - Karte 1:
Pousada de São Jerónimo *(14300-22500 Esc / 71,32-112,23 €*..................... 71
Viseu - Karte 1:
Hotel Grão Vasco *(13500-15500 Esc / 67,34-77,31 €)*................................... 72
Quinta de São Caetano *(14000 Esc / 69,83 €)*... 73
Mangualde (Viseu) - Karte 1:
Estalagem Casa d'Azuzara *(16500-21000 Esc / 82,30-104,75 €)*.................. 74
Canas de Senhorim (Viseu) - Karte 1:
Casa de Abreu Madeira (TH*) *(14000 Esc / 69,83 €)* 75
Póvoa dos Mosqueiros (Viseu) - Karte 1:
Solar da Quinta (TH*) *(10000-14000 Esc / 49,88-69,83 €)*............................ 76
Vilar-Seco-Nelas (Viseu) - Karte 1:
Quinta da Fata (AT) *(12500-14500 Esc / 62,35-72,33 €)*............................... 77

D O U R O

Porto - Karte 1:
Hotel Infante de Sagres *(30500 Esc / 152,13 €)*... 78
Casa do Marechal *(28000 Esc / 139,66 €)*... 79
Hotel Tivoli Porto *(35000 Esc / 174,58 €)*... 80
Hotel da Bolsa *(12500-16000 Esc / 62,35-79,81 €)*.. 81
Castelo de Santa Catarina *(10000 Esc / 49,88 €)*... 82
Pensão Residencial Rex *(8500 Esc / 42,40 €)*.. 83
Guimarei (Porto) - Karte 1:
Quinta da Picaria (TH*) *(14000 Esc / 69,83 €)*... 84
Amarante (Porto) - Karte 1:
Casa de Pascoaes (TH) *(15000-18000 Esc / 74,82-89,78 €)*.......................... 85
Zé da Calçada *(8500 Esc)*.. 86
Serra do Marão (Amarante) - Karte 1:
Pousada São Gonçalo *(12900-17500 Esc / 87,29 €)*...................................... 87
Travanca (Porto) - Karte 1:
Solar de Miragaia (TH*) *(15000 Esc / 74,82 €)*.. 88
Pedraza - Resende (Porto) - Karte 1:
Quinta do Ribeiro *(12000 Esc / 59,86 €)*.. 89

Lamego (Viseu) - Karte 1:
  Quinta da Timpira (TR) *(11000 Esc / 54,87 €)* 90
  Casa de S. Antonio de Britiande (TH) *(16500-18500 Esc / 82,30-92,28 €)* 91

E S T R E M A D U R A

Atouguia da Baleia- Penihe (Leiria) - Karte 3:
  Casa do Castelo (TH) *(12500-14000 Esc / 62,35-69,83 €)* 92
Caldas da Rainha (Leiria) - Karte 3:
  Quinta da Foz (TH) *(14000-20000 Esc / 69,83-99,76 €)* 93
Nazaré (Leiria) - Karte 3:
  Pensão Restaurante Ribamar *(18500 Esc / 92,28 €)* 94
Valado dos Frades - Nazaré (Leiria) - Karte 3:
  Quinta do Campo (TH) *(18000 Esc / 89,78 €)* 95
Obidos (Leiria) - Karte 3:
  Estalagem do Convento *(17000 Esc / 84,80 €)* 96
  Pousada do Castelo *(26100-34000 Esc / 130,18-169,59 €)* 97
  Casal do Pinhnão (TR) *(12000-16000 Esc / 59,86-79,81 €)* 98
  Casa d'Óbidos (TR) *(14000-18000 Esc / 69,83-89,78 €)* 99
Cascais (Lisboa) - Karte 3:
  Estalagem Senhora da Guia *(30000 Esc / 149,64 €)* 100
  Hotel Albatroz *(28000-55000 Esc / 139,66-276,83 €)* 101
  Casa da Pérgola *(15500-19500 Esc / 77,31-92,27 €)* 102
Ericeira (Lisboa) - Karte 3:
  Hotel Vilazul *(8500-13000 Esc / 42,40-64,84 €)* 103
Estoril (Lisboa) - Karte 3:
  Hotel Pálacio *(35000-46000 Esc / 174,58-229,45 €)* 104
Lisboa - Karte 3:
  Lapa Palace *(45000-60000 Esc / 224,46-299,38 €)* 105
  Hotel Avenida Plaza *(27000 Esc / 134,68 €)* 106
  York House Hotel *(28200-33300 Esc / 140,66-166,09 €)* 107
  Hotel Lisboa Palace *(23500-34600 Esc / 117,22-172,58 €)* 108
  As Janelas Verdes *(23500-37000 Esc / 117,22-184,56 €)* 109
  Hotel Metropole *(17000-25000 Esc / 84,80-124,70 €)* 110
  Hotel Lisboa Tejo *(18000 Esc / 89,78 € /)* 111
  Albergaria da Senhora do Monte *(21000-28000 Esc / 104,75-139,66 €)* 112
  Casa de San Mamede *(13000-16000 Esc / 64,84-79,81 €)* 113
Lourinhã (Lisboa) - Karte 3:
  Quinta da Santa Catarina (TH) *(17000 Esc / 84,80 €)* 114
Queluz (Lisboa) - Karte 3:
  Pousada Dona Maria I *(20300-31000 Esc / 101,25-154,63 €)* 115
Sintra (Lisboa) - Karte 3:
  Pálacio de Seteais *(30000-46000 Esc / 149,64-229,44 €)* 116
  Quinta da Capela (TH) *(28000 Esc / 139,66 €)* 117
  Casa Miradouro (TH) *(16000-21000 Esc / 79,81-104,75 €)* 118
  Quinta das Sequóias (TH) *(16000-24000 Esc / 79,81-119,71 €)* 119
  Villa das Rosas (TH) *(16000-20000 Esc / 79,81-99,76 €)* 120
  Casa de Arcada *(8500-12000 Esc / 42,40-59,86 €)* 121

Rio de Mouro (Lisboa) - Karte 3:
Quinta da Fonta Nova (TH) *(17000 Esc / 84,80 €)*.. 122
Sassoeiros - Parede (Lisboa) - Karte 3:
Quinta das Encostas (TH) *(18000 Esc / 89,78 €)*... 123
Azeitão - Aldeia de Piedade (Setúbal) - Karte 3:
Quinta de Santo Amoro (AT) *(14500 Esc / 72,33 €)*.. 124
Azeitão - Vila Nogueira (Setúbal) - Karte 3:
Quinta das Torres *(16500 Esc / 82,30 €)*.. 125
Azeitão - Aldeia de Piedade (Setúbal) - Karte 3:
Quinta do Casal do Bispo (TH) *(12000-14000 Esc / 59,86-69,83 €)*............. 126
Azeitão - Casais da Serra (Setúbal) - Karte 3:
Quinta de Arrábida (TH) *(12500-18000 Esc / 62,35-89,78 €)* 127
Rio Frio-Montijo (Setúbal) - Karte 3:
Palacio de Rio-Frio *(16500 Esc / 82,30 €)*... 128
Setúbal - Karte 3:
Pousada de São Filipe *(31600-34500 Esc / 157,62-172,09 €)* 129
Fornos - Setúbal - Karte 3:
Quinta dos Medos *(15000 Esc / 74,82 €)*.. 130

M   I   N   H   O

Braga - Karte 1:
Hotel do Elévador *(13300-16500 Esc / 66,34-82,30 €)*.................................. 131
Hotel Do Parque *(13300-16500 Esc / 66,34-82,30 €)*.................................... 132
Bom Jésus - Karte 1:
Casa dos Lagos *(12500-14000 Esc / 62,35-69,83 €)*.. 133
Caldelas - Karte 1:
Hotel Bela Vista *(10000-20000 Esc / 49,88-99,76 €)*..................................... 134
Celorico do Basto (Braga) - Karte 1:
Casa do Barão de Fermil (TH*) *(14000 Esc / 69,83 €)*................................... 135
Molares - Celorico do Basto (Braga) - Karte 1:
Casa do Campo (TH*) *(14000 Esc / 69,83 €)*... 136
Guimarães (Braga) - Karte 1:
Pousada de N. Senhora da Oliveira *(16300-24600 Esc / 81,30-122,7 €)* 137
Pousada Santa Marinha *(20300-31000 Esc / 101,25-154,63 €)*...................... 138
Casa de Sezim (TH*) *(18500 Esc / 92,28 €)*... 139
Tabuadelo - Guimarães (Braga) - Karte 1:
Paço de São Cipriano (TH*) *(18500 Esc / 92,28 €)*.. 140
S. Bento da Vàrzea - Barcelos- Karte 1:
Quinta de Santa Comba (TH*) *(11000 Esc / 54,87 €)*.................................... 141
Caniçada - Vieira do Minho (Braga) - Karte 1:
Pousada de São Bento *(16300-24600 Esc / 81,30-122,7 €)* 142
Ardegão (Viana do Castelo) - Karte 1:
Quinta de Vermil (TH*) *(14000 Esc / 69,83 €)*... 143
Meadela (Viana do Castelo) - Karte 1:
Casa do Ameal (TH*) *(14000 Esc / 69,83 €)*.. 144

Ponte de Lima (Viana do Castelo) - Karte 1:
Casa de Pereiras (TH) *(12000 Esc / 59,86 €)* 145
Ponte de Lima - Arcozelo (Viana do Castelo) - Karte 1:
Quinta de Sabadão (TH*) *(14000 Esc / 69,83 €)*........................... 146
Casa do Arrabalde (TH*) *(14000 Esc / 69,83 €* 147
Casa do Outeiro (TH*) *(14000 Esc / 69,83 €)* 148
Convento Val de Pereiras (TH) *(11000 Esc / 54,87 €)*.................... 149
Ponte de Lima - Calheiros (Viana do Castelo) - Karte 1:
Paço de Calheiros (TH*) *(18500 Esc / 92,28 €)* 150
Ponte de Lima - S. Tiago da Gemieira (Viana do Castelo) - Karte 1:
Casa do Barreiro (TH*) *(14000 Esc / 69,83 €)*............................... 151
Facha -Ponte de Lima (Viana do Castelo) - Karte 1:
Casa das Torres (TH*) *(14000 Esc / 69,83 €)* 152
Beiral do Lima -Ponte de Lima (Viana do Castelo) - Karte 1:
Casa de Varzea (TH*) *(14000 Esc / 69,83 €)*................................... 153
Queijada (Viana do Castelo) - Karte 1:
Quinta do Baganheiro (TH*) *(14000 Esc / 69,83 €)* 154
Jolda - Arcos de Valvedes (Viana do Castelo) - Karte 1:
Paço da Gloria (TH) *(20000-25000 Esc / 99,76-)* 155
Valença do Minho (Viana do Castelo) - Karte 1:
Pousada do São Teotónio *(14300-22500 Esc / 71,32-112,32 €)*........ 156
Monção (Viana do Castelo) - Karte 1:
Casa de Rodas (TH*) *(14000 Esc / 69,83 €)*................................... 157
Aerosa (Viana do Castelo) - Karte 1:
Quinta da Boa Viagem (AT*) *(14000 Esc / 69,83 €)* 158
Viana do Castelo - Karte 1:
Pousada Monte de Santa Luzia *(16300-26500 Esc / 81,30-132,18 €)*............. 159
Casa Granda de Bandeira (TH*) *(14000 Esc / 69,83 €)*................. 160
Caminha (Viana do Castelo) - Karte 1:
Casa de Esteiró (TH) *(16000 Esc / 79,81 €)* 161
Vila Nova de Anha (Viana do Castelo) - Karte 1:
Paço d'Anha (TH) *(18000 Esc / 89,78 €)* 162
Vila Nova da Cerveira - Gondarem (Viana do Castelo) - Karte 1:
Estalagem da Boega *(9500-16500 Esc / 47,39-82,30 €)*.................... 163
Pousada Dom Dinis *(14300-23000 Esc / 71,32-114,72 €)* / 164

R I B A T E J O

Azinhaga - Golegã (Lisboa) - Karte 3:
Casa da Azinhaga (TR) *(14000-16000 Esc / 69,83-79,81 €)*............. 165
Vila Franca de Xira (Lisboa) - Karte 3:
Quinta de Santo André São Jorge (TR) *(12000 Esc / 59,86 €)* 166
Quinta do Alto *(18500-20500 Esc / 92,28-102,25 €)*......................... 167
Vila Franca de Xira - Cachoeiras (Lisboa) - Karte 3:
Quinta das Covas *(8000-20000 Esc / 39,90-99,76 €)*........................ 168
Azoia de Baixo (Santarém) - Karte 3:
Quinta Vale de Lobos (TH) *(15000 Esc / 74,82 €)* 169

Cem Soldos - Tomar (Santarém) - Karte 3:
Quinta da Anunciada Velha (TR) *(12000-15000 Esc / 59,86-74,82 €)* 170
Constância (Santarém) - Karte 3:
Quinta de Santa Bárbara *(11500-12000 Esc / 57,36-59,86 €)* 171
Rio Maior (Santarém) - Karte 3:
Casa do Foral *(10600 Esc / 52,87 €)* 172
Outeiro da Cortiçada - (Santarém) - Karte 3:
Quinta da Cortiçada *(14400-18500 Esc / 71,82-92,28 €)* 173
Ribeira de São João - Rio Maior (Santarém) - Karte 3:
Quinta da Ferraria *(13200-16000 Esc / 65,84-79,81 €)* 174
Vila Nova de Ourém (Santarém) - Karte 3:
Quinta da Alcaidaria-Mór (TH) *(18000-23000 Esc / 89,78-114,72 €)* 175

TRAS-OS-MONTES

Macedo de Cavaleiro (Bragança) - Karte 2:
Estalagem do Caçador *(14300-17600 Esc / 71,32-87,78 €)* 176
Arca1s (Bragança) - Karte 2:
Solar das Arcas *(18000 Esc / 89,78 €)* 177
Torre de Moncôrvo (Bragança) - Karte 2:
Casa da Avó (TH) *(13000-16000 Esc / 64,84-79,81 €)* 178
Oliveira - Mesão Frio (Vila Real) - Karte 1:
Casa das Torres de Oliveira (TH*) *(18500 Esc / 92,28 €)* 179
Casa d'Alem (TR) *(12000 Esc / 59,86 €)* 180
Timperia-Vila Real - Karte 2:
Casa Agricola da Levada (TH*) *(11000-14000 Esc / 54,87-69,83 €)* 181
Vidago (Vila Real) - Karte 2:
Vidago Palace Hotel *(15000-25000 Esc / 74,82-124,70 €* 182

AZOREN

Ile de Faial - Karte 7:
Horta
Estalagem de Santa Cruz *(13700-20100 Esc / 68,33-100,25 €)* 183
Hotel Faial *(12500-17700 Esc / 62,35-88,1 €)* 184
Residencial Infante *(8000-12000 Esc / 39,90-59,86 €)* 185
Castelo Branco - Horta
Quinta das Buganvílias *(13200 Esc / 65,84 €)* 186
Ile de São Miguel - Karte 7:
Ponta Delgada
Hotel São Pedro *(17300-19500 Esc / 86,29-97,27 €)* 187
Vila franca do Campo
Convento de San Francisco *(22000 Esc / 109,74 €)* 188
Hotel Vinha do Areia *(15000 Esc / 74,82 €)* 189
Livramento
C. Nossa Senhora do Carmo (TH) *(14000-17000 Esc / 69,83-84,80 €)* 190

    Quinta da Terça (TH) *(14500-17500 Esc / 72,33-87,29 €)* 191
Furnas
    Hotel Terra Nostra *(13000-19000 Esc / 64,84-94,77 €)* 192
Maia
    Solar de Lalém (TH) *(13000-16000 Esc / 64,84-79,81 €)* 193
Calhetas
    Casa das Calhetas (TH) *(14000 Esc / 69,83 €)* 194
Capelas
    Solar do Conde *(13000-17500 Esc / 64,84-87,29 €)* 195
Santo António
    Casa do Monte (TH) *(10500-12800 Esc / 52,37-63,84 €)* 196
Ile de Terceira - Karte 7:
Angra do Heroismo
    Quinta da Nasce-Agua (TH) *(20000-20500 Esc / 99,76 €)* 197
    Quinta do Barcelos (TH) *(12000 Esc / 59,86 €)* 198
    Quinta do Martelo (TR) *(20000 Esc / 99,76 €)* 199

M A D E I R A

Funchal - Karte 7:
    Albergaria Penha da Franca *(16500-21500 Esc / 82,30-107,24 €)* 200
    Reids' Palace *(48500-76000 Esc / 241,92-379,09 €)* 201
    Quinta da Bella Vista *(30000-37400 Esc / 149,64-186,55 €)* 202
    Estalagem Quinta Perestrello *(20000-22000 Esc / 99,76-109,74 €)* 203
    Quinta da Fonte (TH) *(14000 Esc / 69,83 €)* 204
Casais d'Além-Camacha (Santa Cruz) - Karte 7:
    Quinta da Portada Branca (TH) *(13000 Esc / 64,84 €)* 205
Porta da Cruz - Sitio do Folhadal (Machico) - Karte 7:
    Casa da Capela (TH) *(13000 Esc / 64,84 €)* 206
Achada Simão Alves-Santana - Karte 7:
    Casa da Dona Clementina (TH) *(13000 Esc / 64,84 €)* 207
São Vicente - Sitio do Laranjal - Karte 7:
    Casa da Piedade (TH) *(8000 Esc / 39,9 €)* 208
São Vicente - Sitio do Lanço - Karte 7:
    Casa do Lanço (TH) *(11550 Esc / 57,61 €)* 209
Seixal - Sitio da Serra d'Agua (Porto Moniz) - Karte 7:
    Casa das Videiras (TH) *(9200-12500 Esc / 45,88-62,35 €)* 210
Pau Branco-Chão da Ribeira (Porto Moniz)- Karte 7:
    Pau Branco (TH) *(12000-15000 Esc/T / 59,86-74,82 €)* 211
Vinhaticos-Serra d'Agua (Ribeira Brava) - Karte 7:
    Pousada dos Vinhaticos *(12000 Esc / 59,86 €)* 212

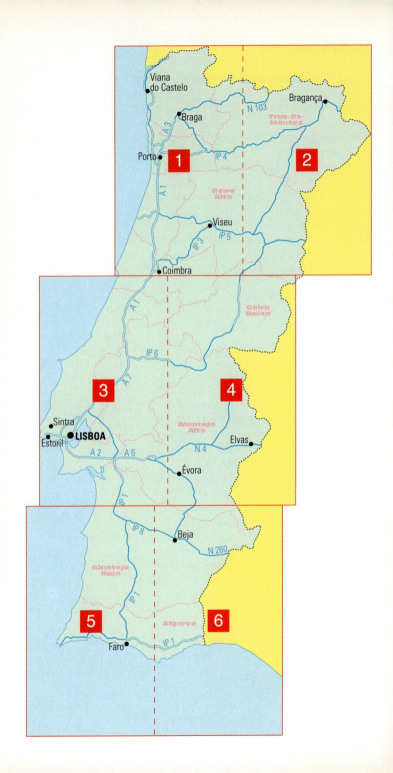

KARTENERKLÄRUNG

Maßstab : 1/1 110 000

AUTOBAHN

In Betrieb — A9 - L'Océane

Im Bau oder in Planung

STRASSE
Schnellstraße
Fernverkehrsstraße
Vierspurige Straße
Gut ausgebaute Straße
Nebenstraße

VERKEHR
National
Régional
Lokal

KREUZ
Komplett
Partiell

ENTFERNUNGSANGABEN
Autobahn — 10
Straße — 10

GRENZE
eines Staates
einer Region
eines Departements

ORTSKLASSIFICATION
Bebaute Fläche
Hauptstadt ⊙ ⊙
Großstadt ●
Bedeutende Stadt ●
Mittelstadt ·
Kleinstadt ·

FLUGPLATZ ✈

WALD

PARK
Grenze
Zentrales Gebiet eines Nationalparks
Zentrales Gebiet eines Nationalparks und Regionalpark

Kartographie

90, rue Nationale
75 013 PARIS
01 45 84 30 84

ALENTEJO

Monte de Pêro Viegas TH-MA

Aldeia Velha 7480 Avis
Tel. 242-41 22 67 - Fax 242-21 41 02
Sr Gonçalo da Cunha e Sá

Ganzj. geöffn. (mind. 2 Üb.) **7 Zimmer** m. Dusche **Preise** EZ u. DZ: 10000 Esc, 12000 Esc; Extrabett: 3000 Esc - Frühst. inkl., von 7.30 bis 10.30 Uhr **Kreditkarten** nicht akzeptiert **Verschiedenes** Hunde nicht erlaubt - Reiten - Angeln - Jagd - Parkpl. **Umgebung** Kirchen von Avis, N. Senhora de Entre Águas - Fronteira - Arraiolos - Estremoz **Restaurant** 48 Std. vorher zu reservieren.

Die Gegend von Alentejo ist im oberen Bereich am schönsten, denn dort ist sie am ursprünglichsten. Man fährt an der Ausfahrt des kleinen historischen Städtchens Avis ab und dann einen kleinen Serpentinen-Pfad durch Korkeichfelder. Das große, in der Ferne abseits liegende scheinende Haus ist Monte de Pêro Viegas. Bei der Ankunft werden Sie überrascht sein: man tritt in einen riesigen, mit Palmen bewachsenen Hof ein, wo sich freilaufende Pfaue vergnügen. Verschiedene, weißgetünchte Teile des Bauernhofes und das kürzlich rosa gestrichene herrschaftliche Anwesen liegen um diesen Innenhof herum. Gonçalo Sá bewohnt die beiden vornehmen Etagen des Haupthauses, aber der große Salon und drei Zimmer stehen den Gästen zur Verfügung. Alle sind schön und verfügen über epochale Möbel, hohe stuckverzierte Decken und Blick auf den Hof. Diejenigen im Erdgeschoß sind unabhängiger, komfortabel und auch ihnen steht ein Salon zur Verfügung, der allerdings weniger Charme besitzt. Die Lage im Jagdrevier von Calatrava (9000 ha) und der nahegelegene des Staudamm von Maranhao laden zu sportlichen Aktivitäten und interessanten Wanderungen ein. Eine Adresse für Naturliebhaber, allerdings im Hochsommer zu vermeiden, denn dann ist die Hitze unerträglich.

Anreise (Karte Nr. 4): 63 km nördl. von Evora.

ALENTEJO

Monte do Chafariz TH-MA

Benavilla 7480 Avis
Tel. 242-43 41 37 - 21-354 37 15 - Fax 21-354 37 15
Jorge Moura Neves Fernandes - Vera Lauret Fernandes

Ganzj. geöffn. (mind. 2 Üb.) **6 Zimmer** m. Bad **Preise** EZ u. DZ: 8000 Esc, 12000 Esc - Frühst. inkl., von 8.30 bis 10.30 Uhr **Kreditkarten** nicht akzeptiert **Verschiedenes** Hunde nicht erlaubt - Schwimmbad - Billard - Reiten - Angeln - Jagd - Parkpl. **Umgebung** Kirchen von Avis, N. Senhora de Entre Águas - Fronteira - Arraiolos - Estremoz **Kein Restaurant**.

Acht Kilometer von Avis entfernt, einem Ort, wo noch Spuren ruhmreicher Vergangenheit zu finden sind (der Ritterorden von Avis ist der älteste der portugiesischen Kavallerie, aus dem auch König Joao I hervorging), finden Sie am Rande des Staudamms von Maranhao ein für Alentejo typisches Anwesen. Langgestreckte, weiß glänzende, mit Blau abgesetzte Gebäude liegen um einen gepflasterten Hof. Man tritt direkt in einen großen Wohnraum, indem das ursprüngliche Gebälk und ein Kamin erhalten sind. Die anderen Räume liegen hintereinander und man kann dort von den schönen Räumen des umgebauten Bauernhofes profitieren: rustikales Mobiliar, eine Keramik-Sammlung, alles ist einfach, nüchtern, authentisch. Die geräumigen Zimmer sind mit den für die Region typischen, gestrichenen Möbeln eingerichtet. Die schönsten sind diejenigen mit Salon, Kamin und Blick auf ein Wasserbecken. Für Freizeitaktivitäten vor Ort wurde die ehemalige Wassertränke in ein Schwimmbad verwandelt und ein Spieleraum eingerichtet. Außerdem können für Sie während Ihres Aufenthaltes Jagd, Angeln und Ausritte organisiert werden.

Anreise (Karte Nr. 4): 63 km nördl. von Evora. 8 km von Avis entfernt.

A L E N T E J O

Monte do Padrão ^{TH-MA}

Figueira e Barros 7480 Avis
Tel. 242-46 51 53/46 52 50 - Fax 242-46 53 27
Sr José Godinho de Carvalho

Ganzj. geöffn. (mind. 2 Üb.) **6 Zimmer** u. 1 Suite (4 Pers.) m. Tel., Bad, TV **Preise** DZ: 15000 Esc; Suite: 20000 Esc; Extrabett: 3000 Esc - Frühst. inkl., von 7.30 bis 10.30 Uhr **Kreditkarten** nicht akzeptiert **Verschiedenes** Hunde erlaubt - Schwimmbad - Tennis - Sauna - Reiten - Angeln - Jagd - Parkpl. **Umgebung** Kirchen von Avis, N. Senhora de Entre Águas - Fronteira - Arraiolos - Estremoz **Restaurant** 48 Std. vorher zu reservieren. - Menüs: 2500 Esc.

Nachdem man einen Korkeichen wald durchquert hat, vorbei an Wiesen auf denen große Stiere friedlich grasen, erreicht man Monte do Padrao. Auch wenn vor allem die weiße Farbe der Häuser einen Anziehungspunkt für Touristen darstellt, spielen auch die Farbeu, in denen Türen, Fenster und Sockel gestrichen sind, in der Landschaft eine wichtige Rolle. Für dieses große Haus wurde den Farben Weiß und Gelb der Vorrang gegeben. An der Fassade entlang sind Weinspaliere befestigt und so wurde eine grüne und schattige Galerie geschaffen. Die Zimmer befinden sich im rechten Flügel. Sie sind groß, nüchtern mit Möbeln in antikem Stil eingerichtet, komfortabel und in sehr gutem Zustand. Der große Salon mit Möbeln aus dem 19. Jahrhundert, den Familienfotos und den passend zu den azulejos des großen Kamins in Rosa und Blau gestrichenen Decken ist ebenfalls charmant. Den Gästen wird hier ein hotel-ähnlicher Service angeboten, was natürlich dem Komfort zugute kommt, den Charme aber etwas mindert.

Anreise (Karte Nr. 4): 63 km nördl. von Evora. 8 km von Avis entfernt.

ALENTEJO

Pousada de São Francisco *

7800 Beja
Largo D. Nuno Alvares Pereira
Tel. 284-32 84 41 - Fax 284-32 91 43

Ganzj. geöffn. **34 Zimmer** u. 1 Suite m. Klimaanl., Tel., Bad, WC, Satelliten-TV, Minibar - Aufzug; Eingang f. Behinderte **Preise** EZ u. DZ: 18900-29000 Esc, 20300-31000 Esc; Suite: 38700-51300 Esc, Extrabett: + 30 % - Frühst. inkl., von 8.00 bis 10.30 Uhr **Kreditkarten** akzeptiert **Verschiedenes** Hunde nicht erlaubt - Schwimmbad - Tennis - Parkpl. **Umgebung** Kloster u. Schloß von Beja **Restaurant** von 8.00 bis 22.30 Uhr - Menü: 3650 Esc - Karte - Spezialitäten: Canja de galinha in Alentejana - Bacalhau conventual - Borregunihos de Azeite - Docaria conventual de Beja.

Beja, die legendäre Stadt, die "weiße Stadt" von Alentejo, beherbergt an einer seiner historischen Stätten, dem Kloster von Sao Francisco, eine schöne *Pousada*. Alles ist hier von pompösen Ausmaßen, z.B. der Speisesaal und der Kapitelsaal, die in Restaurant und Salons umfunktioniert wurden. Die Zimmer befinden sich in den ehemaligen Kammern der Mönche, die meist sehr groß sind und deren heutiger Komfort und Luxus nicht mehr an das spartanische Dasein eines Mönchs erinnern. Die Galerien, die um den Kreuzgang herum liegen, sind mit hübschen Möbeln ausgestattet und laden zu einer komfortablen "Meditation" ein - außer man bevorzugt es, sich in die gothische Kapelle zurückzuziehen, die mit Fresken bemalt ist. Zurück in die Zeit der Moderne gelangt man, wenn man den großen Garten betritt, in dem es ein Schwimmbad und einen Tennisplatz gibt.

Anreise (Karte Nr. 6): 194 km nördl. von Lissabon.

ALENTEJO

Pousada do Castelo de Alvito *

7920 Alvito (Beja)
Largo do Castello
Tel. 284-48 53 43 - Fax 284-48 53 83

Ganzj. geöffn. **20 Zimmer** m. Klimaanl., Tel., Bad, WC, Satelliten-TV - Aufzug; Eingang f. Behinderte **Preise** EZ u. DZ: 18000-29000 Esc, 20300-31000 Esc; Suite: 24300-38000 Esc; Extrabett: + 30 % - Frühst. inkl., von 8.00 bis 10.30 Uhr **Kreditkarten** akzeptiert **Verschiedenes** Hunde nicht erlaubt - Schwimmbad - Parkpl. **Umgebung** Kirche Matrice, Kapelle der Misericórdia, Museum der sakralen Kunst, Kapellen von São Sebastião u. Santa Luzia in Alvito - Quinta da Agua do Peixe - Ruinen von S. Cucutate - Staudamm von Odivelas (Wassersport u. Fischen) - Vila de Frades **Restaurant** von 13.00 bis 15.00 u. von 19.30 bis 22.00 Uhr - Menüs: 3650-4950 Esc - Karte.

Die *Pousada do Castello* befindet sich im Schloß dieses traditionsreichen Ortes in Alentejo. Es ist eine robuste Festung aus dem 15. Jh., umgeben von mit Zinnen versehenen Türmen, und seine Mauern zeugen von vergangenen Epochen (man findet gotische, mudejarische und manuelinische Relikte). Die Zimmer sind auf zwei Etagen verteilt und liegen längs der Galerien, die den großen Hof umgeben. Diese Pousada hat viel Stil, und im Eßsaal wurden z.B. die gotischen Gewölbe erhalten. Der Komfort und Service sind wie in einem erstklassigen Hotel. Der Garten ist ebenfalls besonders schön: es gibt ein Schwimmbad für die heißen Sommertage und schattige Plätzchen, an denen es angenehm nach Orangenblüten duftet...

Anreise (Karte Nr. 6): 30 km südl. von Evora über die N 254.

A L E N T E J O

Quinta dos Prazeres TR

7920 Alvito (Beja)
Largo das Alcaçarias
Tel. 284-48 51 70 - Fax 0)84-48 54 69
Maria Antonia Gois

Ganzj. geöffn. **9 Zimmer** m. Tel., Bad od. Dusche **Preise** EZ u. DZ: 11500 Esc, 12500 Esc; 3-BZ: 13500 Esc; 4-BZ: 14500 Esc - Frühst. inkl., von 7.30 bis 10.30 Uhr **Kreditkarten** akzeptiert auf Anfrage **Verschiedenes** Hunde nicht erlaubt - Schwimmbad - Parkpl. **Umgebung** Kirche Matrice, Kapelle der Misericórdia, Museum der sakralen Kunst, Kapellen von São Sebastião u. Santa Luzia in Alvito - Quinta da Agua do Peixe - Ruinen von S. Cucutate - Staudamm von Odivelas (Wassersport u. Fischen) - Vila de Frades **Gemeins Essen** von 19.30 bis 22.00 Uhr - Menü: 2800 Esc.

Dieses ehemalige Bauernhaus liegt verloren in Olivenfeldern und Korkeichenwäldern. Früher stellte man hier auch Olivenöl her. Heute ist es während der Jagdzeiten ein Wildbeobachtungspunkt und Jagdclub. Das weiß getünchte, längliche Gebäude wurde in dem für die Region typischen architektonischen Stil erbaut. Der Salon ist ein Ort des gemütlichen Zusammenseins; im Sommer angenehm kühl und im Winter von einem wunderschönen Kamin beheizt. Die den Gästen zur Verfügung stehenden Zimmer sind zwar nicht sehr groß, aber mit blumigen Stoffen hübsch dekoriert. Der Ententeich und das Schwimmbad im Garten (in dieser Gegend eine Seltenheit) sind zusätzliche Pluspunkte, die für eine Zwischenstation hier sprechen. Für einen längeren Aufenthalt ist es nur geeignet, wenn Sie sich für die Jagd interessieren.

Anreise (Karte Nr. 6): 30 km südl. von Evora, über die N 254.

ALENTEJO

Quinta do Barranco da Estrada

7665-880 Santa Clara A Velha (Beja)
Tel. 283-933 901 - Fax 283-933 901 - Sr Franck Mc Clintock
E-mail: lakescape@mail.telepac.pt - Web: www.paradise-in-portugal.com

Ganzj. geöffn. **7 Zimmer** m. Bad. **Preise** EZ u. DZ: 12000-17500 Esc, 13250-18500 Esc - 25000/35000 Esc (m. 2 Zi.) - Extrabett: 3000 Esc – Frühst. inkl., (Komplett 1000 Esc), von 8.00 bis 10.00 Uhr **Kreditkarten** nicht akzeptiert **Verschiedenes** Hunde nicht erlaubt - Kanu, Mountainbikes, Wasserski (3750 Esc/15 mn) **Umgebung** Strand des Alentejo - Serra de Monchique **Gemeins Essen** ab 13.00 u. 20.30 Uhr - Menüs: 3000-4000 Esc - Kinder-Menü: 1500-2000 Esc.

Von Lissabon kommend fährt man durch die verlassene Gegend des unteren Alentejo. Von der Algarve aus muss man durch die Serra de Monchique, die gegen die feuchten Atlantikwinde eine natürliche Schutzwand bildet, was eine reiche und üppige Vegetation begünstigt. Hinter Sta Clara zieht sich die Straße hin, und so hat man fast den Eindruck, auf dem Weg ans Ende der Welt zu sein. Doch bald wird man für die Mühe belohnt: ein einzigartiger Anblick, eine wahre Oase oberhalb des größten portugiesischen Stausees. Franck, ein Engländer, der sich von dieser Landschaft bezaubern ließ, hat hier im Stil Robinsons oder der Arche Noah ein unberührtes Paradies geschaffen. Im Garten blühen Hibiskus, Jasmin, Rhododendron und andere Bäume, deren Früchte durchaus nicht verboten sind. Tiere laufen dort frei herum. Die Zimmer mit Balkon und Seeblick sind elegant und komfortabel. Die Mahlzeiten, die mit den Produkten von Haus und Hof zubereitet sind, werden auf der Terrasse im Schatten wilden Weines serviert. Franck begleitet Sie auf Ihren Exkursionen und bietet einen ornithologischen Studienaufenthalten während der Wanderungszeit an.

Anreise (Karte Nr. 5): 13 km von Sta Clara entternt. Rtg. Cortebrique, aber nicht nach Cortebirque abbiegen. Der Straße folgen, bis die Quinta ausgeschildert ist.

ALENTEJO

Pousada de São Gens *

7830 Serpa (Beja)
Tel. 284-54 47 25 - Fax 284-54 43 37
Sra Maria Amelia Vaz da Silva

Ganzj. geöffn. **16 Zimmer** u. 2 Suiten m. Klimaanl., Tel., Bad, WC, Satelliten-TV, Minibar **Preise** EZ u. DZ: 14800-23100 Esc, 16300-24600 Esc; Suiten: 20800-30500 Esc; Extrabett: + 30 % - Frühst. inkl., von 7.30 bis 10.30 Uhr **Kreditkarten** akzeptiert **Verschiedenes** Hunde außer im Restaurant erlaubt - Schwimmbad - Parkpl. **Umgebung** Kirche u. Burg von Beja **Restaurant** von 12.30 bis 15.00 u. von 19.30 bis 22.00 Uhr - Menüs: 3850 Esc - Karte - Spezialitäten: Migas con carne de porco - Açorda alentajana - Gazpacho alentejano - Ensopado de borrego.

Serpa betritt man durch das Bejator, eine der Öffnungen der Stadtmauer. Zahlreiche Spuren arabischer und kastilischer Kultur erinnern an die Besatzungszeit. Die *Pousada* befindet sich neben der Kapelle São Gens. Beide Gebäude sind weiß getüncht und stehen auf einem kleinen Hügel abseits der Stadt mit Blick auf Olivenbäume und Kornfelder. Die Innenausstattung ist schlicht, aber komfortabel, die regionale Küche sehr appetitlich. Abends hört man in der *Pousada de São Gens* die Schäfer ihre Herden rufen, klirrende Glöckchen und den über die Felder dahinwehenden Wind. Das sollte man sich nicht entgehen lassen!

Anreise (Karte Nr. 6): 29 km südöstl. von Beja über die N 260.

A L E N T E J O

Castelo de Milfontes

Vila Nove de Milfontes
7645 (Beja)
Tel. 283-99 82 31 - Fax 283-99 71 22
Sra Ema da Camara Machado

Ganzj. geöffn. **7 Zimmer** m. Bad u. 1 Studio **Preise** m. HP: 26000-28000 Esc (2 Pers.) - Frühst. inkl., von 8.30 bis 10.00 Uhr **Kreditkarten** nicht akzeptiert **Verschiedenes** Kleine Hunde erlaubt (auf Reserv.) **Umgebung** Porto Covo u. Insel von Pessegueiro - Serra de Monchique - Sines **Gemeins. Essen** um 20.00 Uhr (im Winter), um 20.30 Uhr (im Sommer).

Wenn Sie von Spanien aus via Lissabon an der Küste im Alentejo entlang fahren, könnten Sie einen Halt im Schloß Milfontes einlegen, das sich in einer von Karthagern erbauten Festung befindet, die seit ihrer Entstehungszeit schon eine lange Geschichte hinter sich hat. Sie wurde zerstört, wiederaufgebaut, umgebaut, und heute kann man dort auf sehr angenehme Weise einen Aufenthalt verbringen. Die Atmosphäre erinnert an ein Gasthaus, wo Sie wie Freunde empfangen werden. Eine Bar ist jederzeit zugänglich, es reicht wenn Sie Ihre Getränke aufschreiben - und wenn Sie zu einem Ausflug aufbrechen, bereitet man Ihnen ein Picknick. Alle Zimmer haben einen Blick aufs Meer, aber unser bevorzugtetes ist das im Turm befindliche mit Terrasse. Salon und Eßsaal sind rustikal, und von der besonders hübschen Innenhof-Terrasse haben Sie einen direkten Blick auf den Ozean. Die Region ist die Reise wert. An der Costa da Galé gibt es zwischen Comporta und Sines schöne, von Dünen und Pinien geschützte Strände. Südlich von Kap Sines hingegen wird die Küste ungastlicher und felsiger.

Anreise (Karte Nr. 5): 60 km nördl. von Lagos an der Costa Dourada.

A L E N T E J O

Pousada de Nossa Senhora da Assunção *

7040 Arraiolos (Evora)
Quinta dos Loios
Tel. 266-41 93 40 - Fax 266-41 92 80
Luis Abilio

Ganzj. geöffn. **30 Zimmer** u. 2 Suiten m. Klimaanl., Tel., Bad, WC, Satelliten-TV, Minibar - Aufzug **Preise** EZ u. DZ: 18300-29600 Esc, 20300-31600 Esc; Suite: 24300-38800 Esc; Extrabett: + 30 % - Frühst. inkl., von 8.00 bis 10.30 Uhr **Kreditkarten** akzeptiert **Verschiedenes** Hunde nicht erlaubt - Schwimmbad - Tennis - Parkpl. **Umgebung** Burg von Evoramonte - Arraiolos - Avis - Pavia - Museum Cristo in Arcos - Evora - Elvas (Stadtmauer, römische Wasserleitung in Armoreira, Largo Santa Clara - Liebfrauenkirche) **Restaurant** von 13.00 bis 15.00 u. von 19.30 bis 22.00 Uhr - Menüs: 3650-4650 Esc - Karte.

Diese *pousada* ist die neueste Errungenschaft der bekannten portugiesischen Hotel-Vereinigung und sicherlich auch eine der schönsten. Vor allem aufgrund der Lage, mitten in Wiesen und Korkeichenwäldern des Alentejo, der schönsten Region Portugals. Das ehemalige Kloster aus dem 16. Jahrhundert wurde von dem talentierten, zeitgenössischen Architekten José Paulo dos Santos saniert und vergrößert. Das Ergebnis ist sehr schön, da er es auf intelligente und harmonische Weise verstanden hat, zwei Stilrichtungen zu verbinden. Moderne und traditionelle Elemente verschiedener Ausmaße schaffen gemeinsam mit perfekt eingesetzten Lichtspielen ein besonderes Ambiente. Die Dekoration ist sowohl außen als auch innen schlicht: einige riesige Terrakotte-Töpfe in den Galerien erinnern an die sehr ländliche Seite der Region, die sehr komfortablen Zimmer und Salons sind auf diskrete Weise elegant. Eine wunderschöne Adresse, in der Nähe von Evora und allen interessanten Orten des Alentejo.

Anreise (Karte Nr. 4): 22 km nördwestl. von Evora. 1 km nördl. von Arraiolos.

A L E N T E J O

Monte Velho Da Jordana ^{TR-MA}

7490 Pavia (Evora)
Tel. 266-45 93 40
Rui Nogueira Lopes Aleixo

Ganzj. geöffn. **2 Appartment** f. 4 u. 5 Pers. m. Bad, 2 od. 3 Zi., Salon, Kitchenette (mind. 2 Üb.)
Preise 18000 Esc (4 Pers./T) - 22500 Esc (5 Pers./T) – Frühst. inkl. **Kreditkarten** nicht akzeptiert
Verschiedenes Hunde erlaubt - Parkpl. **Umgebung** Pavia: Kirche, Kapelle, Casa Museo Manuel Ribeiro de Pavia - Brotas - Arraiolos - Avis - Cristo Museum in Arcos - Evora - Evoramonte Schloß - Elvas (Befestigungsanl., Aquädukt Amroreira, See Santa Clara, Mareienkirche) **Kein Restaurant**.

Pavia ist eine kleine Stadt im Alentejo, deren Geschichte sich bis ins Neolithikum zurückverfolgen läßt; so steht übrigens die Kapelle D. Dinis an einer prähistorischen Grabstätte. Die umliegende Landschaft ist idyllisch: Weideflächen und Korkeichenwälder so weit das Auge reicht. Das Gebäude, das für den lokalen Baustil (weißer, niedriger Bau und gelber Unterbau) charakteristisch ist, wurde in dem Bestreben restauriert, Einfachheit und Bäuerlichkeit des Ortes und des ursprünglichen Gebäudes zu bewahren. Die beiden Wohnungen, die in zwei separaten Häusern liegen, sind gleichwohl ausgesprochen gepflegt, bieten einen guten Komfort und sind mit modernen Badezimmern ausgestattet. Sie sind sehr angenehm, frisch und hübsch mit beschwingten Farben eingerichtet: Jedes Zimmer hat mit seinen lackierten Möbeln und farblich darauf abgestimmten Stoffbezügen seine eigene Grundfarbe. Der Salon und sein Kamin sind sehr einladend, die Küche ist hinreichend ausgestattet. Der Besitz liegt ein wenig abseits und ist damit natürlich ideal für all jene, die die Stille der Landschaft lieben oder auch ein Faible für Jagd und Angeln haben.

Anreise (Karte Nr. 4): 42 km im Nordosten von Evora Rtg. Arraiolos, dann Pavia. Fragen Sie in Pavia nach dem Weg, leicht zu finden.

ALENTEJO

Monte da Fraga TR-MA

7490 Mora (Évora)
Herdade do Paço de Baixo
Tel. 266-43 91 25 - Teresa und Manuel Caldas de Almeida

Ganzj. geöffn. 4 Zimmer u. 2 Häuser m. 1 od. 2 Zi., Bad, Kitchenette, Salon m. TV (mind. 2 Üb.)
Preise EZ u. DZ: 9200-10500 Esc, 12500 Esc (App. m. 1 Zi.), 17500 Esc (App. m. 2 Zi.); Extrabett: 2000 Esc - Frühst. inkl. im Zi. **Kreditkarten** nicht akzeptiert **Verschiedenes** Hunde nicht erlaubt - Schwimmbad - Parkpl. **Umgebung** Pavia: Kirche, Kapelle, Museum Manuel Ribeiro de Pavia - Brotas - Arraiolos - Avis - Museum in à Arcos - Evora - Schloß in Evoramonte - Elvas (Befestigungsanl., Aquädukt Amoreira, See Santa Clara, Marienkirche) **Kein Restaurant**.

Mora ist eine Kleinstadt am Ufer des Raia, der vor allem wegen der Wasserfälle von Raia a Fraga bekannt ist. Wir befinden uns noch immer in der freundlichen und durch und durch bäuerlichen Landschaft nördlich von Evora. Der *Monte da Fraga* ist allerdings nicht gerade leicht zu finden, denn im Stadtzentrum von Mora sucht man vergebens nach Hinweisschildern. Er liegt etwa 15 Kilometer entfernt auf einer kleinen Anhöhe und gehört zu dem großen landwirtschaftlichen Betrieb Paço de Baixo. Die Zimmer, die an Gäste vermietet werden, sind sehr freundlich, in Weiß oder Blau und liegen ebenerdig mit Blick auf ein Feld voll Olivenbäumen und ein Schwimmbecken. Mit ihrer modernisierten Innenraumgestaltung, den Holzbalken, dem Mobiliar im regionalen Stil und einer hübschen und gepflegten Einrichtung sind sie wirklich entzückend. Ein separater Gemeinschaftsraum bietet den Gästen Gelegenheit zum Fernsehen, zu Gesellschaftsspielen oder zum Barbecue. Angenehmer Garten mit Blick auf das Tal, den Fluß und den Aquädukt Furadouro. Ungezwungenes und sportliches Ambiente mit Jagd-, Angel-, Reit- oder auch Bikemöglichkeiten auf dem 3000 Hektar umfassenden Anwesen.

Anreise (Karte Nr. 3): 42 km nordöstlich von Evora Rtg. Arraiolos, danach Rtg. Mora.

ALENTEJO

Pousada da Rainha Santa Isabel *

7100 Estremoz
Largo D. Diniz - Castelo de Estremoz
Tel. 268-33 20 75 - Fax 268-33 20 79

Ganzj. geöffn. **30 Zimmer** u. 3 Suiten m. Klimaanl., Tel., Bad, WC, Satelliten-TV, Minibar - Aufzug
Preise EZ u. DZ: 24000-33000 Esc, 26500-35700 Esc; DZ "Luxe": 34700-43400 Esc; Suiten: 34700-52300 Esc; Extrabett: + 30 % - Frühst. inkl., von 7.30 bis 10.30 Uhr **Kreditkarten** akzeptiert
Verschiedenes Hunde nicht erlaubt - Schwimmbad **Umgebung** Cristo-Museum in Arcos - Burg von Evaramonte - Elvas (Stadtmauer, römische Wasserleitung in Armoreira, Largo Santa Clara - Liebfrauenkirche) **Restaurant** von 12.30 bis 15.00 u. von 19.30 bis 22.00 Uhr - Menüs: 3650-4650 Esc - Karte - Spezialitäten: Carne de porco a alentejana - Bacalhau dourado - Açorda alentejana.

Dieses Gebäude diente bereits als Kaserne, später als Schule, wurde dann aber zu einem Hotel umgebaut und ist heute das luxuriöseste *Pousada* des Landes. Die Räume haben wunderbare Ausmaße, und die mit Azulejos verzierte monumentale Eingangstreppe, die Salons sowie der lange gewölbte Speisesaal sind prachtvoll. Das Mobiliar umfaßt regelrechte Schätze. Die Zimmer sind luxuriös und sehr geschmackvoll eingerichtet, die Küche ist sehr fein, der Weinkeller berühmt. Ein Hotel erster Klasse zu annehmbaren Preisen.

Anreise (Karte Nr. 4): 180 km östl. von Lissabon über die A 2, die N 10 bis Atalho, dann die N 4.

ALENTEJO

Monte dos Pensamentos TR

7100 Estremoz (Evora)
Estrada da Estacão do Ameixial
Tel. 268-333 166 - Fax 263-332 409
Sra Leitão

Ganzj. geöffn. **1 Zimmer** DZ u. 2 Suiten m. Bad u. TV, 2 App. (2-3 Pers.) m. Kitchenette, 1 DZ, Salon, Bad u. TV **Preise** DZ: 11000 Esc, 11000-13000 Esc (Suite: 1-2 Pers.), 12000-14000 Esc (App. 2-3 Pers.); Extrabett: 2000 Esc - Frühst. inkl. im. Zi u. Suite **Kreditkarten** nicht akzeptiert **Verschiedenes** Hunde erlaubt - Schwimmbad - Parkpl. **Umgebung** Museum von Cristo in Arcos - Kastell von Evoramonte - Elvas (Befestigungsgürtel, Aquädukt von Armoreira, Largo Santa Clara, Marienkirche) **Kein Restaurant im Hotel** (siehe unsere Restaurantauswahl S. 215).

Das sehr ländlich gebliebene Alentejo ist eine der authentischsten Regionen Portugals. Die Landschaft ist dank der großen Weizenfelder, der von Kork und grünen Eichen bewachsenen Hügel und der Weiden voller Schafe sehr abwechslungsreich. Heute ist Estremoz für seine Töpferwaren bekannt (den malerischen Markt am Samstag morgen nicht verpassen!). Ganz in der Nähe liegt das *Monte dos Pensamentos, das Haus der Gedanken*. Es ist weiß, maurischen Stils und von Arkaden und duftenden Eukalyptusbäumen umgeben. Zwischen Olivenbäumen tummeln sich eine Reihe von Tieren (Lämmmchen, Enten und Hühner, deren Eier Ihren morgendlichen Frühstückstisch zieren). Die Zimmer des Haupthauses und die kleineren Wohnungen sind geschmackvoll eingerichtet. Cristinas freundliche Betreuung - sie ist Engländerin und serviert selbstverständlich morgens Orangenmarmelade - rundet das ganze noch ab.

Anreise (Karte Nr. 4): 180 km östl. von Lissabon. 2 km von Estremoz, via EN 4 Rtg. Lissabon; vor der Tankstelle Galp die kleine Straße rechts abbiegen.

ALENTEJO

Pousada dos Lóios *

7000-804 Evora
Largo Conde Vila Flor
Tel. 266-70 40 51/2 - Fax 266-70 72 48
Sr Frederico Vidal

Ganzj. geöffn. **30 Zimmer** u. 2 Suiten m. Klimaanl., Tel., Bad, WC, Minibar, Satelliten-TV **Preise** EZ u. DZ: 24100-32700 Esc, 26100-32700 Esc; Suiten: 34700-52300 Esc; Extrabett: + 30 % - Frühst. inkl., von 7.30 bis 10.30 Uhr **Kreditkarten** akzeptiert **Verschiedenes** Hunde nicht erlaubt - Schwimmbad **Umgebung** Evora: Dom, röm. Tempel - Kloster Los Loios - Stadmauer von Evora - Kloster São Bento in Castris **Restaurant** von 12.30 bis 15.00 u. von 19.30 bis 22.00 Uhr - Menüs: 3650-5100 Esc - Karte - Regionale Küche.

Evora ist eine befestigte Stadt und liegt in einer der schönsten Gegenden Portugals. Das Kloster Los Loios, in dem die *Pousada* eingerichtet wurde, gehört zu einem sehr schönen, unter Denkmalschutz stehenden Komplex. Auf der einen Seite liegt das berühmte Haus der Herzöge von Cadaval, auf der anderen der Palast der Grafen von Basto. Unmittelbar daneben befinden sich der Diana-Tempel, der Dom und das Museum. Im Innern des Klosters können Sie ein bemerkenswertes gotisch-manuelisches Tor und ein kleiner, mit bemalten Möbeln und Wänden aus dem 18. Jahrhundert verzierter Salon bewundern. Der Speisesaal war einst das Refektorium, im Sommer wird jedoch auf dem schattigen Klostergang gespeist. Die Zimmer sind frisch, einfach und hübsch ausgestattet. Wir empfehlen die Suite mit schön bemalter Decke und indisch-portugiesischem Mobiliar.

Anreise (Karte Nr. 4): 145 km östl. von Lissabon über die A 2, N 10 bis Atalho, dann N 4 bis Montemor und N 114.

ALENTEJO

Albergaria Solar de Monfalim

7000-646 Evora
Largo da Misericórdia, 1
Tel. 266-75 00 00 - Fax 266-74 23 67 - Sra Ramalho Serrabulho
E-Mail: reservas@monfalimtur.pt - Web: www.monfalmtur.pt

Kategorie ★★★ **Ganzj.** geöffn. **26 Zimmer** (1 Zi. f. 3 Pers.) m. Klimaanl., Tel., Bad od. Dusche, WC, TV, Minibar, Safe **Preise** EZ u. DZ: 9500-11500 Esc, 11500-14000 Esc; 3-BZ: 15250-18500 Esc - Frühst. inkl., von 8.00 bis 10.30 Uhr **Kreditkarten** Amex, Visa, Eurocard, MasterCard **Verschiedenes** Hunde nicht erlaubt **Umgebung** Evora: Dom, röm. Tempel - Kloster Los Loios - Stadtmauern von Evora - Kloster São Bento von Castris **Kein Restaurant** im Hotel (siehe unsere Restaurantauswahl S. 215).

Evora, die Hauptstadt des oberen Alentejos, ist eine bezaubernde, von absolut jeder Epoche gekennzeichnete Stadt: die maurische Stadtmauer, Paläste im manuelischen Stil, gekachelte Innenhöfe, mozarabische Balkone - ein regelrechtes Museum portugiesischer Architektur. Wie Eingang und Treppenhaus bezeugen, ist *Solar Monfalim* ein ehemaliger Renaissancepalast. Es ist aber auch ein reizvolles, von den Serrabulhos übernommenes Haus. Die renovierten Zimmer haben zum Glück am eigentlichen Charme des Hauses, d.h. an seiner besonderen Atmosphäre, nichts verändert. Es gibt kein Restaurant im Hotel, aber die Besitzer führen das *Cozinha de Sto Humberto* – ein gutes Restaurant im Stadtzentrum.

Anreise (Karte Nr. 4): 145 km östl. von Lissabon über die A 2.

ALENTEJO

Residencial Policarpo

7000 Evora
Rua da Freiria de Baixo, 16/Rua Conde da Serra
Tel. und Fax 266-70 24 24 - Sra Michèle Policarpo
Web: www.localnet.pt/residencialpolicarpo

Ganzj. geöffn. **13 Zimmer** m. Tel., Bad od. Dusche, WC, TV; 7 m. Bad außerh. des Zi. **Preise** 5000-7000 Esc, 7000-10000 Esc (m. priv. Bad od. Dusche) - Frühst. inkl., von 8.00 bis 10.30 Uhr **Kreditkarten** nicht akzeptiert **Verschiedenes** Hunde nicht erlaubt - Parkpl. **Umgebung** Kathedrale, röm. Tempel, Kloster Los Loios, Befestigungsanlagen von Evora - Kloster São Bento von Castris **Kein Restaurant** im Hotel (siehe unsere Restaurantauswahl S. 215).

Bei dem Wort Portugal denkt man sofort an Azulejos, und in Evora findet man von diesen die schönste Sammlung überhaupt, ob man nun an die Kirche Sao Joao Evangelista denkt, die Einsiedelei von Sao Bras, das Kloster Espinheiro oder um das spektakulärste Beispiel zu nennen, die Wände der Universität... Das *Policarpo* ist eine kleine Herberge, die für einen kurzen Aufenthalt auf der Durchreise sehr geeignet ist; sympathisch und schlicht, preiswert und nicht weit entfernt von der spanischen Grenze. Die Zimmer sind spartanisch aber in gutem Zustand, so wie das ganze Haus. Es riecht sauber und nach Lavendel. Von der schönen Terrasse aus haben Sie einen Blick über das ganze Tal, und es ist ein Jammer, daß man aus dem Ganzen nicht mehr macht.

Anreise (Karte Nr. 4): 145 km östl. von Lissabon, über die A2 Ausf. Evora-Ouest, dann N 114 Rtg. Evora (8 km).

ALENTEJO

Casa de Sam Pedro

7000 Evora
Quinta de Sam Pedro
Tel. 266-70 77 31
Sr António Pestana de Vasconcellos

Ganzj. geöffn. **4 Zimmer**, 3 m. Bad **Preise** DZ: 12500 Esc - Frühst. inkl., von 7.30 bis 10.30 Uhr **Kreditkarten** nicht akzeptiert **Verschiedenes** Hunde nicht erlaubt **Umgebung** Evora: Dom, röm. Tempel - Kloster Los Loios - Stadtmauern von Evora - Kloster São Bento von Castris **Restaurant** auf Reserv. - Menü: 3000 Esc.

Hat man einmal die Stadtmauer durchfahren, nimmt man eine kleine Straße Richtung Senitor dos Aflitos. Die Landschaft hier ist wunderschön: Korkeichfelder, Olivenhaine und Zuchtstiere säumer die fünf Kilometer lange Straße, die Sie bis zur Casa San Pedro führt. Das im Besitz der adeligen Familie Vasconcellos befindliche Herrenhaus aus dem 17. Jahrhundert ist sehr schön. Das Innere ist authentisch geblieben, mit einem großen Salon im Erdgeschoß, wo man im Sommer die Kühle genießen kann. Die Küche ist herrlich: ein gewaltiger Kamin, große Waschbecken aus Marmor, eine Tellersammlung, Keramikformen und eine beeindruckende Sammlung von kupfernen Kücheninstrumenten zieren die Wände. Hier sein Frühstück einzunehme, bedeutet einen schönen Moment zu verbringen. Im Erdgeschoß gibt es nur ein Zimmer, das recht dunkel ist und nicht sehr groß. Deshalb empfehlen wir dasjenige im oberen Stock mit Blick auf den Garten (eines der Zimmer mit Bad außerhalb). In derselben Etage befindet sich der kleine, mit chinesischen Keramiken dekorierte Salon, ein idealer Ort, um mit dem Hausheren einen Portwein zu trinken, der glücklich ist, sein Haus zu neuem Leben zu erwecken indem er es mit Gästen teilt.

Anreise (Karte Nr. 4): 145 km östl. von Lissabon über die A 2.

ALENTEJO

Quinta de Espada TR

7001 Evora
Estrada de Arroilos, km 4 - Apartado 68
Tel. 266-734 549 - Fax 266-73 64 64
Sra Isabel de Mello Cabral

Geschlossen am 24. u. 25. Dezember **7 Zimmer** m. Bad **Preise** EZ u. DZ: 9000 Esc, 13000 Esc; 3-BZ: 16500 Esc - Frühst. inkl., von 7.30 bis 10.30 Uhr **Kreditkarten** nicht akzeptiert **Verschiedenes** Hunde erlaubt - Schwimmbad - Reiten - Parkpl. **Umgebung** Evora: Dom, röm. Tempel - Kloster dos Loios - Stadtmauern von Evora - Museum, largo das Portas de Moura, Kloster São Bento von Castris **Restaurant** Reserv. - Menüs: 3750 Esc.

Der Name dieser Quinta „das Gut des Schwertes" entstand im Angedenken an den mutigen Ritter ohne Furcht und Tadel, nämlich Geral Geraldes, der einer Legende zufolge dort das Schwert versteckt hielt, welches 1165 für die Eroberung von Evora benutzt wurde. Die Quinta befindet sich vier Kilometer von dieser wunderschönen Stadt entfernt (die von der Unesco zum Kulturerbe erklärt wurde). Dieses für das Alentejo typische Anwesen bietet zwei Zimmer im Haupthaus, sowie fünf andere in einem Nebengebäude. Alle sind geräumig und mit regionalen, mit floralen Mustern bemalten Holzmöbeln nett eingerichtet. Die angenehmsten gehen zum kleinen, französischen Garten, denn dort ist man etwas unabhängiger. Auch der sehr gemütliche Salon, sowie die große, gut ausgestattete Küche und das im Sommer erfrischende Schwimmbad stehen Ihnen hier zur Verfügung.

Anreise (Karte Nr. 4): 145 km östl. von Lissabon über die A 2. Ab Evora 4 km die Straße nach Arroilos entlang.

ALENTEJO

Casa de S. Tiago TH

7000-501 Evora
Lg. Alexandre Herculano, 2
Tel. 266-70 26 86 - Fax 226-00 03 07
Sr Vasconcellos

Ganzj. geöffn. **5 Zimmer** m. Bad **Preise** EZ u. DZ: 10000-12250 Esc, 13000-13250 Esc - Frühst. inkl., von 7.30 bis 10.30 Uhr **Kreditkarten** akzeptiert **Verschiedenes** Hunde erlaubt - Garage **Umgebung** Evora: Dom, röm. Tempel - Kloster dos Loios - Stadtmauern von Evora - Museum, largo das Portas de Moura, Kloster São Bento von Castris **Kein Restaurant** im Hotel (siehe unsere Restaurantauswahl S. 215).

Die Casa de S. Tiago ist eine wertvolle Adresse in Evora. Mitten im Zentrum kann man hier in einem der Patrizierhäuser dieser historischen Stadt wohnen. Auch dieses Haus gehört einem Mitglied der großen Familie der Vasconcellos, was seinen aristokratischen Stil erklärt: ein verzierter Portalvorbau und ein Eingang, der einstmals für Fiacker bestimmt war, gepflastert mit schwarz-weißen Kieselsteinen. Im Inneren ist es einfach eingerichtet und vor allem die architektonische Schönheit erinnert an eine glorreiche Vergangenheit. Die beiden Zimmer auf der Höhe des großen Salons führen auf einen kleinen Innenhof hinaus. Alles ist dort strahlend weiß und dies unterstreicht noch einmal die Eleganz des Hauses. Auch die Zimmer im ersten Stock sind hübsch, vor allem die am Ende des Ganges, denn sie bieten einen interessanten Ausblick auf die Dächer der Stadt. Noch ein praktischer Hinweis, der in Evora von Bedeutung ist: im Haus gibt es eine Parkmöglichkeit.

Anreise (Karte Nr. 4): 145 km östl. von Lissabon via A 2. In der Nähe der Kirche.

ALENTEJO

Estalagem Monte das Flores

Monte das Flores 7000 Evora
Rua de Alcáçovas
Tel. 266-74 96 80 - Fax 266-74 96 88

Kategorie ★★★ **Ganzj.** geöffn. **17 Zimmer** m. Klimaanl., Tel., Bad, WC **Preise** EZ u. DZ: 7500-12000 Esc, 7500-14000 Esc; 3-BZ: 9500-14000 Esc - Frühst. inkl., von 8.00 bis 10.30 Uhr - HP u. VP: + 3300 Esc, + 6600 Esc (pro Pers.) **Kreditkarten** akzeptiert **Verschiedenes** Hunde nicht erlaubt - Schwimmbad - Tennis - Parkpl. **Umgebung** Kathedrale, röm. Tempel, Kloster Los Loios, Befestigungsanlagen von Evora - Kloster São Bento von Castris **Restaurant** von 13.15 bis 14.00 u. von 20.00 bis 22.00 Uhr - Menüs: 3550-4150 Esc - Regionale Küche.

Man verläßt Evora in Richtung Alcáçovas, aber schon bald biegt man auf eine alte gepflasterte Straße ab, die aufs Land mit zahlreichen Olivenhainen und Weiden für die Stierzucht führt. Die langen Gebäude, aus denen der Hof besteht, wurden auf zwei Ebenen errichtet und bieten eine unendlich weite Aussicht auf die Umgebung. In einer dieser Besitzungen hat sich das *Estalagem Monte das Flores* niedergelassen. Im Innern des Hauses gibt es zahlreiche rustikale, große Räume mit Balken und Kaminen. Die nicht sehr großen Zimmer sind intimer; Stoffe mit Blumenmotiven und regionale Möbel schaffen hier eine altmodische, aber sehr freundliche Atmosphäre. Der Tennisplatz und das Schwimmbad erinnern daran, daß die Zivilisation nicht weit ist! Derzeit werden Renovierungsarbeiten getätigt, aber sie müßten im Sommer abgeschlossen sein. Es ist möglich, daß sich die Preise dann ändern.

Anreise (Karte Nr. 4): 145 km östl. von Lissabon über die A 2, die N 10 bis Atalho, dann die N 4 bis Montemor und die N 114; 6 km vor Evora die Straße nach Alcáçovas.

ALENTEJO

Quinta da Talha TR

7170 Redondo (Evora)
Estrada do Freixo
Tel. 266-99 94 68 - Fax 21-343 30 90
Sra Mafalda-Morais

Ganzj. geöffn. **3 Zimmer** m. Bad, TV u. 1 Appartement m. Küche, 2 Zimmer, Bad, TV **Preise** DZ: 11500 Esc; App.: 23000 Esc - Frühst. inkl. **Kreditkarten** nicht akzeptiert **Verschiedenes** Hunde erlaubt - Schwimmbad **Umgebung** Estremoz - Evoramonte - Evora - Elvas **Kein Restaurant** im Hotel (siehe unsere Restaurantauswahl S. 215).

Die Region Alentejo sollte man nicht verlassen, ohne den Wein von Redondo gekostet zu haben - diese Stadt ist aber auch wegen ihres Marmors und ihrer Terrakotta-Produktion bekannt. Das in einem Palmenhain verborgene *Quinta da Talha* ist eine ideale Zwischenstation. Die Hausbesitzer sind zwei sympathische Leute im Rentenalter aus Lissabon, die Zimmer in den Vebengebäuden Gästezimme machten und aus der Wasserreserve ein richtiges Schwimmbad umgebaut haben. Die Zimmer sind freundlich und gemütlich. Das Frühstück wird gemeinsam im Haupthaus eingenommen. Manuel wacht über alles, nur Vorsicht, denn wenn er Sie einlädt, ein Gläschen von seinem Wein zu kosten, kann daraus leicht eine Flasche und mehr werden! Wir waren begeistert von diesem Haus.

Anreise (Karte Nr. 4): 150 km östl. von Lissabon über die A 6 bis Evora, dann N 4; 30 km östl. von Evora, 3 km von Redondo über die Straße von Freixo.

ALENTEJO

Hotel Convento de São Paulo

Aldeia da Serra 7170 Redondo (Evora)
Tel. 266-98 91 60 - Fax 266-99 91 04
E-Mail: hotelconvspaulo@mail.telepac-pt

Kategorie ★★★★ **Ganzj.** geöffn. **23 Zimmer** m. Klimaanl., Tel., Bad, WC, Satelliten-TV - Aufzug; Eingang f. Behinderte **Preise** EZ u. DZ: 16500-30000 Esc, 21500-42000 Esc; Extrabett: 9500 Esc - Frühst. inkl. (Buffet) **Kreditkarten** akzeptiert **Verschiedenes** Hunde nicht erlaubt - Schwimmbad - Parkpl. **Umgebung** Estremoz - Evoramonte - Evora - Elvas **Restaurant** von 12.30 bis 14.00 u. von 19.30 bis 21.00 Uhr - Menüs: 3700-5400 Esc - Karte - Spezialität: Carne de porco alentejano; Burreguinhos em aztte.

Mit seinen Palästen und ehemaligen Klöstern, die in *Pousadas* umgewandelt wurden, bietet uns das Alentejo außergewöhnliche Orte und Reiseetappen mit viel Charme. Die Mönche von Sao Paulo haben sich damals hier in einer ruhigen und sicheren Gegend niedergelassen und ihr Kloster im Schutz der Berge der Serra Ossa erbaut. Heute ist es ein wunderschönes Hotel, wo unendliche Gänge, die mit bemalten Kacheln ausgelegt sind, zu den Zimmern führen und alte Fresken noch den ehemaligen Speisesaal schmücken, der heute ein elegantes Restaurant ist. Die Zimmer sind etwas nüchterner, aber ihre Einrichtung ebenso traditionsbewußt wie der Rest des Hauses (weiße Wände, regionale Möbel, schmiedeeiserne Betten), und der Komfort ist exzellent. Das Kloster wird von 600 Hektar Wald umgeben, und so können Sie dort ausgiebige Spaziergänge unternehmen. Das Schönste ist jedoch hier der Innenhof; eine kleine Oase in der Bergwelt, wo Statuen stehen, der Boden mit mehrfarbigen Marmorarten ausgelegt ist und man erfrischt wird vom Bergwasser, das in pompös barocken Brunnen daherplätschert. Wir müssen wohl nichts hinzufügen, um Sie davon zu überzeugen, daß dies eine königliche Etappe ist.

Anreise (Karte Nr. 4): 180 km östl. von Lissabon über die A 2, dann A 6 bis Estremoz. Rtg. Redondo über die N 381 (15 km).

ALENTEJO

Casa de Peixinhos ᵀᴴ

7160 Vila Viçosa (Evora)
Tel. 268-98 04 72 - Fax 268-88 13 48
Sr D. José Passanha

Ganzj. geöffn. **8 Zimmer** m. Bad - Eingang f. Behinderte **Preise** EZ u. DZ: 14000 Esc, 17500 Esc; Suite: 23000 Esc - Frühst. inkl., von 8.30 bis 11.00 Uhr **Kreditkarten** nicht akzeptiert **Verschiedenes** Hunde nicht erlaubt - Parkpl. **Umgebung** Estremoz - Evoramonte - Evora - Elvas **Gemeins. Essen** auf Anfrage.

Vila Viçosa, die ehemalige Königs- und heutige Museumsstadt, macht inmitten von Zitrusfrucht-Plantagen und Marmorbruch einen ziemlich verschlafenen Eindruck. Um die *Casa de Peixinhos* (das Haus der kleinen Fische) zu finden, braucht man nur den Hinweisschildern ab Stadtmitte zu folgen. Es ist ein wundervolles Haus aus dem 18. Jahrhundert und ähnelt einer mudejarischen Burg. Ein schmiedeeisernes Gitter, überdachte Gänge, mit Kieselstein bedeckte Böden und ein Barockbrunnen führen einen zum - selbstverständlich - weißen Haus. Im Innern die gleiche Farbentradition: alle Zimmer sind gelb gestrichen und mit Ocker und Rot gehöht - die Fensterläden sind grün. Die Zimmer liegen in einem Flügel des Hauses. Hier ist alles von großer Eleganz, so auch die Tische im Speisesaal fürs Frühstück, das auf feinstem, mit dem Siegel der Familie versehenem Porzellan serviert wird. Sollte unbedingt entdeckt werden.

Anreise (Karte Nr. 4): 200 km östl. von Lissabon über die A 6 bis Estremoz, dann N 4 bis Borba u. N 255 bis Vila Viçosa.

ALENTEJO

Posada D. João IV *

7160 Vila Viçosa (Evora)
Terreiro do Paço
Tel. 268-98 07 42 - Fax 268-98 07 47
Sra Esmeralda da Costa

Ganzj. geöffn. **30 Zimmer** u. 6 Suiten m. Klimaanl., Tel., Bad, Satelliten-TV, Minibar **Preise** EZ u. DZ: 18000-26500 Esc, 20300-31600 Esc; Suite: 24300-52300 Esc; Extrabett: 5800-8500 Esc - Frühst. inkl., von 7.30 bis 10.30 Uhr **Kreditkarten** akzeptiert **Verschiedenes** Hunde nicht erlaubt - Schwimmbad - Parkpl. **Umgebung** Vita Viçoza, Palais Ducal, Schloß - Terena - Borba - Elvas - Evora-Monsaraz **Restaurant** von 12.30 bis 15.00 u. von 19.30 bis 22.00 Uhr - Karte.

Die Porta dos Nós, die ihren Namen aufgrund der sie umrahmenden großen, spiralenförmigen Kolonnen erhielt, öffnet Ihnen die Stadt. Man erreicht dann sehr schnell die große Esplanade des herzöglichen Palastes, wo die Reiterstatue von Joao IV. thront, und dort, auf dem *terreiro do Paço*, befindet sich das im 16. Jahrhundert erbaute, ehemalige Kloster der Chagas, das kürzlich in ein luxuriöses und charmantes Hotel umgebaut wurde. Die ursprüngliche Architektur ist prunkvoll, und die Arbeit der portugiesischen Architekten die es umgearbeitet haben hervorragend. Die Eingangshalle wird durch einen beeindruckenden Lichtschacht erhellt. Der aus Glasplatten bestehende Boden läßt einen Blick auf das restaurierte Untergeschoß frei. Die mit Marmor und schönen Holzmalereien dekorierten Salons sind um den Innenhof herum angelegt. Von einer Galerie aus gelangt man in die Zimmer. Sie sind alle schön, aber besonders gefielen uns die 4 „special" genannten und die Suiten: die Professor-Suite mit *azulejos* aus dem 17. Jahrhundert, die Maler-Suite mit einem sehr schönen Gemälde von Viajante, die Musiker-Suite mit musikalischen Motivtapeten, die Astronomen-Suite mit dem großen Fresko und die Herzoginnen-Suite mit großer Terrasse. Charme, Luxus und Rafinesse vereint.

Anreise (Karte Nr. 4): 18 km südöstl. von Estremoz.

ALENTEJO

Casa de Borba .TH

7150 Borba (Estremoz)
Rua da Cruz, 5
Tel. 268-89 45 28 - Fax 268-84 14 48
Sra Maria José Tavares Lobo de Vasconcellos

Ganzj. geöffn. **5 Zimmer** m. Bad, TV **Preise** EZ u. DZ: 13000 Esc, 15000 Esc; Extrabett: 3500 Esc - Frühst. inkl., von 9.00 bis 11.00 Uhr **Kreditkarten** Visa, Eurocard, MasterCard **Verschiedenes** Hunde nicht erlaubt - Schwimmbad - Parkpl. **Umgebung** Borba: Kirchen von São Bartolomeu, Museum von Cristo - Vita Viçoza - Estremoz - Evora **Restaurant** Reserv.

Eine zwischerstation in Borba, etwa vierzig Kilometer von der Grenze zu Caia entfernt, läßt Sie diese interessante, für ihren Wein und die Marmorbrüche bekannte Stadt entdecken. Die Casa de Borba befindet sich im Zentrum, aber ist trotzdem von einem schönen, wuchernden Garten umgeben. In der riesigen Eingangshalle wurde eine Kutsche ausgestellt, die aus demselben Jahr wie das Gebäude stammt. Eine große, beidseitig angelegte Treppe, selbstverständlich aus Marmor, führt zu den Etagen, wo sich der große Salon mit Familienmöbeln , sowie die große, zum Garten hinaus führende Galerie befinden. Die großen und komfortablen Zimmer sind mit Mobiliar im portugiesischen Stil des 17. Jahrhunderts eingerichtet. Zwei sind im ersten Stock, das mit Baldachin-Bett ist unser bevorzugtes und drei befinden sich im obersten Stock. Auf dem Dach wurde eine riesige Terrasse angelegt, aber wir empfehlen im Sommer die Sonne lieber in der Nähe des Schwimmbads zu genießen und dort vor allem vom Schatten des Gartens zu profitieren, wo Sie auf Anfrage auch ein Barbecue serviert bekommen.

Anreise (Karte Nr. 4): 14 km südöstl. von Estremoz.

ALENTEJO

Pousada Flor da Rosa *

Flor da Rosa 7430 Crato (Portalegre)
Mosteiro de Santa Maria de Flor da Rosa
Tel. 245-99 72 10 - Fax 245-99 72 12

Ganzj. geöffn. **20 Zimmer** m. Klimaanl., Tel., Bad, WC, Satelliten-TV, Minibar - Aufzug **Preise** EZ u. DZ: 18300-29000 Esc, 20300-31000 Esc; Suite: 24300-38000 Esc; Extrabett: + 30 % - Frühst. inkl., von 7.30 bis 10.00 Uhr **Kreditkarten** akzeptiert **Verschiedenes** Hunde nicht erlaubt - Schwimmbad - Parkpl. **Umgebung** Kloster von Flor da Rosa - Crato - Dolmen d'Aldeia da Pedra - Vale do Peso - Monte da Pedra - Gálete **Restaurant** von 12.30 bis 15.00 u. von 19.30 bis 22.00 Uhr - Menü: 3650 Esc - Karte - Regionale Küche.

Dieses kleine Dorf verdankt seinen Ruf seinem Kloster, das gemeinsam mit der Kirche eine robuste Festung darstellt. Bekannt ist es auch für seine Töpferwaren und die traditionelle Cacoila, in der man noch heute das Essen kocht. Nebenan befindet sich die Pousada, in einem sehr modernen Gebäude. Die Verbindung dieser zwei architektonischen Stilrichtungen ist perfekt gelungen. Es wurde erst vor kurzem eröffnet, und wir konnten die Zimmer noch nicht besichtigen. Sie ist aber in der höchsten Kategorie der Pousadas eingestuft, und deshalb sind guter Komfort und Service garantiert. Die Region ist reich an historischen Sehenswürdigkeiten, und somit gibt es wirklich keinen Grund, hier richt halt zu machen.

Anreise (Karte Nr. 4): 23 km westl. von Portalegre.

A L E N T E J O

Monte da Varzea d'Água de Salteiros

Salteiros 7400 Ponte de Sôr (Portalegre)
Tel. 242 28 31 12 - 242-20 61 55 - Fax 242-20 62 35
Luis Miguel Cruz Bucho

Ganzj. geöffn. **Appartments** 1 f. 3 Pers., 2 f. 4 Pers. **Preise** 12000 Esc (App. f. 3 Pers.) - 17500 Esc (App. f. 4 Pers.) – Frühst. inkl. **Kreditkarten** nicht akzeptiert **Verschiedenes** Hunde nicht erlaubt - Schwimmbad - Parkpl. **Umgebung** Kloster Flor da Rosa - Crato - Portalegre: Wandteppichmanufaktur Portalegre (Fábrica Real, Parque da Corredura) - hist.Grabstätte d'Aldeia da Pedra - Vale do Peso - Monte da Pedra - Gáfete **Kein Restaurant.**

Wenige Kilometer entfernt von dem Montargil-Stausee, in der Landschaft des Pontedesor liegt der Monte de Salteiros, dessen niedrige Häuser und landwirtschaftliche Nebengebäude ein schmuckes Ganzes bilden, hinter dem sich ein 120 Hektar großes Anwesen erstreckt. Hier befinden Sie sich also auf einem echten Bauernhof - mit Schafen, den dazu gehörenden Hoftieren, Obst- und Gemüsegarten -, durch den der Besitzer Sie mit Stolz führen wird. Der Empfang ist ungezwungen und überaus herzlich. Der einzige Wunsch der Gastgeber ist, daß Sie sich in das Hofleben integrieren oder sich wenigstens dafür interessieren und es genießen. Drei Häuser stehen Ihnen zur Auswahl, die alle gleichermaßen bezaubernd und komfortabel sind: die *Casa da Eira* mit Blick auf die Trockenfläche für den Reis, die *Casa do Pastor*, die Ihnen einen modernen Komfort in einem durch und durch rustikalen Ambiente bietet, und die *Casa do Ganhao*. Ein prachtvolles von Palmen umgebenes Schwimmbecken wird Ihnen den auch so schon angenehmen Aufenthalt nur noch versüßen.

Anreise (Karte Nr. 4): 45 km westlich von Portalegre.

ALENTEJO

Quinta dos Avós [TH]

7370 Campo Maior (Portalegre) - Quinta de S. João
Tel. 268-68 83 09 - 268-68 89 22 - Fax 268-688 202
Sra Maria de Lurdes Gama
E-Mail: turagri@mail.telepac.pt

Ganzj. geöffn. **5 Zimmer** u. 1 Appartement m. Klimaanl., Tel., Bad, Satelliten-TV **Preise** DZ: 10900 Esc - Frühst. inkl., von 7.30 bis 10.30 Uhr **Kreditkarten** Visa, Eurocard, MasterCard **Verschiedenes** Hunde nicht erlaubt - Schwimmbad - Tennis - Reiten (14 km) **Umgebung** Elvas: Aquädukt, Kathedrale, Schloß von Ouguela - Arronches **Restaurant** von 12.30 bis 14.00 u. von 21.00 bis 22.00 Uhr - Menüs: 2500 Esc.

Campo Maior ist eine kleine befestigte Stadt, wie man sie im nördlichen Teil des Alentejo häufig vorfindet. Ihre Besonderheit besteht in der mit Gebeinen geschmückten Kapelle ihrer Kirche und dem alle paar Jahre im September gefeierten Fest, für das der gesamte Ort mit bunten Papierblumen geschmückt wird. Hier haben wir uns in die Quinta dos Avós verliebt, die in einem Gehöft aus dem Jahre 1640 untergebracht ist. Geht man durch das Portal, gelangt man über einen großen gepflasterten Hof zu einer doppelt geschwungenen Treppe, die zum Haupthaus führt. Die für Gäste hergerichteten Zimmer wurden mit einem hübschen Mobiliar in regionalem Stil eingerichtet und das Ganze ist von raffinierter Nüchternheit. Jedes besitzt einen mit Bougainvilleen bepflanzten Balkon, deren Farbe sich hübsch zu den weiß-blauen Fassaden ergänzt. In einem der Gebäude um den Hof herum wurde ein sehr gut ausgestattetes Appartement eingerichtet und in einem anderen Teil des Hofes ein kleines Restaurant. Der Garten mit Schwimmbad ist angenehm und der liebenswürdige Empfang der Besitzer trägt ebenfalls zur Harmonie des Hauses bei.

Anreise (Karte Nr. 4): 50 km südöstl. von Portalegre. 19 km nördöstl. von Elvas.

A L E N T E J O

Pousada Santa Maria *

7330 Marvão (Portalegre)
Tel. 245-99 32 01 - Fax 245-99 34 40
Sra Cristina Andrade

Ganzj. geöffn. **29 Zimmer** m. Klimaanl., Tel., Bad, WC, TV - Aufzug **Preise** EZ u. DZ: 14800-23600 Esc, 16300-25100 Esc; Suiten: 20800-31100 Esc; Extrabett: + 30 % - Frühst. inkl., von 7.30 bis 10.30 Uhr **Kreditkarten** akzeptiert **Verschiedenes** Hunde nicht erlaubt **Umgebung** Dorf, Burg u. Lage von Marvão - Gemeindemuseum von José Regio - Reiseroute Portalegre-Castello de Vide - Kloster Flor da Rosa **Restaurant** von 12.30 bis 15.00 u. von 19.30 bis 22.00 Uhr - Menüs - Karte - Regionale Küche.

Die *Pousada Santa Maria* befindet sich in einem alten, weiß getünchten Haus im schönen mittelalterlichen Dorf Marvão. Wenn im Winter die Nebel von der Sierra São Mamede hochsteigen, ist dieses reizende Haus ganz besonders gastfreundlich. In den Salons, die mit bemalten regionalen Möbeln (typisch für die portugiesische Volkskunst) ausgestattet wurden, ist die Atmosphäre besonders freundlich und warm. Das Personal ist sehr liebenswürdig. Ein im Labyrinth der engen Gassen verborgenes Gasthaus mit viel Komfort. Zum Glück steht den Gästen ein Parkplatz zur Verfügung.

Anreise (Karte Nr. 4): 22 km nördl. von Portalegre über die N 246.

ALENTEJO

Estalagem Quinta de Sto António

7350 Elvas (Portalegre)
São Srás, Apartado 206
Tel. 268-62 84 06 - Fax 268-62 50 50 - Sr Jose Telo Abreu
E-Mail: santonio@mail.telepac.pt - Web: www.qsantonio.hypermart.net

Ganzj. geöffn. **29 Zimmer** u. 1 Suite m. Klimaanl., Tel., Bad, WC, Satelliten-TV **Preise** EZ u. DZ: 10500-14500 Esc, 12500-17500 Esc; Suiten: 18000-24000 Esc - Frühst. inkl., von 8.30 bis 10.30 Uhr - HP u. VP: + 2500 Esc + 5000 Esc **Kreditkarten** akzeptiert **Verschiedenes** Hunde nicht erlaubt - Schwimmbad - Tennis - Parkpl. **Umgebung** Elvas - Evoramonte - Evora - Estremoz **Restaurant** von 13.00 bis 15.00 u. von 20.00 bis 22.00 Uhr - Menü: 3000 Esc - Karte - Regionale Küche.

In dem winzigen Ort Quinta de St António liegen zwei Unterkünfte, die demselben Besitzer gehören, mit dem Unterschied daß die eine ein *Estalagem*, ein Hotel ist und die andere eine *Quinta de turismo rural*, ein landwirtschaftlicher Betrieb mit Gästezimmern.... Einige Gebäude aus dem 18. Jahrhundert sind diejenigen eines ehemaligen Landhauses, typisch für Alentejo mit seinen schmiedeeisernen Balkonen, dem mit großen Barock-Statuen verzierten Wasserspeicher, dem Patio mit Brunnen und der traditionellen kleinen Kapelle. In diesem wunderschönen Rahmen, wo die Gärten mit herrlichen Palmen und Büschen bepflanzt sind, hat man dieses schöne Hotel eröffnet. Wir empfehlen Ihnen in den alten Gebäuden zu reservieren: der Villa oder den ehemaligen Ställen. Die Zimmer hier sind zwar kleiner aber haben den Charme... Jedes trägt den Namen einer der Besitzer, unser Lieblingszimmer ist das Luis. Um Ihnen die Möglichkeit zu geben die Umgebung kennenzulernen werden vom Hotel aus Ausflüge im Traktor oder hoch zu Roß über die Felder des Besitzes organisiert.

Anreise (Karte Nr 4): 8 km von Elvas, Rtg. Barbacena od. A 6, Ausf. 10, Rtg. Elvas-Centre.

ALENTEJO

Monte da Amoreira TR

Quinta de Santo António
7353 Elvas (Portalegre)
Tel. 268-62 84 06 - Fax 268-62 50 50
Sr José Telo Abreu
E-Mail: santonio@mail.telepac.pt - Web: www.qsantonio.hypermart.net

Ganzj. geöffn. **4 Zimmer** u. 2 Appartement m. Bad **Preise** 7500-9000 Esc (m. Bad), 5000-6000 Esc (m. gemeins. Bad) - Frühst. inkl., von 8.30 bis 10.30 Uhr **Kreditkarten** Visa, Eurocard, MasterCard **Verschiedenes** Hunde erlaubt - Schwimmbad - Tennis **Umgebung** Elvas - Evoramonte - Evora **Restaurant** in Estalagem: von 13.00 bis 15.00 u. von 20.00 bis 22.00 Uhr - Menü: 3000 Esc.

An der spanisch-portugiesischen Grenze liegt auf einem Höhenrücken Badajoz (auf spanischem Boden) und gegenüber die befestigte Stadt Elvas (auf portugiesischem Boden). Einige Kilometer von der Schutzwehr entfernt, in der Ebene voller Getreidefelder mit Klatschmohn und Ginster, befinden sich einige Bauernhöfe des Monte de Amoreira, einer 800 Hektar großen landwirtschaftlichen Besitzung. Hierzu gehört *Monte da Amoreira*. Um es zu finden, muß man sich mitten aufs Land begeben, dorthin, wo die Straße immer schmaler wird, und wo Pflastersteine den Asphalt ersetzen. Und dann entdeckt man etwas ganz Besonderes. Die langen, gelb gesäumten Gebäude gehen auf ein großes Bassin und einen schattigen Platz mit Palmen und Springbrunnen. Die Zimmer sind jedoch klösterlich schlicht und sehr rustikal, ebenso der große Speiseraum, in dem gute Hausmannskost serviert wird.

Anreise (Karte Nr. 4): 8 km von Evora entf. Rtg. Barbacena od. A 6 Ausf. 10, Rtg. Elvas-Centre.

A L E N T E J O

Monte Saraz [TH]

7200 Monsaraz
Horta dos Revoredos-Barrada
Tel. 266-55 73 85 - Fax 266-55 74 85 - Sra Monique Dekers
E-Mail: monte.saraz@mail.telepac.pt

Ganzj. geöffn. **2 Zimmer** u. 3 Suiten m. Kitchenette (3 üb. Mind.) **Preise** DZ: 12000 Esc m. gemeins. Bad - 16000 Esc m. priv. Bad; Suite: 19000 Esc; Extrabett: 6000 Esc - Frühst. inkl. (m. Ausnahme in App.) von 8.00 bis 10.00 Uhr **Kreditkarten** nicht akzeptiert **Verschiedenes** Hunde nicht erlaubt - Schwimmbad **Umgebung** Monsaraz: rua Direita m. ehemaligem Gericht, Krankenhaus der Barmherzigkeit, Schloß **Kein Restaurant**.

Dies ist sicherlich eine der besten Adressen unseres Buches, und schon für sie alleine würde sich die Reise nach Monsaraz lohnen. In dem Tal am Fuße der Altstadt liegen die traditionellen Bauernhäuser, genannt "montes", von denen die meisten renoviert wurden. In Monte Sarraz wurden edle Materialien durch eine Dekoration mit antiken Möbeln und Objekten besonders gut zur Geltung gebracht. Die Zimmer sind charmant, sehr komfortabel, und auf Anfrage können Sie den Service eines Hotels bekommen. Den Gästen in den Zimmern ohne Kochgelegenheit wird bei schönem Wetter ein Frühstück auf der Terrasse, sonst in dem schönen Salon des Hauses serviert. Das Schwimmbad ist vor neugierigen Blicken geschützt, umgeben von einem überdachten Säulengang, und gemeinsam mit dem mit Olivenbäumen bepflanzten Garten entsteht hier eine wahre Oase, wo man die stets scheinende Sonne richtig genießen kann. Eine Adresse, wie man sie nur selten findet.

Anreise (Karte Nr. 4): 45 km südöstl. von Evora bis Reguengoz de Monsaraz Rtg. Monsaraz und Barrada.

ALENTEJO

Casa D. Nuno

Monsaraz 7200 Reguengoz de Monsaraz
Rua do Castelo, 6
Tel. 266-55 71 46 - Fax 266 55 74 00
Sr Isidoro Lores Pinto

Ganzj. geöffn. **8 Zimmer** m. Tel., Bad, Satelliten-TV **Preise** EZ u. DZ: 9000 Esc, 10000 Esc - Frühst. inkl., von 7.30 bis 10.30 Uhr **Kreditkarten** Visa, Eurocard, MasterCard **Verschiedenes** Hunde nicht erlaubt **Umgebung** Monsaraz: rua Direita m. ehemaligem Gericht, Krankenhaus der Barmherzigkeit, Schloß - Evora **Kein Restaurant**.

Monsaraz zählt zu den schönsten Orten Alentejo's. Umgeben von Stadtmauern dominiert es die ganze Ebene von Evora. Die charmante Casa D. Nuno befindet sich innerhalb der Stadtmauern in der zur Kirche führenden Hauptstraße. Der hintere Teil des Hauses besteht aus einer Abfolge von Etagen, die zum Garten hin bergab liegen. So hat man verschiedene Salons einrichten können, deren Architektur bereits ein interessantes Deko-Element darstellt. Der Winter-Salon mit schönem Kamin, rohem Steinboden, Holzbalken und einer Sammlung von Volkskunst, die die gekalkten Wände zieren, ist besonders anheimelnd. Größer ist derjenige, der zur großen Loggia und dem Garten führt und das gesamte Tal überragt. In den komfortablen Zimmern finden Sie hotelgemäße Einrichtungen (Telefon und TV). Die hübsch mit gestrichenen Möbeln eingerichteten Zimmer und Blick auf die Ebene bieten Ihnen ein unvergeßliches Aufwachen. Eine einfache Adresse mit viel Charme.

Anreise (Karte Nr. 4): 45 km südöstl. von Evora. In der Altstadt.

ALENTEJO

Estalagem de Monsaraz

7200 Reguengos de Monsaraz
Arrabalde-Monsaraz
Largo de S. Bartolomeu
Tel. 266-55 71 12 - Fax 266-55 71 01

Ganzj. geöffn. **8 Zimmer** u. 1 Appartement m. Tel., Bad, TV **Preise** EZ u. DZ: 12500 Esc, 16000 Esc; Suite: 20000 Esc; App.: 31500 Esc - Frühst. inkl., von 7.30 bis 10.30 Uhr **Kreditkarten** akzeptiert **Verschiedenes** Hunde nicht erlaubt - Schwimmbad **Umgebung** Monsaraz: rua Direita m. ehemaligem Gericht, Krankenhaus der Barmherzigkeit, das Schloß **Restaurant** von 12.30 bis 15.00 u. von 19.30 bis 22.00 Uhr - Menü u. Karte - Regionale Küche.

Reguengos de Monsaraz liegt außerhalb des kleinen befestigten Ortes Monsaraz. Früher diente es als militärischer Wachposten und während der Kriege in dieser Grenzgegend als Zufluchtort. Das Anwesen liegt am Hügel. Es ist ein altes Gebäude, dessen abwechslungsreiche Architektur erhalten wurde. Der Salon ist in der Küche mit einem beeindruckend großen traditionellen Kamin eingerichtet. Die rustikale Einrichtung paßt gut zu den gewählten Materialien (schwarze Steinplatten für den Boden und Fachwerkbalken). Alle Zimmer sind recht geräumig, aber am eindrucksvollsten ist das Appartement mit Salon, zu dem eine Terrasse auf dem Dach gehört, von wo aus man die ganze Ebene überblicken kann. Am Wochenende wird immer ein großes Grillfest im Garten organisiert, damit die Gäste sich kennenlernen können.

Anreise (Karte Nr. 4): 62 km südöstl. von Evora.

ALENTEJO

Pousada de Palmela *

2950 Palmela (Setúbal)
Castello de Palmela
Tel. 21-235 12 26/13 95 - Fax 21-233 04 40
Sr Rosa

Ganzj. geöffn. **27 Zimmer** u. 1 Suite m. Tel., Bad, WC, Satelliten-TV, Minibar; Aufzug **Preise** EZ u. DZ: 17900-29000 Esc, 20300-31000 Esc; Suite: 22000-38000 Esc; Extrabett: + 30 % - Frühst. inkl., von 8.00 bis 10.30 Uhr **Kreditkarten** akzeptiert **Verschiedenes** Hunde nicht erlaubt - Parkpl. **Umgebung** Kirche São Pedro (Azulejos) - Burg in Palmela - Jesuskirche u. Museum in Setúbal - Serra de Árrábida - Quinta de Bacalhoa (Garten u. Azulejos) - Golf-Club von Troia, Torralta Troia (18 L.) **Restaurant** von 12.30 bis 15.00 u. von 19.30 bis 21.30 Uhr - Menü: 3650 Esc - Karte - Spezialitäten: Sopa do Mar a Costa Azul - Tamboril - Lombo de Porco - Torta de Larania - Doces Conventuais.

Die inmitten der Sierra de Arrabida gelegene *Pousada de Pamela* wurde im Kloster der Burg von Palmela eingerichtet; das Gebäude wurde 1423 von den Santiago-Rittern gebaut. In diesem strengen Haus, in dem schöne Klostergänge erhalten sind (in denen regelmäßig Ausstellungen portugiesischer Künstler stattfinden), wird der Komfort groß geschrieben. Alle Zimmer verfügen über eine gute Einrichtung und haben eine schöne Aussicht; die empfehlenswertesten sind Nr. 22 und Nr. 9, in dem Präsident Mitterrand während eines Portugal-Aufenthaltes wohnte. Außerdem gibt es ein schönes Schwimmbad und einen romantischen Garten mit Ruinen.

Anreise (Karte Nr. 3): 43 km südöstl. von Lissabon über die A 2.

ALGARVE

Vila Joya

Praia do Galé
8200 Albufeira (Faro)
Tel. 289-59 17 95 - Fax 289-59 12 01
Sra Fricke

Kategorie ★★★★ **Geschlossen** vom 7. Januar bis 1. März u. vom 11. November bis 21. Dezember **13 Zimmer** u. 4 Suiten m. Tel., Bad, WC, TV, Minibar, Safe **Preise** m. HP (pro Pers): 33000 Esc (kleine DZ), 40000-43000 Esc (DZ), 44000-75000 Esc (Suite) - Frühst. inkl., von 7.30 bis 11.30 Uhr **Kreditkarten** akzeptiert **Verschiedenes** Hunde nicht erlaubt - Beheizt. Schwimmbad - Sauna - Parkpl. **Umgebung** Faro - Praia da Rocha - Halbinsel Sagres **Restaurant** von 13.00 bis 15.00 u. von 19.30 bis 21.30 Uhr - Menüs: 12900 Esc u. 16500 Esc (Do) - Karte: 5200-8200 Esc - Internationale Küche.

Praia do Galé ist erst vor kurzem entstanden, wurde im neomaurischen Stil gebaut und ist eines der luxuriösen Touristenzentren. *Vila Joya* zählt zu den schönsten Häusern. Die Umgebung ist bewundernswert: der Atlantik, schattenspendende Pinien, Mimosen, Orangenbäumchen und ein Rasen, der erst vor den Wellen des Meeres Halt macht. Alle Zimmer sind individuell im mediterranen Stil eingerichtet und verfügen über Mosaik-Bäder, die an den Luxus orientalischer Bäder erinnern. Das Restaurant und der Weinkeller stehen all dem nichts nach.

Anreise (Karte Nr. 5): 40 km westl. von Faro; 6,5 km östl. von Albufeira, Rtg. Vale de Parra und Praia do Galé.

ALGARVE

Hotel Dona Filipa

Vale do Lobo 8136 Almancil (Faro)
Tel. 289-35 72 00 - Fax 289-35 72 01
Sr Beverly King

Kategorie ★★★★★ **Ganzj.** geöffn. **147 Zimmer** m. Klimaanl., Tel., WC, Bad, Satelliten-TV, Minibar, Safe - Aufzug **Preise** EZ u. DZ: 30000-57000 Esc, 35000-57000 Esc; Suiten: 42500-66000 Esc; m. Aussicht: 57000-160000 Esc - Extrabett: 15000 Esc - Frühst. inkl. (Buffet) - HP: + 7000 Esc (pro Pers.) Kreditkarten akzeptiert **Verschiedenes** Hunde nicht erlaubt - Schwimmbad - Tennis - Golf-Club San Lorenzo (7000 Esc f. 1 Greenfee) - Parkpl. **Umgebung** Almancil: Kirche S. Lourenzo - Faro - Praia da Rocha - Halbinsel Sagres - Golf do Vale do Lobo (27 L.); Campo de Golf da Quinta do Lobo (18 L.) **Restaurant** *Primavera, Dom Quarte, Grill São Lorenço* von 19.30 bis 23.00 Uhr - So geschl. - Menü-Karte - Portugiesische u. internationale Küche.

Von vornherein muß gesagt werden: für Nicht-Golfer (eigentlich) uninteressant. Dieses große, moderne, luxuriöse und sehr teure Hotel wird wohlhabende Golfer glücklich machen, denn der Golfplatz von S. Lorenzo gilt als eine der schönsten Europas. Die Umgebung, d.h. der Atlantik und das Naturschutzgebiet von Ria Formoso mit üppiger Vegetation, ist wundervoll. Die Ausstattung von *Dona Filipa* entspricht dem Standard der großen internationalen Hotels (mit heraldischen Motiven, die die Geschichte der Filippa von Lencastre erzählen und einigen "Exzessen" wie Palmen mit vergoldeten Blättern). Die Zimmer sind sehr schön und höchst komfortabel, die Klimatisierung des Schwimmbades wird unter Berücksichtigung der Außentemperaturen vorgenommen, die Tennisplätze sind abends beleuchtet. Auch ohne Golfer zu sein könnte man hier also glücklich werden...

***Anreise** (Karte Nr. 5): 10 km westl. von Faro; die Avenida do mar Rtg. Vale do Lobo.*

ALGARVE

La Réserve

Santa Bárbara de Nexe 8000 Faro
Estrada de Esteval
Tel. 289-99 94 74 - Fax 289-99 94 02
Sr Fuchs

Kategorie ★★★★★ **Ganzj.** geöffn. **12 Zimmer** u. 8 Appartements (als Maisonnette) m. Klimaanl., Tel., Bad, WC, TV, Minibar **Preise** EZ u. DZ: 18000-30000 Esc, 28000-40000 Esc; Suiten: 30000-44000 Esc - Frühst. inkl., von 8.00 bis 11.00 Uhr **Kreditkarten** akzeptiert - Euroschecks - Travellerschecks **Verschiedenes** Hunde nicht erlaubt - Schwimmbad - Tennis - Parkpl. **Umgebung** Belvedere San Antonio (in Faro, bei Sonnenauf- u. Sonnenuntergang) - Röm. Ruinen in Milreu u. Schloßgärten von Estói - Golf-Club von Vilamoura (18 L.) - Campo de Golf da Quinta da Lago (9 u. 18 L.) **Restaurant** Tel. (999 234) von 19.00 bis 23.00 Uhr (für die Hotelgäste mittags Selbstbedienung) - Di abends geschl. - Menü: 7500 Esc - Karte - Spezialitäten: Pato assado Vendôme - Codormizes com trufa Don Quijote - Camarão.

*L*a *Réserve* verfügt über einen ruhigen, gepflegten Garten, ein angenehmes Schwimmbad und eine sehr gute Küche. Die Schweizer Besitzer unterhalten das Hotel perfekt, und zur Freude der Gäste ist das Personal ebenso effizient wie in Grand Hotels. Die Zimmer (die eigentlich Suiten sind) und die Suiten (die man als Appartements bezeichnen könnte) sind gepflegt ausgestattet und haben ausnahmslos Aussicht auf das umliegende Land und das Meer; einige verfügen über eine eigene Terrasse. Abends kann man dann eines jener Gerichte kosten, denen das Restaurant seinen guten Ruf verdankt. Eine Adresse, die man guten Gewissens empfehlen kann.

Anreise (Karte Nr. 6): 15 km nördl. von Faro.

ALGARVE

Monte do Casal

Estói 8000 Faro
Estrada de Moncaparacho
Tel. 289-99 15 03 - Fax 289-99 13 41 - Sr M. R. Hawkins

Kategorie ★★★★ **Geschlossen** im Dezember u. Januar **13 Zimmer** m. Klimaanl., Tel., Bad, WC **Preise** DZ: 25200-55600 Esc; DZ (Luxe.): 29400-61000 Esc; Suite: 26400-74400 Esc - Frühst. inkl., von 9.00 bis 10.00 Uhr - HP auf Anfrage **Kreditkarten** Visa, Eurocard, MasterCard **Verschiedenes** Hunde nicht erlaubt - Beheizt. Schwimmbad - Parkpl. **Umgebung** Romanische Ruinen von Milreu u. Gärten des Palastes Estói - Aussichtspunkt von San Antonio (Besichtigungen zum Sonnenauf- u. Sonnenuntergang) in Faro - Golf Club von Vilamoura (18 L.), Golfplatz von Quinta da Lago (18 u. 9 L.) **Restaurant** von 12.00 bis 15.00 u. von 19.00 bis 22.00 Uhr - Menüs: 6400-5600 Esc - Karte.

*M*onte do casal ist eine große und schöne Ferienresidenz, deren Gebäude quasi aus dem wunderschönen Garten hervorzuwachsen scheinen. In diesem ist die Auswahl der mediterranen Flora schier unerschöpflich: Palmen, Eukalyptusbäume, Olivenbäume, Oleander und Bougeainvilleen überwuchern die Terrassen und Fassaden. Zimmer gibt es nur 13 - alle haben einen Balkon, der entweder zum Garten hinausführt (die ruhigeren) oder zum Schwimmbad. Einige haben richtige private Terrassen, andere eine Wohnzimmerecke. Die Dekoration ist nicht besonders einfallsreich: Bootsmöbel in den allerdings sehr komfortablen Zimmern, "Strohhütten-Stil" in der Bar. Das Eßzimmer ist rustikal, und dort werden Ihnen Spezialitäten des Hauses angeboten und Gerichte *à la carte*. Im Sommer spielt sich jegliches Geschehen um das Schwimmbad herum ab, aber der Garten ist groß genug, so daß man auch ein ruhiges Eckchen finden kann. Das Ambiente ist sehr herzlich, aber Kinder unter 16 Jahren sind nicht erlaubt. In Estoi sollten Sie unbedingt den wunderschönen Palast aus dem 18. Jh. besichtigen.

Anreise *(Karte Nr. 6): 15 km nördl. von Faro, auf der IP1, Ausfahrt nach Estoi Nr. 5; 3 km von Estoi entfernt auf der Straße von Moncarapacho.*

A L G A R V E

Casa Belaventura [TR]

Campina de Boliqueime - Alfontes
8100 Loulé (Faro)
Tel. 289-36 06 33 - Fax 289-36 60 53 - Sr Carlos Dias
E-Mail: belaventur@mail.telepac.pt

Ganzj. geöffn. **4 Zimmer** u. 1 Appartement m. Bad (gemeins. Küche u. Salon) **Preise** EZ u. DZ: 9000-15000 Esc, 10500-17000 Esc; App. (kein Frühst.): 12500-17000 Esc - Frühst. inkl., von 8.00 bis 11.00 Uhr **Kreditkarten** nicht akzeptiert **Verschiedenes** Hunde nicht erlaubt - Schwimmbad - See (8 km) - Parkpl. **Umgebung** Faro - Kirche von S. Lourenço (Azulejos) in Almancil - Golf- Club von Vilamoura (18 L.) - Golfplatz von da Quinta da Lago (18 u. 9 L.) **Kein Restaurant** (siehe unsere Restaurantauswahl S. 217).

*C*asa *Belaventura* ist ein angenehmer Zufluchtsort für all diejenigen, die dem Strandrummel in den Sommermonaten entkommen wollen. Dank Einem großer Schwimmbad müssen Sie, auf das sommerliche Bad nicht zu verzichten. Gleich daneben ist ein schattiges Vordach, wo Sie sich in Hängematten ausruhen können. Dies ist ein sehr schönes Landhaus, wo man viele entgegenkommende Angebote macht, wie zum Beispiel das Vermieten von vier Zimmern in einem Teil des Hauses extra für Familien. Die Zimmer sind auf traditionelle Art eingerichtet, die Salons sind farbenfroher in einem mediterranen Stil gestaltet. Alle Räume öffnen sich zum blumenumrankten Garten. Die Besitzer sind darauf bedacht, Ihnen den Aufenthalt so angenehm wie möglich zu gestalten, und Sie sollten nicht zögern, Ihnen eventuelle Fragen zu stellen (wenn Sie vielleicht grillen oder einen Strandausflug planen möchten).

Anreise (Karte Nr. 5): 15 km nord-westl. von Faro. 10 km von Loulé; 2 km vor Boliqueime die Straße rechts nehmen.

ALGARVE

Loulé Jardim Hotel

8100 Loulé (Faro)
Praça Manuel de Arriaga
Tel. 289-41 30 94 - Fax 289-46 31 77

Kategorie ★★★ **Ganzj.** geöffn. **52 Zimmer** m. Klimaanl., Tel., Bad, WC, Satelliten-TV - Aufzug **Preise** EZ u. DZ: 5000-9000 Esc, 7000-11000 Esc; Suite: 9000-13000 Esc - Frühst. inkl., von 8.00 bis 10.00 Uhr **Kreditkarten** Visa, Eurocard, MasterCard **Verschiedenes** Hunde erlaubt - Schwimmbad - Stand (10 km) - Garage **Umgebung** Faro - Kirche von S. Lourenço (Azulejos) in Almancil - Golfplatz do Vale do Lobo (18- u. 9 L.) **Kein Restaurant** (siehe unsere Restaurantauswahl S. 217).

Dieses kürzlich eröffnete Hotel befindet sich in einem kleinen Gebäude an einem schönen Platz im Stadtzentrum. Die kleine, ruhige, landeinwärts gelegene Stadt hat viel Charme, und wenn Sie die spanische Grenze im Süden überquert haben, ist dies der ideale Ort, um überfüllten Badeorten auszuweichen. Das Hotel ist sehr komfortabel. Die Einrichtung ist nicht besonders ansprechend, aber keineswegs geschmacklos. Die Suiten sind besonders groß und haben eine schöne Terrasse mit Blick aufs Meer. Außer der Klimaanlage ist uns noch das auf dem Dach befindliche Schwimmbad und Solarium positiv aufgefallen.

Anreise (Karte Nr. 5): 15 km nordwestl. von Faro.

ALGARVE

Estalagem Abrigo da Montanha

8550 Monchique (Faro)
Tel. 282-91 21 31 - Fax 282-91 36 60
Sr Fernandes
E-Mail: abrigodamontanha@hotmail.com

Kategorie ★★★★ **Ganzj.** geöffn. **16 Zimmer** m. Klimaanl., Tel., Bad, WC **Preise** DZ: 11000-16000 Esc; 3-BZ: 14700-20500 Esc; Suiten: 15000-20000 Esc - Frühst. inkl., von 8.00 bis 10.00 Uhr - HP u. VP: + 3500 Esc, + 7000 Esc (pro Pers., mind. 2 Üb.) **Kreditkarten** akzeptiert **Verschiedenes** Hunde nicht erlaubt - Schwimmbad - Parkpl. **Umgebung** Reiseroute Mont Foia-Nave Redonda - Reiseroute Monchique-Portimão (Serra de Monchique) **Restaurant** (m. Klimaanl.) von 12.00 bis 15.30 u. von 19.00 bis 21.30 Uhr - Menüs: 3000-3200 Esc - Karte - Spezialitäten: sopa camponesca - arroz de lingueirão - sopa de cacão - assadura - frifineco - cataplana de cabrito - cabrito no forno - Bebinas - aguardente de medronho.

Das *Estalagem Abrigo da Montanha* ist eine der besonders empfehlenswerten Adressen in der Algarve und liegt etwas außerhalb von Monchique. Der angenehm große Neubau aus gemeißeltem Stein liegt verborgen an einem Hang im Grünen. Die hier herrschende Atmosphäre - mit Holz und unverputzten Wänden - ist die eines Berghotels. Mobiliar und Dekoration wurden erneuert, und so sind alle Zimmer behaglich und haben eine weite Aussicht. Das Mittag- oder Abendessen kann man auf der Terrasse oder im großen Restaurant einnehmen. Die Küche ist ausgezeichnet, und der junge Chef schlägt traditionelle portugiesische Gerichte wie "Assadura" oder "Cataplana" vor - beides sehr empfehlenswert. Das Personal ist gastfreundlich und der Empfang sehr angenehm. Sowohl als Zwischenstation als auch für einen Aufenthalt im Gebirge geeignet.

Anreise (Karte Nr. 5): 86 km nordwestl. von Faro über Portimâo, dann N 266. Über die N 125 bis Portimão, dann N 266; Rtg. Fóia (2 km).

ALGARVE

Hotel Bela Vista

8500 Portimão (Faro)
Avenida Tomás Cabreira
Tel. 282-45 04 80 - Fax 282-41 53 69
Sr Joaquim Ascensão

Kategorie ★★★★ **Ganzj.** geöffn. **12 Zimmer** u. 2 Suiten m. Tel., Bad, WC, Satelliten-TV, Minibar - Aufzug **Preise** EZ u. DZ: 9000-22000 Esc, 10000-23000 Esc; Suiten: 15000-34000 Esc; Extrabett: 2000-7000 Esc - Frühst. inkl., von 8.30 bis 10.30 Uhr **Kreditkarten** akzeptiert **Verschiedenes** Hunde nicht erlaubt - Strand - Parkpl. **Umgebung** Praia de Rocha - Lagos - Ponta da Piedade - Praria de Bona Ana - Serra de Monchique - Golf Club Penina (9- u. 18 L.) **Kein Restaurant** im Hotel (siehe unsere Restaurantauswahl S. 216).

Das Hotel ist wunderschön auf den Felsen von Praia de Rocha direkt am Strand gelegen und ein im Sommer sehr behagliches Haus. Dieses private Ferienhaus wurde in den 30er Jahren zu einem Hotel umgebaut und erst vor kurzem tadellos renoviert. Zum Glück gehört es nicht zu jener, leider zahlreichen Strandhotels, die ein wenig vernachlässigt wirken; die Täfelungen, bequemen Sessel und Ledersofas in den Salons sind sehr gepflegt und angenehm. In den Zimmern mit zahlreichen Azulejos trifft man den gleichen Komfort an. Von der Terrasse aus, auf der man frühstücken kann, und auch von den Zimmern Nr. 103 bis 107 ist der Blick auf den Strand und das Meer sehr schön.

Anreise (Karte Nr. 5): 64 km westl. von Faro über die N 125 bis Portimão, dann die kleine Straße bis Praia da Rocha; das Hotel liegt auf den Felsen.

ALGARVE

Casa de Palmerinha [TH]

8500 Mexilhoeira Grande (Faro)
Rua da Igreja, 1
Tel. 282-96 92 77 - Fax 282-96 92 77
Jose Manuel Goncalves Judice Gloria
E-Mail: josejudice@mail.telepac.pt

Ganzj. geöffn. **5 Zimmer** m. Bad od. Dusche **Preise** DZ: 7500-15000 Esc - Frühst. inkl., von 8.30 bis 10.30 Uhr **Kreditkarten** nicht akzeptiert **Verschiedenes** Hunde erlaubt - Schwimmbad **Umgebung** Praia da Rocha - Lagos - Ponta da Piedade - Praria de Bona Ana - Serra de Monchique - Golf-Club Penina (9 u. 18 L.) **Kein Restaurant** im Hotel (siehe unsere Restaurantauswahl in Portimão S. 216).

Mexilhoeira ist ein entzückender kleiner Ort, der ganz in weiß getüncht ist und nur vom Grün der Palmen und Blau der Schwimmbäder einige Farbtupfer erhält. Das Haus ist recht hübsch, die Zimmer eher nichtssagend. Das hübscheste befindet sich in der 2. Etage. Es ist groß und hat eine eigene Terrasse mit Blick aufs Dorf. Im Innenhof wurde außerdem ein sehr schönes Schwimmbad angelegt. Ein weiterer Vorteil des Hauses ist die Liebenswürdigkeit der noch jungen Besitzer.

Anreise (Karte Nr. 5): 65 km westl. von Faro über die N 125 bis Portimão, dann Mexilhoeira Grande. 8 km von Portimão.

A L G A R V E

Pousada de Saõ Brás *

8150 Saõ Brás de Alportel (Faro)
Tel. 289-84 23 06 - Fax 289-84 17 26
Sr Silvio Dias

Ganzj. geöffn. **31 Zimmer** u. 2 Suiten m. Klimaanl., Tel., WC, Bad, Satelliten-TV - Aufzug; Eingang f. Behinderte **Preise** EZ u. DZ: 14500-23100 Esc, 16000-24600 Esc; Suite: 20400-30500 Esc; Extrabett: + 30 % - Frühst. inkl., von 7.30 bis 10.30 Uhr **Kreditkarten** akzeptiert **Verschiedenes** Hunde nicht erlaubt - Schwimmbad - Tennis - Parkpl. **Umgebung** Faro - Praia da Rocha - Halbinsel Sagres **Restaurant** von 12.30 bis 15.00 u. von 19.30 bis 22.00 Uhr - Karte - Spezialität: Fischgerichte.

Die Lage und die außergewöhnliche Aussicht auf das Tal und die kargen Berge der Algarve haben uns dazu veranlaßt, diese *Pousada* mit in unseren Führer aufzunehmen. Das Restaurant, die Terrasse und das Schwimmbad bieten eine wirklich außergewöhnliche Aussicht. Die Innenausstattung können wir leider nicht mit der gleichen Begeisterung beschreiben, aber die in Angriff genommenen Renovierungsarbeiten dürften mehr Komfort schaffen, alles ein wenig auffrischen und so dieses Haus zu einer guten Adresse zwischen dem Meer und den Bergen machen.

Anreise (Karte Nr. 6): 16 km nördl. von Faro; 2 km nördl. von Saõ Bras über die N 2.

ALGARVE

Pousada do Infante *

8650-385 Sagres (Faro)
Tel. 282-62 42 22/3 - Fax 282-62 42 25
Sr Falé

Ganzj. geöffn. **39 Zimmer** m. Klimaanl., Tel., Bad, WC, Satelliten-TV, Minibar - Aufzug **Preise** EZ u. DZ: 14800-23600 Esc, 16300-25100 Esc; Suite: 20800-31100 Esc; Extrabett: + 4890-7530 Esc - Frühst. inkl., von 8.00 bis 10.30 Uhr **Kreditkarten** akzeptiert **Verschiedenes** Hunde nicht erlaubt - Schwimmbad - Tennis - Parkpl. **Umgebung** Sagres - Fortaleza - Vila do Bispo u. Felsen von Castelejo - Cabo San Vicente, Lagos - Golfpl. Campo de Palmares (18 L.) **Restaurant** von 13.00 bis 15.00 u. von 19.30 bis 22.00 Uhr - Karte - Spezialität: Fischgerichte.

Der Infante, der dem Hotel seinen Namen gab, ist Heinrich der Seefahrer, der in Sagres jene Marineschule gründete, dank der Madeira und die Azoren entdeckt wurden. Das auf einer Halbinsel errichtete Hotel ist sowohl im Winter als auch im Sommer sehr angenehm, denn die Aussicht auf Ozean und Felsklippen ist herrlich. Außerhalb der Saison genießt man diesen dann einsamen und von den Atlantikwinden umwehten Ort wie auch die Ruhe und den Komfort der Zimmer besonders. Im Sommer stehen den Gästen ein Meerwasserschwimmbad und Tennisplätze zur Verfügung - nicht zu vergessen die nahen Strände. Das Restaurant serviert in erster Linie Fischgerichte und Meeresfrüchte.

Anreise (Karte Nr. 5): 113 km westl. von Faro über die N 125, dann den Hinweisschildern "Pousada" folgen.

ALGARVE

Fortaleza do Beliche

8650 Sagres (Faro)
Cabo São Vicente
Tel. 282-62 41 24 - Fax 282-62 42 25

Kategorie ★★★ **Geschlossen** von November bis Februar **4 Zimmer** m. Klimaanl., Tel., Bad, WC u. TV **Preise** EZ u. DZ: 10700-14800 Esc, 12200-16300 Esc; Extrabett: 3660-4890 Esc - Frühst. inkl., von 9.00 bis 10.30 Uhr **Kreditkarten** akzeptiert **Verschiedenes** Hunde nicht erlaubt **Umgebung** Sagres - Fortaleza - Vila do Bispo u. Felsenhang von Castelejo - Cabo San Vicente, Lagos - Golfplatz Campo de Palmares (18 L.) **Restaurant** von 13.00 bis 15.00 u. von 19.30 bis 21.30 Uhr - Menüs-Karte: 2500-4500 Esc - Spezialität: Fischgerichte.

Die Halbinsel von Sagres, auf der der Cabo San Vicente 75 Meter aus dem Ozean hervorragt, ist sehr karg und stark windig. In dieser grandiosen Landschaft liegt das *Beliche* in einer kleinen Burg direkt über dem Atlantik auf einem steil ins Meer hinabfallenden Felsen. Dieses Miniaturhotel, das nur vier Zimmer zählt (von denen nur eines Ausblick aufs Meer hat), ist eine richtige Oase in dieser recht strengen Umgebung. Bei Sturm fühlt man sich in diesem Haus besonders wohl!

Anreise (Karte Nr. 5): 118 km westl. von Faro über die N 125, ab Sagres die Straße Rtg. Cabo San Vicente.

ALGARVE

Quinta do Caracol ᵀᴴ

8800-405 Tavira (Faro)
Bairro de São Pedro
Tel. 281-32 24 75 - Fax 281-32 31 75
Sr Viegas

Ganzj. geöffn. **7 Appartements** (2-7 Pers.) m. Dusche, WC, Kochnische **Preise** EZ u. DZ: 10000-14000 Esc, 12000-18000 Esc; Extrabett: 900-3200 Esc - Frühst. inkl., von 7.30 bis 10.30 Uhr **Kreditkarten** nicht akzeptiert **Verschiedenes** Hunde erlaubt (auf Anfrage) - Schwimmbad - Tennis - Fahrräder (kostenpfl.) - Parkpl. **Umgebung** Vila Real de Santo António - Faro - Cacela - Praia Verde - Halbinsel Sagres **Kein Restaurant** im Hotel (siehe unsere Restaurantauswahl S. 217).

Tavira liegt drei Kilometer vom Meer entfernt und zählt zu den wenigen Badeorten, die von der planlosen Bebauung der Küste der Algarve verschont geblieben sind. La Quinta do Caracol liegt in der Nähe des Zentrums und ist ein hübsches, von einem Garten umgebenes Haus in Weiß und Blau. Zimmer gibt es nicht, dafür aber reizende, unterschiedlich große Bungalows, die durch Patios, blumenbepflanzte Terrassen, schattige Höfe und Treppen voneinander getrennt sind. Ein großer Grill steht jenen Gästen zur Verfügung, die entweder im Haus oder im Garten picknicken möchten. Diese Adresse bietet die Vorteile der Stadt, aber auch die einer ländlichen Umgebung.

Anreise (Karte Nr. 6): 22 km vor der spanischen Grenze; 20 km östl. von Faro; 1 km von Tavira.

A L G A R V E

Convento do Santo António [TH]

8800-405 Tavira (Faro)
Atalaia, 56
Tel. 281-32 56 32 - Fax 281-32 56 32
Isabel Paes

Geschlossen Januar **7 Zimmer** m. Bad, WC **Preise** DZ: 17000-24000 Esc; Suiten: 28000-32000 Esc Frühst. inkl., von 9.00 bis 10.30 Uhr **Kreditkarte** Amex **Verschiedenes** Hunde nicht erlaubt - Schwimmbad **Umgebung** Vila Real de Santo António - Faro - Loulé - Praia Verde - Halbinsel Sagres **Kein Restaurant** aber ein kleiner Imbiß auf Anfrage (siehe unsere Restaurantauswahl S. 217)

Tavira zählt zu den schönsten Städten der Algarve. Das am Rande der Stadt gelegene Convento do Santo António wurde kürzlich in ein wunderschönes Gästehaus umgewandelt. Das große Portal der weißen Kirche gleich nebenan weist bereits auf die Erhabenheit der Architektur hin. Hat man einmal die Schwelle übertreten, entdeckt man einen angenehmen Garten (einstmals der Gemüsegarten des Klosters), in dem ein Schwimmbad angelegt worden ist. Es werden zwei Unterbringungsmöglichkeiten angeboten: *specials* oder *standards*. Die Zimmer sind geräumig, gut ausgestattet, die Einrichtung ist jeweils der Architektur des Raumes angepaßt und alle führen zum Kreuzgang im Erdgeschoß. Sie können auch in den kleinen, ehemaligen Mönchszellen übernachten, die ebenfalls hübsch eingerichtet und in der ersten Etage gelegen sind. Der Salon mit Kamin und Satelliten-TV ist ebenfalls sehr einladend. Zögern Sie nicht, danach zu fragen, auch den Rest des Klosters besichtigen zu dürfen, um den Ausblick von der großen Terrasse aus zu bewundern. Diese Adresse ist in Tavira zu einem unumgänglichen Ort geworden.

Anreise (Karte Nr. 6): 22 km von der spanischen Grenze entfernt; 28 km östl. von Faro.

ALGARVE

Estalagem de Cegonha

8125 Vilamoura (Faro)
Tel. 289-30 25 77 - Fax 289-32 26 75
Sra José Leiria e Borges

Kategorie ★★★★ **Geschlossen** November **10 Zimmer** m. Tel., Bad, WC **Preise** DZ: 13000-18000 Esc - Frühst. inkl., von 8.00 bis 10.00 Uhr **Kreditkarten** akzeptiert **Verschiedenes** Hunde nicht erlaubt - Reitcenter **Umgebung** Röm. Ruinen in Cerro da Vila - Albufeira - Meeresgrotten **Restaurant** von 12.00 bis 15.00 u. von 20.00 bis 22.00 Uhr - Di u. Mi geschl. - Menü - Karte - Spezialitäten: Lamm - Cabrito assado - Mariscos.

Das *Estalagem de Cegonha* ist ideal, um der überlaufenen Küste auszuweichen. Warum? Weil es im Hinterland und trotzdem in unmittelbarer Nähe der Strände, Golfplätze, des Casinos und der Marina von Vilamoura liegt. Das Hotel wird vor allem jene begeistern, die sich für Pferde interessieren, denn es verfügt über ein berühmtes Reitcenter. Dieses ehemalige Herrschaftsgebäude wurde zwar restauriert, aber in einem sehr rustikalen Stil belassen. Kamin und Ledersessel verleihen dem Salon viel Gemütlichkeit. Vom großen Speiseraum blickt man aufs Land und auf den Reitplatz. Die offene Küche des Hauses trägt ebenfalls dazu bei, daß die hier herrschende Atmosphäre besonders ungezwungen ist.

Anreise (Karte Nr. 5): 22 km westl. von Faro, in Vilamoura die Straße Rtg. Albufeira.

ALGARVE

Caza de San Gonzalo

8600 Lagos (Faro)
Rua Candido dos Reis, 73
Tel. 282-76 21 71 - Fax 282-76 39 27
Sra Vieira

Geschlossen Dezember bis März **13 Zimmer** m. Tel., Bad, WC **Preise** EZ u. DZ: 7500-10000 Esc, 10000-14000 Esc; 4-BZ: 19000 Esc - Frühst. inkl., von 8.00 bis 10.30 Uhr **Kreditkarten** Amex **Verschiedenes** Hunde nicht erlaubt **Umgebung** Regionales Museum u. Kirche Santo Antonio in Lagos - Ponta de Piedade u. Praia de Dona Ana - Stausee von Bravura - Golfpl. Campo de Palmares (18 L.) **Kein Restaurant** im Hotel (siehe unsere Restaurantauswahl S. 216).

In einer sehr schnell gewachsenen und leider verbauten Gegend, in der viele Schlafkasernen für Touristen entstanden sind, empfindet man die *Caza de San Gonzalo* als besonders wohltuend: ein schönes altes Haus, echtes altes Mobiliar, elegant und geschmackvoll eingerichtete Zimmer. Im Zentrum von Lagos gelegen, dem einstigen Ausgangspunkt der portugiesischen Übersee-Expeditionen, kann man von hier aus das noch unverdorbene Hinterland und die südlichste Landspitze, den Cabo San Vicente und Sagres, entdecken. Da das Haus mit Reisebüros arbeitet, muß lange im voraus reserviert werden.

Anreise (Karte Nr. 5): 80 km westl. von Faro über die N 125.

BEIRAS

Hotel Paloma Blanca

3800 Aveiro
Rua Luis Gomes de Carvahlo, 23
Tel. 234-38 19 92 - Fax 234-38 18 44
Sr Bastos

Kategorie ★★★ **Ganzj.** geöffn. **52 Zimmer** m. Klimaanl., Tel., WC, Bad, Satelliten-TV, Video - Aufzug; Zi. f. Behinderte; Zi. f. Nichtraucher **Preise** EZ u. DZ: 10000-12000 Esc, 12000-15000 Esc; 3-BZ: + 3500 Esc - Frühst. inkl. **Kreditkarten** akzeptiert **Verschiedenes** Hunde erlaubt - Garage - Parkpl. **Umgebung** Aveiro: Bairro dos canais (canal centreal, canal de São Pedro), Kloster Jesus - Ria d'Aveiro (Bootsfahrten in der Lagune, Inf. Fremdenverkehrsamt von Aveiro) - Coímbra - Strand (8 km) - Vouga-Tal **Kein Restaurant** im Hotel (siehe unsere Restaurantauswahl S. 218).

Die Industriestadt Aveiro ist von keinem großen touristischen Interesse, kann aber ein interessanter Ausgangspunkt für zahlreiche Ausflüge sein. Das Hotel ist ein charmantes, im Stadtzentrum gelegenes Haus, das über einen zur Straße gelegenen, kleinen tropischen Garten mit zahlreichen Bougainvileen und einer enormen Palme verfügt, in dem sogar Bananen gedeihen. Die dunklen neugotischen Täfelungen der Empfangsräume wie auch der mit Azulejos geschmückte Unterbau des Treppenaufgangs schaffen eine üppig-gediegene Atmosphäre. Mehr soll dazu aber gar nicht gesagt werden, da die neue Hoteldirektion Renovierungsarbeiten für das Frühjahr 2000 angekündigt hat, die das Erscheinungsbild und den Komfort des Hotels verbessern sollen. Professioneller Service, sehr freundlicher Empfang. Das ideale Hotel für einen Zwischenstop.

Anreise (Karte Nr. 1): 70 km südl. von Porto.

BEIRAS

Palace Hotel do Bussaco

Mata National do Buçaco 3050-261 Luso (Aveiro)
Tel. 231-93 01 01 - Fax 231-93 05 09
Sr João de Castro Ribeiro
E-Mail: almeida_hotels@ip.pt

Kategorie ★★★★★ **Ganzj.** geöffn. **60 Zimmer** u. 4 Suiten (einige m. Klimaanl.) m. Tel., Bad, WC, Satelliten-TV - Aufzug **Preise** EZ u. DZ: 19000-34000 Esc, 24000-39000; Suiten: 70000-200000 Esc; Extrabett: 6000 Esc - Frühst. inkl. (Buffet), von 8.00 bis 10.00 Uhr - HP u. VP: + 6500 Esc, + 12000 Esc (pro Pers.) **Kreditkarten** akzeptiert **Verschiedenes** Hunde nicht erlaubt - Tennis - Parkpl. - Garage **Umgebung** Forstgebiet von Buçaco (Cruz Alta, Obelisk) - Coímbra **Restaurant** von 13.00 bis 15.00 u. von 20.00 bis 21.30 Uhr - Karte: 4100-6000 Esc - Regionale Küche.

Das Luxushotel von Buçaco war einst die Sommerresidenz der königlichen Familie. Es wurde im manuelischen Stil errichtet und enthält zahlreiche Kunstwerke; die monumentale Innenarchitektur wird dank der Teppiche und der alten Möbel etwas aufgelockert. Der Eingang mit einer riesigen Treppe und der Frühstücksraum, den Fresken verzieren, die die Abenteuer portugiesischer Seefahrer erzählen, sind besonders gelungen. Jedes Zimmer ist individuell ausgestattet; die Sommerzimmer sind im Stil der zwanziger oder dreißiger Jahre möbliert, was ihnen einen gewissen nostalgischen Charme verleiht, der in einem "Palace" ein wenig überrascht. Brunnen, Quellen, dahingleitende schwarze Schwäne auf den Bassins und die den Park säumenden Galerien schaffen eine wahrlich königliche Atmosphäre.

Anreise (Karte Nr. 1): 31 km nördl. von Coímbra über die N 1 bis Mealhada, dann (12 km) die N 234.

B E I R A S

Palace Hotel da Curia

Curia 3780-541 Anadia
Tel. 231-51 21 31 - Fax 231-51 55 31
Sr Armando Rocha
E-Mail: almeida_hotels@ip.pt

Kategorie ★★★ **Geschlossen** von November bis 26. März **114 Zimmer** m. Tel., Bad, WC, Satelliten-TV - Aufzug **Preise** EZ u. DZ: 11000-14000 Esc, 14000-17000 Esc; Extrabett: 3600 Esc - Frühst. (Buffet) inkl., von 8.00 bis 10.00 Uhr - HP u. VP: + 3300 Esc, + 6000 Esc (pro Pers.) **Kreditkarten** akzeptiert **Verschiedenes** Hunde erlaubt - Schwimmbad - Tennis - Minigolf - Parkpl. - Garage **Umgebung** Forstpark von Buçaco (Cruz Alta, Obelisk) - Aveiro (ehemaliges Kloster Jesus) - La Ria d'Aveiro (Bootsfahren) - Coímbra **Restaurant** von 12.30 bis 15.00 Uhr u. von 20.00 bis 21.30 Uhr - Menü: 3300 Esc - Karte - Spezialitäten: Leitão assado - Bacalhao.

Das *Palace Hotel* wurde in den 20er Jahren eröffnet, als die Heilwasser von Cúria gerade en vogue waren und es sich vor Kurgästen kaum retten konnte. Sein riesiges Schwimmbad, das in Weinhängen gelegen, dreiunddreißig Meter lang ist und von einem Saum feinen, weißen Sandes umgebenwird, war in ganz Europa bekannt. Der Ort hat sich bis heute nicht verändert: Das große weiße Gebäude mit seinem französischen Garten, und dem Schwimmbad mit Sprungtürmen. Heute haben die meisten Kurorte eigentlich ihren Glanz verloren, aber nicht dieses Hotel. Das Innere erinnert an ein Passagierschiff aus der "Belle Epoque": der immense Empfangssaal ist wunderschön und öffnet sich zu einem großen Wintergarten. Die Zimmer sind ebenfalls sehr charmant. Ein schönes Hotel, ganz im traditionell portugiesischen Stil .

Anreise (Karte Nr. 1): 27 km nördl. von Coímbra.

B E I R A S

Vila Duparchy ᵀᴴ *

3050 Luso - Mealhada (Aveiro)
Tel. 231-93 07 90 - Fax 231-93 03 07
Sr Principe Santos

Ganzj. geöffn. **6 Zimmer** m. Bad **Preise** DZ: 12500-14000 Esc; Extrabett: + 3200 Esc - Frühst. inkl., ab 9.00 Uhr **Kreditkarten** Amex, Visa, Eurocard, MasterCard **Verschiedenes** Hunde erlaubt - Schwimmbad - Parkpl. **Umgebung** Coímbra - Park von Buçaco - Ruinen in Conimbriga - Penela **Gemeins. Essen** auf Anfrage (siehe unsere Restaurantauswahl S. 218).

Oscar Manuel Principe Santos ist ein reizender Mann, der alles tut, um den Aufenthalt seiner Gäste so angenehm wie möglich zu gestalten. Der "Haustourismus", wie er hier genannt wird, hat viele Vorteile. *Villa Duparchy* verfügt über sechs Gästezimmer, und wir sind meilenweit von der Anonymät der großen Hotels entfernt. Alle Zimmer sind groß, insbesondere Nr. 2 und 3, und bieten eine herrliche Aussicht auf den Wald von Buçaco. Das Mobiliar (alte portugiesische und englische Möbel) ist prachtvoll und besonders erwähnenswert. Nach ausgiebigen Wanderungen im nahen Wald ruht man sich gerne in den hübschen Salons aus. Traditioneller Service. Eine Adresse voller Charme für einen erholsamen Familienurlaub.

Anreise (Karte Nr. 1): 28 km nördl. von Coímbra über die A 1, Ausfahrt Mealhada, dann die C 234.

B E I R A S

Casa dos Maias ᵀᴴ

6230 Fundão (Castelo Branco)
Praça do Município, 11
Tel. 275-752 123
Sra Maria Emilia Maia Figueira Costa

Ganzj. geöffn. **5 Zimmer** 4 m. Bad, 1 m. eigenem Bad auf der Etage **Preise** EZ u. DZ: 7000 Esc, 10000 Esc - Frühst inkl., von 8.00 bis 10.30 Uhr **Kreditkarten** nicht akzeptiert **Verschiedenes** Hunde erlaubt - Parkpl. **Umgebung** Serra da Estrela: von Guarda bis Covilhã über das Zêzere-Tal **Kein Restaurant** im Hotel (siehe unsere Restaurantauswahl S. 217).

Wenn Sie in Fundão ankommen, werden Sie vielleicht ein wenig von dem für Grenzstädte typischen Städtebau enttäuscht sein. Der historische Teil der Stadt ist schöner. Der "praça velha" (alter Platz) und der angrenzende Stadtteil werden vom Zêzere mit frischem Wasser versorgt, und er verleiht der Serra da Gardunha den Anblick eines großen Obstgartens. Die schöne Fassade der im 18. Jahrhundert erbauten *Casa dos Maias* beherrscht den Hauptplatz des Ortes. Die weitläufige Eingangshalle im Erdgeschoß war ehemals der Stall. Die Empfangsräume liegen in der ersten Etage. Man hat hier die Spuren vergangener Generationen erhalten: Tafelsilber, Portraits, Möbel... und all dies schafft eine antiquierte Atmosphäre mit viel Charme. Die Zimmer liegen alle nebeneinander zum Flur. Wuchtige Betten, große Schränke im gleichen Stil und dazu (natürlich neuere) Badezimmer, die aber eine Renovierung gebrauchen könnten. Nehmen Sie möglichst die Zimmer zur Straße, auch wenn bei diesen die Badezimmer auf der anderen Seite des Gangs liegen, denn die Größe ist originell. Auf der Seite des Gartens gibt es eine kleine Veranda. Dies ist eine hübsche Adresse, die von Maria Emilia auf sehr nette Art geführt wird. Sie führt das Erbe der in dieser in der Region sehr bekannten Familie fort.

Anreise (Karte Nr. 4): 44 km von Castelo Branco.

Casa da Comenda ᵀᴴ

6230 Alpedrihna (Castelo Branco)
Tel. 275-56 71 61
Sra Maria Isabel G. Carmona

Geschlossen von November bis April **4 Zimmer** 1 m. Salon u. Bad, 2 m. Bad, 1 m. Dusche **Preise** EZ u. DZ: 9500 Esc, 11000 Esc; 3-4-BZ: 14000 Pts; Extrabett: 2500 Pts - Frühst. inkl., von 8.00 bis 10.30 Uhr **Kreditkarten** nicht akzeptiert **Verschiedenes** Hunde erlaubt - Schwimmbad - Billard **Umgebung** Serra da Estrela: von Guarda bis Covilhã über das Zêzere-Tal **Kein Restaurant** im Hotel (siehe unsere Restaurantauswahl in Fundão S. 217).

Das kleine Örtchen Alpedrihna ist am Hang gelegen, und man findet hier noch Zeichen der Grenzkriege, die ganz in der Nähe stattgefunden haben. Die Casa da Comenda ist ein großes befestigtes Gebäude aus Granit vom Anfang des 17. Jahrhunderts (einige Mauern der Fassade sind bis zu zwei Meter dick). Der Eingang mit vier Meter hohen Decken und das imposante Treppenhaus aus Granitstein sind ebenfalls sehr beeindruckend. In den Salons und den Zimmern ist die Einrichtung im klassisch regionalen Stil des 19. Jahrhunderts gehalten. Letztere sind sehr geräumig, von einigen aus hat man einen Blick über das Tal und an klaren Tagen kann man bis nach Spanien sehen.

Anreise (Karte Nr. 4): 290 km nordöstl. von Lissabon, bis Castelo Branco und Alpedrihna (11 km nördl. von Fundão).

BEIRAS

Casa do Barreiro TH

6230 Alpedrihna (Castelo Branco)
Largo das Escolas
Tel. 275-56 71 20
Sra Francisca Cabral

Ganzj. geöffn. **5 Zimmer** 2 m. eig. Bad, 2 m. Dusche, 1 m. eigenem Bad auf der Etage **Preise** DZ: 10000 Esc - Frühst. inkl., von 8.00 bis 10.30 Uhr **Kreditkarten** nicht akzeptiert **Verschiedenes** Hunde erlaubt - Parkpl. **Umgebung** Serra da Estrela: von Guarda bis Covilhã über das Zêzere-Tal **Kein Restaurant** im Hotel (siehe unsere Restaurantauswahl in Fundão S. 217).

Diese *Casa do Barreiro* sollten Sie nicht mit seinem in Ponte de Lima befindlichen Namensvetter verwechseln. Hier befinden Sie sich in einem hübschen Ort in der Serra da Estrela. Diese Region ist bei ausländischen Touristen leider kaum bekannt, aber Liebhaber von Berglandschaften wird sie sicher in Begeisterung versetzen. Traditionen werden hier noch weitergeführt: im Sommer kann man den Almauftrieb beobachten und im Winter, wie die Schafswolle auf die Webstühle gespannt wird. Dieser schöne Wohnsitz vom Anfang des Jahrhunderts weist eine komplexe und elegante Architektur auf, deren Elemente ineinander verschachtelt sind und mit ihren verschiedenen Giebeln einen hübschen Anblick bieten. Das Haus wurde auf dem Grundstück einer ehemaligen *quinta* gebaut, und so ist es umgeben von üppiger Vegetation. Man fühlt sich hier im Inneren im geschmackvollen großbürgerlichen Stil vom Ende des 19. Jahrhunderts sofort sehr wohl. Es ist eine einzige nostalgische Erinnerung an die vergangene Epoche.

Anreise *(Karte Nr. 4): 290 km nordöstl. von Lissabon bis Castelo Branco und Alpedrinha (12 km von Fundão).*

BEIRAS

Albergue do Bonjardim ᵀᴴ

Nesperal 6100 Sertã (Castelo Branco)
cernache do Bonjardim
Tel. und Fax 274-80 96 47 - Hubertus Johannes Lenders Biemond

Geschlossen 15. November bis 15. Dezember **4 Zimmer** m. Bad od. Dusche, WC **Preise** EZ u. DZ: 10000-11600 Esc, 12500-14000 Esc; Extrabett: 3000-3200 Esc – Frühst. inkl., von 8.00 bis 10.30 **Kreditkarten** Amex **Verschiedenes** Hunde nicht erlaubt - Hallenbad - Hammam - Parkpl. **Umgebung** Lousã - Piedade - Fifueiro dos Vinhos (Cru: Bairrada) - Penela **Kein Restaurant** aber Lunch: 1000 Esc Restaurantempfehlung in Sertã Pontavelha.

Die *Albergue* ist ein Bauernhaus aus dem 18. Jahrhundert mit einem Anwesen von 12 Hektar. Es wird heute von einem Ehepaar holländischer Bauern bewirtschaftet. Beim Eintritt befindet man sich sogleich in einem Empfangsraum mit Weinkisten und -fässern, wo ein Willkommenstrunk gereicht wird. Uns haben vor allem die Zimmer in dem Haus der Eigentümer zugesagt: Sie sind geräumig, hell, mit allem Komfort ausgestattet. Die beiden anderen Zimmer befinden sich in einem davon unabhängigen Gebäude und lassen sich auch von einer mehrköpfigen Familie bewohnen. Auch hier legt man großen Wert auf liebevolle Details: harmonisch aufeinander abgestimmte *Azulejos* und Handtücher, Moskitonetze uvm. Der Garten mit seinem hübschen schmiedeeisernen Mobiliar ist ausgesprochen idyllisch. Das Frühstück wird in der Laube serviert: Die hausgemachten Joghurts und der Honig der *Quinta* sind wahre Leckerbissen! Die Erzeugnisse - Gemüse, Früchte - sind aus biologischem Anbau. Traditionsverbunden, aber auch mit modernem Komfort. Nach einem ersten Crashkurs Önologie mit dem Besitzer können Sie sich wahlweise im Hallenbad, der Sauna oder dem türkischen Bad erfrischen.

Anreise (Karte Nr. 4): 118 südöstlich von Coímbra. N 1 bis Pombal, dann die U C8 bis Sertã. 8 km östlich von Sertã.

BEIRAS

Quinta das Lagrimas

Santa Clara 3000 Coímbra
Tel. 239-44 16 15 - Fax 239-44 16 95
Família Ozório Cabral de Castro
E-Mail: hotelagrimas@mail.telepac.pt - Web: www.supernet.pt/hotelagrimas

Kategorie ★★★★ **Ganzj.** geöffn. **35 Zimmer** u. 4 Suiten m. Klimaanl., Tel., Bad, WC, TV, Minibar - Aufzug; Eingang f. Behinderte **Preise** EZ u. DZ: 23000 Esc, 29000 Esc; DZ «de luxe»: 55000-70000 Esc; Extrabett: + 6500 Esc - Frühst. inkl., von 7.30 bis 10.30 Uhr - HP: + 8000 Esc (pro Pers.) **Kreditkarten** Amex, Visa, Eurocard, MasterCard **Verschiedenes** Hunde nicht erlaubt - Schwimmbad - Parkpl. **Umgebung** Alte Universität (Bibliothek, Kapelle) - Museum Machado de Castro in Coímbra - Forstpark in Bucao (Cruz Alta, Obelisk) - Ruinen von Conimbriga - Aveiro (ehemaliges Kloster) - Ria d'Aveiro (Bootsfahrten) **Restaurant** *Arcadas das Capelas* von 12.30 bis 15.00 u. von 20.00 bis 23.30 Uhr - Menü: 4500 Esc - Karte.

Die *Quinta* ist in Portugal bekannt, weil hier das Liebespaar Prinz Don Pedro und Dona Inès de Castro, die Gesellschaftsdame seiner Gattin Constança, Unterschlupf fand. Das Herrenhaus ist wunderschön. Im Garten ist die Vegetation üppig, und die über hundert Jahre alten Zedern beschatten die elegante in Strohgelb gehaltene Fassade. Das Innere ist sehr persönlich und von einer Klasse, die schon zahlreiche bekannte Persönlichkeiten angezogen hat. Die Zimmer sind schön wie in einem Grandhotel, und dazu verfügen sie über den regionalen Charme. Im Garten hat man einen Anbau mit billigeren Zimmern errichtet, wo man die Schönheit des Ortes nicht minder genießen kann.

Anreise (Karte Nr. 1): 118 km südl. von Porto über die A 3.

Hotel Astória

3000-150 Coímbra
Avenida Emidio Navarro, 21
Tel. 239-82 20 55 - Fax 239-82 20 57
E-Mail: almeida_hotels@ip.pt

Kategorie ★★★ Ganzj. geöffn. **60 Zimmer** m. Klimaanl. u. 2 Suite, Tel., Bad, WC, TV - Aufzug **Preise** EZ u. DZ: 11000-15000 Esc, 14000-18000 Esc; Suite: 17000-22000 Esc - Frühst. inkl., von 8.00 bis 10.00 Uhr - HP u. VP: + 3300 Esc, + 6200 Esc (pro Pers.) **Kreditkarten** akzeptiert **Verschiedenes** Hunde außer im Restaurant erlaubt **Umgebung** Alte Universität (Bibliothek, Kapelle) - Museum Machado de Castro in Coímbra - Forstpark in Bucao (Cruz Alta, Obelisk) - Ruinen von Conimbriga - Aveiro (ehemaliges Kloster) - Ria d'Aveiro (Bootsfahrten) **Restaurant** m. Klimaanl. - von 13.00 bis 15.00 u. von 20.00 bis 21.30 Uhr - Menü: 3800 Esc - Karte - Französische u. portugiesische Küche.

Im Stadtzentrum gelegen, unweit der Universität, an den Ufern des Mandego, hat dieses Hotel den Charme eines Luxushotels aus den 30er Jahren erhalten. Die Innenarchitektur ist interessant; der große Salon wird beispielsweise von einem Halbgeschoß überragt, und der besonders schöne Speisesaal ist ein Rundbau. Das Restaurant " Amphitryon" hat eine sehr gute Küche, die französische und portugiesische Spezialitäten anbietet und eine schöne Auswahl der besten Weine von Bucaco. Das Hotel ist ein wenig nostalgisch, wie die ganze Stadt, die einstmals Portugals Hauptstadt war, und deren romantische Schönheit schon viele Poeten inspiriert hat. Das *Astoria* bewahrt Erinnerungen an Schriftsteller und Maler auf, die dort wohnten, und vor allem die an Amalia Rodrigues, die hier an ihren unvergeßlichen *fados* arbeitete.

Anreise *(Karte Nr. 1): 118 km südl. von Porto über die A 3.*

B E I R A S

Pousada Santa Bárbara *

Póvoa das Quartas
3400 Oliveira do Hospital (Coímbra)
Tel. 238-59 652/3 - Fax 238-596 45
Sr João Borges

Ganzj. geöffn. **16 Zimmer** m. Tel., Bad, WC, TV **Preise** EZ u. DZ: 12500-21000 Esc, 14300-22500 Esc; Extrabett: – 30 % - Frühst. inkl., von 8.00 bis 10.00 Uhr **Kreditkarten** akzeptiert **Verschiedenes** Hunde nicht erlaubt - Schwimmbad - Tennis - Parkpl. - Garage **Umgebung** Kirche von Oliveira (Reiterstandbild, Altarbild) - Kirche von Lourosa - Torreberg **Restaurant** von 12.30 bis 15.00 u. von 19.30 bis 22.00 Uhr - Menü: 3650 Esc - Karte - Spezialitäten: Forelle - Blutwurst - Wachteln.

Die ländliche Gegend um Oliveira do Hospital ist wunderschön, und hier folgen den Pinienwäldern Täler mit sehr aktiven Bauernhöfen, die die Hotels u.a. mit frischem Gemüse versorgen. Die *Pousada Santa Bárbara* ist zwar kein altes Haus, aber Kaminfeuer, Bauernmöbel und Aussicht auf die Wiesen schaffen eine sehr angenehme, naturverbundene Atmosphäre. Mehrere Terrassen, auf denen man gern zum Trinken verweilt oder Gegrilltes zu sich nehmen kann, stehen zur Verfügung. Die Zimmer haben alle einen Balkon, auf dem man sich schon am frühen Morgen über den schönen Ausblick freuen kann.

Anreise (Karte Nr. 1): 82 km nordöstl. von Coímbra über die N 17 bis Oliveira, dann 7 km östl. bis Póvoa das Quartas.

B E I R A S

Clube de Vale de Leão

Buarcos 3080 Figueira da Foz (Coímbra)
Estrada do Cabo Mondego
Tel. 233-43 30 57 - Fax 233-43 25 71
Sr Armor Cardosso

Kategorie ★★★★ **Geschlossen** von November bis April **25 Studios** m. Tel., WC, Bad, TV, Kochnische **Preise** DZ: 7250-14500 Esc; 4-BZ: 8900-18900 Esc; 6-BZ: 14200-27500 Esc; 8-BZ: 17300-34500 Esc - Frühst.: 500-950 Esc **Kreditkarten** akzeptiert **Verschiedenes** Hunde nicht erlaubt - Schwimmbad - Tennis - Parkpl. **Umgebung** Serra de Boa Viagem - Figueira da Foz - Montemor-o-Velho - Coímbra **Restaurant** von 12.00 bis 14.00 u. von 19.30 bis 21.30 Uhr - Menü: 3800 Esc - Karte - Internationale u. portugiesische Küche.

Halb Hotel und halb Residenz, ist dieser Club ideal für einen Familienurlaub mit Kindern. Die 25 Studios sind vollkommen unabhängig, gut ausgestattet und haben eine schöne Aussicht auf die Bucht von Figueira da Foz. Was das Freizeitangebot betrifft, kann man sich vor Ort zerstreuen und sich sportlich in den hervorragenden, hierzu vorgesehenen Anlagen betätigen. Den Eltern, die in unmittelbarer Nähe des *Clube* bleiben möchten, steht ein Restaurant und sogar eine Diskothek zur Verfügung. Wer aber mal "ausbrechen" möchte, kann im authentischen Fischerdorf Buarcos zu Abend essen oder im modischen Badeort Figueira die Nacht zum Tag machen ...

Anreise (Karte Nr. 1): 180 km nördl. von Lissabon.

B E I R A S

Casa de Azenha Velha [TR]

Caceira de Cima 3080 Figueira da Foz (Coímbra)
Tel. 233-2 50 41
Sra Maria de Lourdes Nogueira

Ganzj. geöffn. **6 Zimmer** u. 1 App. (4 Pers.) m. Klimaanl., Tel., WC, Bad, Satelliten-TV, Minibar **Preise** DZ: 13000 Esc; App.: 20000 Esc - Frühst. inkl, von 8.00 bis 10.00 Uhr **Kreditkarten** akzeptiert **Verschiedenes** Hunde nicht erlaubt - Schwimmbad - Tennis - Parkpl. **Umgebung** Serra de Boa Viagem - Figueira da Foz - Montemor-o-Velho - Coímbra **Restaurant** auf Reserv.

Von Coímbra bis zu dem am Ozean gelegenen Figueira da Foz führt eine schöne Landstraße und die auf dieser Strecke gelegene *Casa de Azenha* erfreut sich so einer grünen Umgebung. Das auffällig in Orange gestrichene große Haus befindet sich inmitten eines sehr schönen, mit Palmen und Eukalyptus bepflanzten Gartens. Das ehemalige Haus wurde kürzlich um weitere Gebäude erweitert und dort Zimmer für Gäste eingerichtet. Der Anbau wurde auf harmonische Weise an den Rest des Hauses angegliedert und aufgrund der modernen Einrichtungen sind die Unterkünfte sehr komfortabel: geräumig, mit modernen Badezimmern und im Sommer ist die Klimaanlage ein beträchtliches Plus. Die Einrichtung ist adrett, Stoffe mit Blumenmustern erhellen die nicht gerade vom Licht verwöhnten Zimmer. In einem schönen Teil des Anbaus stehen den Gästen eine Bar und ein Billard-Tisch zur Verfügung und nach Voranmeldung kann man dort auch eine kleine Mahlzeit einnehmen.

***Anreise** (Karte Nr. 1 und 3): 38 km westl. von Coímbra.*

B E I R A S

Quinta da Ponte TH *

6300 Faia (Guarda)
Tel. und Fax 271-92 61 26
Maria Joaquin a Trigueiros de Aragão Alvim

Ganzj. geöffn. **2 Zimmer** m. Bad u. kl. Salon u. 5 Appartements m. Bad, Salon, TV u. Küche **Preise** 2 Pers.: 19000 Esc; 4 Pers.: 26400 Esc; Extrabett: 2000 Esc - Frühst. inkl., von 8.00 bis 10.00 Uhr **Kreditkarten** Amex **Verschiedenes** Hunde nicht erlaubt - Schwimmbad - Tennis - Parkpl. **Umgebung** "Eistal" über die N 18 bis Covilhã - Serra Torre - Sortelha - Almeida **Kein Restaurant** (siehe unsere Restaurantswahl in Guarda S. 218).

Unweit der schmucklosen, doch trotzdem schönen Stadt Guarda, der "Wächterin" Portugals an der Grenze, kommen Sie in eine beeindruckende Landschaft, wo der Granitstein allgegenwärtig zu sein scheint. Faia liegt im Herzen der Serra de Estrela und ist für die Reinheit des Himmels bekannt (der Name bezieht sich auch auf die Schönheit ihrer Sternenhimmel). Die *Quinta da Ponte* hat einen idealen Standort, um von dort aus den Naturpark zu erkunden. Es ist ein großes Anwesen am Rande eines Flusses, umgeben von Wäldern. Das mit einem Wappen geschmückte Portal und der französische Garten erinnern daran, daß wir uns hier in einem herrschaftlichen Haus aus dem 17. Jahrhundert befinden. Der älteste Teil des Hauses liegt in einer ehemaligen Kapelle. Dort wurden zwei Zimmer eingerichtet, die beide zu einem sehr schönen Salon führen. Die anderen Unterkünfte sind fünf gut ausgestattete Appartements in einem Anbau in der Nähe des Schwimmbads. Die Einrichtung ist hier weniger charmant, aber die Tatsache, daß man von dort aus direkt in den Garten gehen kann, hat natürlich auch etwas für sich. Alles in allem ist dies eine gute Adresse, um die Natur zu genießen: Angeln, Kanufahrten, Ausflüge...

Anreise (Karte Nr. 2): 12 km von Guarda, 50 km von Spanien entfernt.

B E I R A S

Pousada de São Lourenço *

6260 Penhas Douradas-Manteigas (Guarda)
Estrada da Gouveia
Tel. 275-98 24 50/1 - Fax 275-98 24 53
Sra Marie José

Ganzj. geöffn. **21 Zimmer** m. Tel., Bad, WC, TV, Minibar **Preise** EZ u. DZ: 14500-23100 Esc, 16300-24600 Esc; Extrabett: + 30 % - Frühst. inkl., von 8.00 bis 10.30 Uhr **Kreditkarten** akzeptiert **Verschiedenes** Hunde nicht erlaubt - Parkpl. **Umgebung** "Eistal" über die N 18 bis Covilhã - Poço do Inferno - Serra Torre **Restaurant** von 13.00 bis 15.00 u. von 19.30 bis 21.30 Uhr - Menü: 3650 Esc - Karte - Spezialitäten: Sopa da Beira - Bacalhau a la São Lourenço - Cabrito assado.

Inmitten der Serra de Estrela verbirgt sich die *Pousada de São Lorenço* 1290 Meter hoch in einer herrlichen Berg- und Tallandschaft voller Pinien. Durch die verwandten Materialien (Stein und Holz) ähnelt das Haus einer Berghütte. Die rustikalen, gemütlichen Innenräume sind sehr gut ausgestattet und vermögen in jeder Jahreszeit Gäste aufzunehmen, denn überall wurden große Kamine für die Wintermonate eingebaut. Alle Zimmer haben einen schönen Ausblick, Nr. 5, 6 und 7 verfügen zusätzlich über kleine Terrassen. Eine sehr angenehme Zwischenstation.

Anreise *(Karte Nr. 2): 133 km nordöstl. von Coímbra über die N 17; 13 km von Manteigas an der Straße nach Gouveia.*

Estalagem da Seia

6270 Seia (Guarda)
Av. Dr Alfonso Costa
Tel. 238-31 58 66 - Fax 238-31 55 38
Sr Luis dos Santos Camelo

Geschlossen vom 15. bis 30. August **35 Zimmer** m. Klimaanl., Tel., Bad, Satelliten-TV - Aufzug
Preise DZ: 11000-11500 Esc; zusätzl. Kinderbett: 2500 Esc - Frühst. inkl., von 8.00 bis 10.30 Uhr
Kreditkarte Visa **Verschiedenes** Hunde nicht erlaubt - Schwimmbad - Parkpl. **Umgebung** Route von Seia in Covilhã (la Torre) - Poço do Inferno - Viseu **Restaurant** von 12.30 bis 14.30 u. von 19.30 bis 21.30 Uhr - Karte: 2100-3150 Esc.

Seia ist die westliche Pforte der Serra d'Estrela und ein sympathischer kleiner Touristeno Ort. Das *Estalgem* liegt am Berghang, gleich am Eingang des Ortes. Dieses schöne Haus aus dem 17. Jahrhundert wurde zum Garten hin erweitert und das Innere so umstrukturiert, daß es für ein traditionelles, komfortables und gut ausgestattetes Hotel paßte. Alle Zimmer sind gleich eingerichtet, aber ihre Einfachheit umgeht jeglichen schlechten Geschmack. Nehmen Sie lieber diejenigen zum Tal, denn sie haben eine traumhafte Aussicht. Vom Panorama-Restaurant und dem Schwimmbad aus genießt man den gleichen Blick. Das Personal ist sehr bemüht und gibt Ihnen gerne Auskünfte über sportliche und touristische Aktivitäten der Region. Sie befinden sich hier auf "Portugals Dach", der höchstgelegenen Bergkette des Landes. Der höchste Punkt ist der fünfundzwanzig Kilometer entfernte Torre (1991 m).

Anreise (Karte Nr. 1): 45 km von Viseu; 90 km südwestl. von Guarda Rtg. Coímbra.

BEIRAS

Casa das Tílias

San Romão 6270 Seia (Guarda)
Tel. 238-39 00 55 - Fax 238-39 01 23
Sr José Luis Figueiredo Lopes - Web: www.tilias.com

Ganzj. geöffn. **5 Zimmer** u. 1 Suite m. Tel., Bad., Satelliten-TV **Preise** DZ: 10000-14000 Esc; Suiten: 12500 Esc – Frühst. inkl., von 9.00 bis 11.00 Uhr **Kreditkarten** nicht akzeptiert **Verschiedenes** Hunde nicht erlaubt - Schwimmbad - Parkpl. **Umgebung** "Hist. Dörfer" - Straße von Seia bis Covilhã (la Torre) - Poço do Inferno - Viseu **Kein restaurant** (siehe unsere Restaurantauswahl in Guarda S. 218).

An den Hängen der Serra de Estrella in 600 Metern Höhe gelegen entdeckt man in San Romão, einem Dorf unweit von Seia, die *Casa das Tilias*. Fenster im englischen Stil, weiße Mauern und schmiedeeiserner Balkon machen den Charme dieses Gebäudes aus, das aus dem 19. Jahrhundert stammt und so überzeugend im regionalen Stil restauriert wurde, daß man José nicht leicht Glauben schenkt, wenn er sagt, es habe einst einer Ruine geglichen. Die Empfangsräume im Erdgeschoss sind von erlesener Eleganz. Das Silbergeschirr und Familienporzellan kommt durch das gebohnerte Holz erst richtig zur Geltung. Ein Blick an die Decke lohnt sich, die an den Rändern mit leicht skulptierten Stuckdarstellungen Königin Isabellas gesäumt ist. Ein schöner Treppenaufgang aus Holz führt in den ersten Stock. Dort herrscht in den Zimmern eine üppig-gediegene Atmosphäre. Ein Tip: Die Suite Mercurio mit rosa Farbharmonien und mythologischen Deckendarstellungen. Das Becken und das Schwimmbad im Garten beziehen ihr Wasser aus einer Quelle. Sommer- wie Wintersportler kommen in dieser Region fraglos auf ihre Kosten.

***Anreise** (Karte Nr. 1): 45 km von Viseu entfernt, 90 km südöstlich von Guarda, Rtg. Coímbra. San Romão liegt an der N231 südlich von Seia, Rtg. Loriga.*

B E I R A S

Quinta da Bela Vista

6270 Torrozelo (Guarda)
Tel. 238-90 22 22 - Fax 238-90 22 22
Sra Maria da Glória Baptipta Simões

Ganzj. geöffn. **6 Zimmer** m. Bad. u. WC (5 m. TV) - Eingang f. Behinderte **Preise** DZ: 12000-13000 Esc – Frühst. inkl., von 8.00 bis 10.30 Uhr **Kreditkarten** nicht akzeptiert **Verschiedenes** Hunde erlaubt - Schwimmbad - Tennis - Parkpl. **Umgebung** "Hist. Dörfer" - Straße von Seia bis Covilhã (la Torre) - Poço do Inferno - Viseu **Kein Restaurant**.

Torrozelo liegt nur einige Kilometer von Seia entfernt vor den Toren zum Nationalpark der Serra de Estrella. In diesem schön renovierten ehemaligen Gutshof, der sich perfekt in die Landschaft einfügt, kann man sicher sein, einen ruhigen und erholsamen Aufenthalt zu verbringen. Alles ist darauf abgestimmt, die Gäste mit optimalem und raffiniertem Komfort zu verwöhnen. Von den drei Zimmern im unteren Gebäudeteil blickt man auf einen Garten mit Fruchtbäumen. Die rustikalen Qualitätsmöbel und die hübsch ausgesuchten Farben der Stoffe und Bezüge hinterlassen einen harmonischen Gesamteindruck. Die drei anderen Zimmer sind eleganter möbliert, in einem steht gar ein prächtiges Baldachinbett: Sie befinden sich in der Etage, wo auch die Besitzer wohnen. Gern hält man sich in den Gemeinschaftsräumen auf. Die Räume, in denen ein Kamin, Granitstein und lackiertes Holz für Wärme sorgen, hat uns aber ganz besonders gefallen. Schwimmbecken und Tennisplatz vor Ort runden das sportliche Angebot an Wanderwegen der Serra de Estrella ab. Eine hübsche Adresse, doch ist es ratsam im voraus zu reservieren. Die Hausherrin geht bisweilen für einige Tage auf Reisen.

Anreise (Karte 1): 45 km von Viseu entfernt; 90 km südöstlich von Guarda, Rtg. Coímbra. Torrozelo liegt 10 km südöstlich von Seia, Rtg. Folhadosa.

B E I R A S

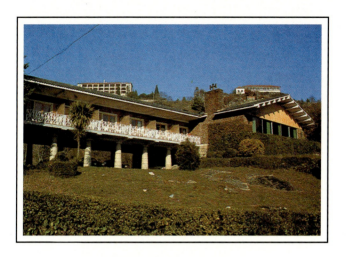

Pousada de São Jerónimo *
3475 Caramulo (Viseu)
Tel. 232-86 12 91 - Fax 232-86 16 40

Ganzj. geöffn. **6 Zimmer** m. Klimaanl., Tel., Bad, WC **Preise** EZ u. DZ: 12500-21000 Esc, 14300-22500 Esc; Extrabett: – 30 % - Frühst. inkl., von 8.00 bis 11.00 Uhr **Kreditkarten** akzeptiert **Verschiedenes** Hunde nicht erlaubt - Schwimmbad - Parkpl. **Umgebung** Kunstmuseum von Caramulo - Pinoucas - Belvedere von Caramulinho **Restaurant** von 12.30 bis 15.00 u. von 19.30 bis 22.00 Uhr - Menü: 3650 Esc - Karte - Spezialitäten: Bacalhao dorado - Chanfana - Musela con grelos.

Es ist angenehm, mitten im Caramulo-Massiv in einem dichten Tannenwald auf diese kleine, moderne und gastfreundliche *Pousada* zu stoßen. Sie verfügt lediglich über sechs schlichte Zimmer, in denen der Komfort nicht vernachlässigt wurde. Wer nicht in den fischreichen Agueda- und Crizflüßchen angeln möchte, kann sich am Schwimmbad, auf dem Tennisplatz und im Park die Zeit vertreiben. Von den Terrassen der Zimmer und des Speiseraumes aus hat man einen wundervollen Ausblick auf die umliegenden Täler. Familiäre Atmosphäre und besonders liebenswürdige Betreuung.

Anreise (Karte Nr. 1): 78 km nordöstl. von Coímbra über die N 1 bis Mealhada, N 234 bis Tondela, dann (11 km) N 230.

BEIRAS

Hotel Grão Vasco
3500-032 Viseu
Rua Gaspar Barreiros
Tel. 232-42 35 11 - Fax 232-42 64 44
Sr Henrique Gonçalves

Kategorie ★★★★ **Ganzj.** geöffn. **110 Zimmer** m. Klimaanl., Tel., Bad, WC, Satelliten-TV - Aufzug **Preise** EZ u. DZ: 11500-13500 Esc, 13500-15500 Esc - Frühst. inkl., von 7.30 bis 10.00 Uhr - HP: + 3500 Pts **Kreditkarten** akzeptiert **Verschiedenes** Hunde außer im Restaurant erlaubt - Schwimmbad - Parkpl. **Umgebung** Viseu: Altstadt, Kathedrale, Museum von Grão Vasco - Kirche São Bento (Azulejos) **Restaurant** von 12.30 bis 15.00 u. von 20.00 bis 22.00 Uhr - Menüs: 3500-4100 Esc - Karte - Spezialitäten: Cabrito assado - Rojões - Vin Dão.

Es ist unmöglich, Portugal zu besichtigen, ohne nach Viseu gefahren zu sein, denn dies ist eine der interessantesten Kunst-Städte. Die Altstadt ist sehr schön, das handgearbeitete Gewölbe der berühmten Kathedrale und ihr Museum beherbergen die wichtigsten Werke der Schule von Viseu im ausgehenden Mittelalter. Das Hotel wurde übrigens nach dem talentiertesten Maler dieser Zeit, Grão Vasco, benannt. Es wurde erst kürzlich erbaut und ist wirklich ein tolles Hotel. Die geschickte Benutzung von Stein läßt das Haus schön integriert in den großen Park erscheinen, der es vor dem draußen vorüberrauschenden Verkehr schützt. Die große Rezeption ist elegant mit antikem Mobiliar eingerichtet. Die Zimmer sind vom Stil her regional inspiriert und verfügen über sehr viel Komfort. Das sich zum Garten öffnende Restaurant entspricht ganz dem Ruf, den die Stadt für ihre gute Küche hat.

Anreise (Karte Nr. 1): 74 km östl. von Aveiro.

B E I R A S

Quinta de São Caetano

3500-032 Viseu
Rua Poça das Feiticeiras, 38
Tel. 232-42 39 84 - Fax 232-43 78 27
Sr Julio Vieira de Matos

Ganzj. geöffn. **6 Zimmer** (4 m. Klimaanl.) m. Bad., WC. - Eingang f. Behinderte **Preise** EZ u. DZ: 11600 Esc, 14000 Esc; Extrabett: 3200 Esc – Frühst. inkl., von 8.00 bis 10.00 Uhr **Kreditkarten** Visa, Eurocard, MasterCard **Verschiedenes** Hunde nicht erlaubt - Schwimmbad - Billard - Parkpl. **Umgebung** Viseu: Alstadt, Kathedrale, Museum Grão Vasco - Kirche von São Bento (azulejos) **Gemeins. Essen** auf Reserv. - Menü: 4000 Esc.

Am Ortsausgang von Viseu werden Sie in der Nähe des historischen Zentrums hinter dem Krankenhaus vergebens nach Wegweisern zur *Quinta* suchen. Als einzige Orientierung dienen die beiden hoch aufragenden Palmen, welche die sich windende Treppe umrahmen, auf der Sie zu dem alten herrschaftlichen Haus, einem eleganten Bau aus dem 17. Jahrhundert, gelangen. Der Besitzer wird Sie mit historischen Anekdoten beglücken und Ihnen auch die kleine Kapelle aus dem Jahr 1680 nicht vorenthalten. Die Zimmer befinden sich im Hauptgebäude. Dort steht auch ein Salon zu Ihrer Verfügung, außerdem können Sie sich im Billardsaal und dem Speiseraum entspannen, dessen Wände mit *Azulejos* geschmückt sind und wo man Ihnen außerdem das Frühstück serviert. Die Zimmer sind einfach und geschmackvoll: Die geblümten Tagesdecken und rustikalen Möbel sorgen für ein ländliches Ambiente. Von der Nr. 4 aus blickt man auf die beiden Palmen, Nr. 5 dagegen gibt den Blick frei auf das Schwimmbecken mit der Serra da Estrella und Lousa im Hintergrund. Im Garten, den Springbrunnen, Treibhaus und Teich verschönern, stehen imposante Bäume: neben den beiden Palmen überragt eine alte Zeder die Oliven- und Feigenbäume, die Weinstauden. Sympathischer Empfang.

Anreise (Karte Nr. 1): 74 km östlich von Aveiro.

B E I R A S

Estalagem Casa d'Azurara

3530-215 Mangualde (Viseu)
Rua Nova, 78
Tél. 232-61 20 10 - Fax 232-62 25 75
Sofia da Costa Cabral

Kategorie ★★★★ **Ganzj.** geöffn. **15 Zimmer** m. Klimaanl., Tel., Bad, WC, TV - Aufzug **Preise** DZ: 16500-21000 Esc - Frühst. inkl., von 8.30 bis 10.30 Uhr **Kreditkarten** akzeptiert **Verschiedenes** Hunde erlaubt - Parkpl. **Umgebung** Mangualde: Pálacio dos Condes de Anadia (außergewöhnliche Azulejos), Igreja da Misericórdia - Penalva do Castelo (casa da Insua) - La Serra d'Estrella (Torre-Berg, Zézere-Tal) **Restaurant** von 12.30 bis 14.30 u. von 19.30 bis 22.30 Uhr - Karte: 4000-4500 Esc.

Zehn Kilometer vom schönen Viseu entfernt liegt dieses wunderschöne und charmante kleine Hotel in einem aristokratischen Landsitz. Die vielen Blumen der Umgebung bieten dem hübschen weißen Haus mit Fenstern und Treppen aus grauem Stein einen schönen Rahmen. Der Hof ist schattig, ein Rosengarten und ein Rasen liegen vor den Salons. Diese sind sehr geschmackvoll mit antiken Möbeln eingerichtet, die herrlich zu den dicken Sisal-Teppichen und mit geblümten Baumwollstoffen überzogenen Kanapees passen. Das Restaurant befindet sich im ehemaligen Keller, der zum Garten führt, und so wird bei schönem Wetter dort das Essen serviert. Die auf den Etagen liegenden Zimmer sind ebenso charmant wie komfortabel. Reservieren Sie lieber diejenigen zum Garten, mit Blick auf die Gipfel der Serra d'Estrella. Eine Adresse, die dazu einlädt, diese nicht sehr touristische, aber entdeckenswerte Region kennenzulernen.

Anreise (Karte Nr. 1): 18 km östl. von Visieu (Rtg. Guarda); dann Rtg. Gouveia bis Mangualde.

BEIRAS

Casa de Abreu Madeira ᵀᴴ*

3525 Canas de Senhorim (Viseu)
Largo de Abreu Madeira, 7
Tel. 232-67 11 83
Sr Antonio Alberto de Abreu Madeira

Ganzj. geöffn. **3 Zimmer** 1 m. Bad, 1 m. Bad auf der Etage u. 1 Suite m. Bad, Salon u. Minibar **Preise** DZ: 14000 Esc - Frühst. inkl. **Kreditkarten** nicht akzeptiert **Verschiedenes** Hunde nicht erlaubt - Schwimmbad - Parkpl. **Umgebung** Weinberge des Dão - Mangualde: Pálacio dos condes de Anadia (außergewöhnliche Azulejos), Igreja da Misericordia - Penalva do Castelo (casa da Insua) - La Serra d'Estrela (Torre-Berg, Zézêre-Tal) **Gemeins. Essen** auf Reserv. (siehe unsere Restaurantauswahl S. 218).

Um Viseu herum erstrecken sich die Weinberge von Dão, wo der beste portugiesische Cru produziert wird. Es ist eine Region, wo man durch viele Bauerndörfer kommt und man gerne anhält, um durch die von alten Herrenhäusern und barocken Kirchen gerahmten Sträßchen zu schlendern. Auf diese Weise haben wir auch dieses edle Haus mit Privatkapelle, in einer ruhigen Straße von Canas de Senhorim, gefunden. Die Besitzer gehören zu der Familie Abreu Madeira. Sie sind sehr gastfreundlich und haben einige Zimmer, die wir besichtigt haben. Was wir von diesem Haus und den historischen Erinnerungen, die es enthält, gesehen haben, war vielversprechend, und so können wir uns nicht vorstellen, daß Sie hier eine böse Überraschung erleben würden. Es gibt kein Restaurant, aber Sie können den Wein des Besitztums aus der Appellation Dão kosten und den "serra" genannten Käse.

Anreise (Karte Nr. 1): 25 km südl. von Viseu.

B E I R A S

Solar da Quinta TH*

Póvoa dos Mosqueiros 3440 Santa Comba Dão (Viseu)
Tel. 232-89 17 08 - Fax 232-89 23 82
Fam. António Marques Antunes

Geschlossen 27. Dezember bis 4. Januar **6 Zimmer** m. Bad **Preise** EZ u. DZ: 9000-11000 Esc, 10000-14000 Esc – Frühst. inkl., von 8.00 bis 10.00 **Kreditkarten** nicht akzeptiert **Verschiedenes** Hunde erlaubt - Parkpl. **Umgebung** Weinberge von Dão - Mangualde: Pálacio dos condes de Anadia, Igreja da Misericordia - Penalva do Castelo (casa da Insua) - Midões - Serra d'Estrela (Mont Torre, Vallée du Zêzere) **Gemeins. Essen** auf Reserv. - Menü: 3000 Esc.

Nach einem Spaziergang durch die Pinienhaine und an den Wasserspeichern des Stausees von Aguierra entlang gelangt man nach Póvao dos Mosqueiros. Unser Haus liegt zentral am Dorfplatz. Es ist ein mehr als 400 Jahre altes, prächtiges Gebäude, das von dem Großvater des aktuellen Besitzers in verfallenem Zustand erworben worden war. Vor 7 Jahren fasste Antonio dann den Entschluss, sich um die Restaurierung zu kümmern. Mit viel Liebe fürs Detail ist ein gastliches Haus entstanden. Bezaubernd vor allem der Speisesaal, den ein schöner Holzplafond überwölbt, die Bibliothek, in der jenes intime Ambiente herrscht, das jede Lektüre begleiten sollte, und der Salon mit Billardtisch. Man fühlt sich wohl in den geschmackvoll eingerichteten Zimmern: Kupfer- bzw. Rattanbetten Baumwollstoffe, manche mit Loggia. Wirklich modern ist eigentlich nur die Küche, in die eine steinerne Treppe führt. Dort können Sie allerlei Leckereien mit hausgemachter Konfitüre und - auf Anfrage - Mahlzeiten aus rein biologischen Erzeugnissen genießen. Spaziergänge und Besichtigungen runden Ihren Aufenthalt ab.

Anreise (Karte Nr. 1): 65 km südlich von Viseu über die Ip3, Abfahrt Sta Comba Dão.

BEIRAS

Quinta da Fata ^{AT}

Vilar Seco 3520 Nelas (Viseu)
Rue da Fata
Tel. und Fax 232-94 23 32
Sra Maria Manuela Aires de Abreu

Ganzj. geöffn. **5 Zimmer** u. 2 Appartements m. Bad **Preise** DZ: 12500-14500 Esc - Frühst. inkl. **Kreditkarten** nicht akzeptiert **Verschiedenes** Hunde nicht erlaubt - Schwimmbad - Parkpl. **Umgebung** Weinberge des Dão - Mangualde: Pálacio dos condes de Anadia (außergewöhnliche Azulejos), Igreja da Misericordia- Penalva do Castelo (casa da Insua) - La Serra d'Estrela (Torre-Berg, Zézere-Tal) **Kein Restaurant** (siehe unsere Restaurantauswahl in Nelas S. 218).

Nelas ist als Hauptstadt von Dão bekannt und für eine der Residenzen des Herzogs von Gragrance, der legitimer Thronfolger Portugals sein könnte. Der Ort Vilar Seco liegt nur einige Kilometer entfernt, und auf diesem großen landwirtschaftlichen Besitz baut man auch Wein an, denn er liegt zwischen Dão und Mondeco, der Grenze des berühmten Weinbaugebietes. Die Umgebung hat viel Charme, und der kleine Garten mit seinen großen Bäumen, den Rasenflächen und den farbigen Blumenkübeln mit Hortensien ist eine wahre Freude. Die Gästezimmer befinden sich im Haupthaus. Sie sind nicht sehr groß, aber angenehm und unabhängig. Fragen Sie vorzugsweise nach der Suite, die für einen kleinen Aufpreis wesentlich schöner ist. Zwei Appartements wurden kürzlich in einem Anbau eingerichtet. Sie sind nicht besonders charmant, aber korrekt. Maria Manuela ist eine wirklich reizende Gastgeberin.

Anreise (Karte Nr. 1): 16 km südl. von Viseu.

DOURO

Hotel Infante de Sagres

4050-259 Porto
Praça Dona Filipa de Lencastre, 62
Tel. 22-339 85 00 - Fax 22-339 85 99
E-Mail: his.sales@mail.telepac.pt - Web: www.hotelinfantesagres.pt

Kategorie ★★★★★ **Ganzj.** geöffn. **74 Zimmer** m. Klimaanl., Tel., Bad, WC, Satelliten-TV, Minibar - Aufzug **Preise** EZ u. DZ: 28000 Esc, 30500 Esc; Suiten: 65000 Esc - Frühst. inkl., von 7.30 bis 10.30 Uhr - HP u. VP: + 5000 Esc, + 10000 Esc (pro Pers.) **Kreditkarten** akzeptiert **Verschiedenes** Hunde nicht erlaubt - Garage **Umgebung** Kirche San Francisco in Porto - Weinkeller im unteren Teil von Vila Nova de Gaia (Ferreira-Keller, Rua da Carva lhosa 19, Keller Ramos Pinto, Av. R. Pinto, Keller Taylor, rua do Choupelo 250, Fladgatet u. Yeatman) - Kloster Nossa Senhora de Serra do Pilar - Kirche Bom Jésus de Matosinhos - Oporto Golf Club Espinho (18 L.) **Restaurant** von 12.30 bis 14.30 u. von 19.30 bis 22.00 Uhr - Karte - Spezialitäten: Fisch u. regionale Küche.

Das *Infante de Sagres*, Portos Luxushotel, liegt mitten in der Stadt in der Nähe des Rathauses und der Cordoaria-Gärten. Die Rezeption und die Salons sind üppig ausgestattet; ganz besonders stolz ist das Hotel auf seine wertvollen handgeschnitzten Möbel. Die Zimmer verfügen über den gleichen erstklassigen Komfort. Der Speisesaal hat viel Atmosphäre: die Kronleuchter aus Kristall vervielfachen sich hier in den großen Spiegeln und schaffen mit den Rosa- und Brauntönen der Ausstattung einen besonders eleganten Rahmen. Der Service ist wie das ganze Haus: perfekt.

Anreise (Karte Nr. 1): Über die Rua do Almada.

D O U R O

Casa do Marechal

4100-119 Porto
Avenida da Boavista, 2674
Tel. 22-610 47 02 - Fax 22-610 32 41
M. João Paulo Baganha

Geschlossen im August u. Wochenenden außer auf Reserv. **5 Zimmer** m. Klimaanl., Tel., Bad, WC, Satelliten-TV, Minibar **Preise** EZ u. DZ: 25000 Esc, 28000 Esc - Frühst. inkl., von 7.30 bis 10.00 Uhr **Kreditkarten** akzeptiert **Verschiedenes** Hunde nicht erlaubt - Sauna - Fitneßcenter - Parkpl. **Umgebung** Kirche San Francisco in Porto - Weinkeller im unteren Teil von Vila Nova de Gaia (Ferreira-Keller, Rua da Carva lhosa 19, Keller Ramos Pinto, Av. R. Pinto, Keller Taylor, rua do Choupelo 250, Fladgatet u. Yeatman) - Kloster Nossa Senhora de Serra do Pilar - Kirche Bom Jésus de Matosinhos - Oporto Golf Club Espinho (18 L.) **Restaurant** von 12.30 bis 15.00 u. von 19.30 bis 22.00 Uhr - Wochenenden außer auf Reserv. geschl. - Menüs: 4000-6000 Esc - Spezialitäten: Fisch - Fleisch.

Die *Casa do Marechal* ist ein "guest house", mit dem Komfort und Service eines ausgezeichneten Hotels. Es befindet sich in einer der großen Straßen der Stadt, ganz in der Nähe des neuen Stadtzentrums und ist wunderschön im Art-Deko-Stil gehalten. Innen ist es elegant und gemütlich. Schöne Beleuchtung, antike Möbel und ein aufmerksamer Service schaffen eine persönliche Atmosphäre und damit für die Gäste ein Wohlbefinden, so wie man es nur selten antrifft. In einem exzellenten Restaurant können Sie all die Rafinesse der portugiesischen Küche kennenlernen. Kurz, dies ist die charmante Adresse in Porto.

Anreise (Karte Nr. 1): an der Praça Mousinho de Alburquerque-Boavista in Rtg. Meer über die Avenida da Boavista. La Casa do Marechal liegt rechts, 300 m nach einer BP-Tankstelle.

DOURO

Hotel Tivoli Porto

4100-020 Porto
Rua Alfonso Lopes Vieira, 66
Tel. 22-609 49 41 - Fax 22-606 74 52
Sr Fernando Rios

Kategorie ★★★★★ **Ganzj.** geöffn. **58 Zimmer** u. 6 Suiten m. Klimaanl., Tel., Bad, WC, Satelliten-TV, Minibar, Safe - Aufzug **Preise** EZ u. DZ: 31000 Esc, 35000 Esc; Suiten: 62000 Esc - Frühst. inkl., ab 7.00 Uhr **Kreditkarten** akzeptiert **Verschiedenes** Hunde nicht erlaubt - Schwimmbad - Garage **Umgebung** Kirche San Francisco in Porto - Weinkeller im unteren Stadtteil Vila Nova de Gaia (Fereira-Keller, Rua da Carvaihosa 19; Keller Ramos Pinto, Av. R. Pinto; Keller Taylor, rua do Choupelo 250, Fladgatet u. Yeatman) - Nonnenkloster von Nossa Senhora de Serra do Pilar - Kirche von Bom Jésus de Matosinhos - Golfpl. Oporto (18 L.) in Espinho **Kein Restaurant** im Hotel (siehe unsere Restaurantauswahl S. 218-220).

Die Weinkeller von Vila Nova de Gaia, in denen die berühmten Portweine lagern, haben die zweitgrößte Stadt Portugals weltweit berühmt gemacht. Die herrlich gelegene Stadt ist von keinem überragenden touristischen Interesse, und die angenehmen Hotels der Stadt sind eher Luxushotels und typisch für einen großen Handelshafen, denn "Hotels mit Charme". Das *Tivoli* ist genau dazwischen einzustufen. Es befindet sich in einem Residenzviertel mit großen, modernen Wohnhäusern, wurde erst vor kurzem renoviert und bietet reichlich Charme und Eleganz. Alle Zimmer sind individuell eingerichtet, verfügen über eine Terrasse und gehen meist auf das sehr angenehme Schwimmbad. Zahlreiche Annehmlichkeiten (Kaffee, Plätzchen, Bademäntel, usw.), effizienter Service.

Anreise (Karte Nr. 1): im Zentrum, über die Av. Boavissa.

DOURO

Hotel da Bolsa

4050 Porto
Rua Ferreira Borges, 101
Tel. 22-202 67 68/69/70 - Fax 22-205 88 88

Kategorie ★★★ **Ganzj.** geöffn. **36 Zimmer** m. Klimaanl., Tel., Bad, WC, Satelliten-TV, Minibar - Aufzug; Eingang f. Behinderte **Preise** DZ: 12500-14000 Esc; 14500-16000 Esc (m. Panorama); Extrabett: 3000-3500 Esc - Frühst. inkl., von 7.30 bis 10.30 Uhr **Kreditkarten** akzeptiert **Verschiedenes** Hunde nicht erlaubt - Kostenpfl. Parkpl. (500 m) **Umgebung** Kirche San Francisco in Porto - Weinkeller im unteren Teil von Vila Nova de Gaia (Ferreira-Keller, Rua da Carva lhosa 19, Keller Ramos Pinto, Av. R.Pinto, Keller Taylor, rua do Choupelo 250, Fladgatet u. Yeatman) - Kloster Nossa Senhora de Serra do Pilar - Kirche Bom Jésus de Matosinhos - Oporto Golf Club Espinho (18 L.) **Kein Restaurant** im Hotel (siehe unsere Restaurantauswahl S. 218-220).

La Bolsa ist gemeinsam mit dem sehr schönen *Infante de Sagres* das einzige Hotel, das sich direkt beim Ribeira, dem Hafen von Porto befindet. Es liegt gleich neben dem wunderschönen Börsenpalast und damit besonders günstig in einem Viertel voller Leben, dessen malerische Sträßchen zum Praça Ribeira führen, wo die Terrassen zahlreicher Cafés sich aneinanderreihen. Entlang der Kais stehen Fischstände neben den Tavernen, wo sich die einheimische Jugend trifft. Das Hotel ist in einem imposanten Gebäude aus dem 19. Jahrhundert untergebracht. Wir empfehlen die Zimmer der obersten Etage, denn von dort aus hat man einen interessanten Blick auf den Hafenbetrieb, die tollen Bögen der von Eiffel entworfenen Metallbrücke und das bunte Häusergewirr.

Anreise (Karte Nr. 1): in der Nähe der Börse am Hafen.

D O U R O

Castelo Santa Catarina

4000-457 Porto
Rua Santa Catarina, 1347
Tel. 22-509 55 99 - Fax 22-55 06 613
Sr João Brás

Ganzj. geöffn. **25 Zimmer** m. Tel., Bad, WC, Satelliten-TV **Preise** EZ u. DZ: 6500 Esc, 10000 Esc - Frühst. inkl., von 8.00 bis 10.30 Uhr **Kreditkarten** Amex, Visa, Eurocard, MasterCards **Verschiedenes** Hunde erlaubt - Parkpl. **Umgebung** Kirche San Francisco in Porto - Weinkeller im unteren Teil von Vila Nova de Gaia (Ferreira-Keller, Rua da Carva lhosa 19, Keller Ramos Pinto, Av. R. Pinto, Keller Taylor, rua do Choupelo 250, Fladgatet u. Yeatman) - Kloster Nossa Senhora de Serra do Pilar - Kirche Bom Jésus de Matosinhos - Oporto Golf Club Espinho (18 L.) **Kein Restaurant** im Hotel (siehe unsere Restaurantauswahl S. 218-220).

Dieses hübsche *Castello* befindet sich auf der Höhe von Porto. Es zeigt stolz sein zackiges Türmchen und vor allem die Fassaden mit blauen *azulejos*, die zusammen mit den Palmen des Gartens eine hübsche Farbharmonie schaffen. Das Haupthaus wird von verschiedenen blumenumrankten Terrassen umgeben, und dort sind die Unterkünfte auch am schönsten. Die Zimmer sind gemütlich und mit antikem Mobiliar aus dem Familienbesitz eingerichtet: große Holzbetten, wuchtige Schränke … Auch die im Erdgeschoß des Anbaus, deren Fenster sich direkt zum Garten öffnen sind komfortabel. Dies ist eine interessante Adresse, denn man befindet sich hier in völliger Ruhe und trotzdem ganz in der Nähe der Innenstadt. Außerdem gibt es einen Privatparkplatz, was in Porto eine Seltenheit ist.

Anreise (Karte Nr. 1): neben dem Einkaufszentrum.

D O U R O

Pensão Residencial Rex

4050 Porto
Praça da Republica, 117
Tel. 22-200 45 48 - Fax 22-208 38 82
Sr Paulo Chaves

Ganzj. geöffn. **21 Zimmer** m. Tel., Bad, WC, TV **Preise** EZ u. DZ: 7000 Esc, 8500 Esc; 3-BZ: 10000 Esc - Kein Frühst. **Kreditkarten** akzeptiert **Verschiedenes** Hunde nicht erlaubt - Parkpl. **Umgebung** Kirche San Francisco in Porto - Weinkeller im unteren Teil von Vila Nova de Gaia (Ferreira-Keller, Rua da Carva lhosa 19, Keller Ramos Pinto, Av. R. Pinto, Keller Taylor, rua do Choupelo 250, Fladgatet u. Yeatman) - Kloster Nossa Senhora de Serra do Pilar - Kirche Bom Jésus de Matosinhos - Oporto Golf Club Espinho (18 L.) **Kein Restaurant** (siehe unsere Restaurantauswahl S. 218-220).

Das Pensão befindet sich am äußeren Rande des Zentrums von Porto, gegenüber einer kleinen Grünanlage, die einen Teil der Praça de la Republica einnimmt. Es wurde in einem ehemaligen Privathaus im Stil von 1900 eingerichtet und aus dieser Zeit sind noch *azulejos* und eine große Fensterfront erhalten, die das Treppenhaus erhellt. Dies ist eine einfache und günstige Adresse, so wie die meisten portugiesischen Pensionen, (allerdings ohne Resopal-Möbel), mit geräumigen Zimmern, in denen oft Stuck aus der Zeit der Erbauung übrig geblieben ist, sowie nüchternes Mobiliar und alles ist in tadellosem Zustand. Allerdings sollten Sie die vor nicht allzu langer Zeit im oberen Stock eingerichteten Zimmer vermeiden, denn sie weisen bei weitem nicht denselben Charme auf wie der Rest des Hauses. Eine altmodische, aber überhaupt nicht verstaubte Adresse für kleine Budgets.

Anreise (Karte Nr. 1): im Norden des Stadtzentrums von Porto.

D O U R O

Quinta da Picaria TH*

Guimarei 4780 Santo Tirso (Porto)
Tel. 252-89 12 97
Sra Nogueira de Sousa Lopes

Ganzj. geöffn. **4 Zimmer** m. Bad **Preise** DZ: 12500-14000 Esc; Extrabett: 3200 Esc (Kinder unter 12 J.) - Frühst. inkl., ab 8.00 Uhr **Kreditkarte** nicht akzeptiert **Verschiedenes** Hunde nicht erlaubt - Schwimmbad - Parkpl. **Umgebung** Porto - Douro-Tal - Serra de Marão **Kein Restaurant** im Hotel (siehe unsere Restaurantauswahl in Santo Tirso S. 220).

Guimarei (nicht zu verwechseln mit Guimarães) ist ein charmantes Dorf 20 Kilometer von Porto entfernt und eine gute Alternative, wenn man besonders preiswert wohnen möchte. Auf diesem noch immer aktiven Bauernhof wurden in den Dependancen einige Zimmer eingerichtet. Dieser "Landtourismus" erlaubt, das Land auf eine besonders ungezwungene Art kennenzulernen. Die vier angebotenen Zimmer sind sehr angenehm: unabhängig, komfortabel, hübsch im traditionellen Stil ausgestattet, mit weitem Blick aufs Tal. Auch vom Garten mit zahlreichen Obstbäumen (vor allem Kiwibäume), einem Gemüsegarten und Weinreben kann man profitieren. Hier gibt es zwar keine Restaurants, dafür sind aber zwei nette Gasthäuser von der *Quinta* aus zu Fuß zu erreichen. In der Umgebung herrscht auch kein Mangel an römischen und keltischen Spuren, die sich auf Spaziergängen an den mit Mühlen gesäumten Wasserläufen und auf den Ortsmärkten entdecken lassen. Marias Betreuung ist sehr sympathisch - fast so wie die einer Freundin, die einen für den Urlaub erwartet.

Anreise (Karte Nr. 1): 20 km nördl. von Porto über die A 3, Ausfahrt Santo Tirso, dann Rtg. N 105, Abfahrt Porto (alte Straße), nach 100 m stoßen sie rechts auf die Straße nach Guimarei.

D O U R O

Casa de Pascoaes TH

São João de Gatão 4600 Amarante (Porto)
Tel. 255-42 25 95/42 39 53
Sra Maria Amelia Texeira de Vasconcellos

Ganzj. geöffn. **4 Zimmer** m. Bad **Preise** DZ: 15000-18000 Esc - Frühst. inkl. **Kreditkarten** nicht akzeptiert **Verschiedenes** Hunde nicht erlaubt - Parkpl. **Umgebung** Kloster von São Goncalo, Kirche San Pedro in Amarante - Kirche von Travanca - Serra de Marvão, Straße zwischen Amarante u. Vila Real - Weinberge des Porto im Douro-Tal (Peso da Regua, Vila Real, Pinhão, Peso da Regua) u. Besichtigung der Weinkeller von Vila Nova de Gaia **Gemeins. Essen** auf Reserv. (siehe unsere Restaurantauswahl in Amarante S. 218).

Die *Casa de Pascoaes* war einst das Haus des portugiesischen Poeten Texeira de Pascoas. In der Bibliothek und dem Büro sind noch Erinnerungsstücke an ihn zu finden, und man spürt die Liebe, die er für diese nördliche Region Portugals hegte. Es ist ein elegantes Herrenhaus aus dem 17. Jh., das nur wenige Kilometer von Amarante entfernt liegt, einem charmanten und malerischen kleinen Ort. Maria Amelia wird sich darum bemühen, Ihnen all die Raffinesse des portugiesischen "savoir vivre" zu zeigen. Und seien Sie nicht erstaunt, wenn man Ihnen vorschlägt, das Frühstück in der Küche einzunehmen, denn sie ist eines der schönsten Zimmer des ganzen Hauses: monumentale Strenge des Granites, wo rustikale Speisen zubereitet werden, die man Ihnen dann gemeinsam mit einem guten *vinho verde* aus Gatão serviert. Genau hier können sie zwischen Kultur und Tradition die Seele Portugals am besten fühlen.

Anreise (Karte Nr. 1): 64 km östl. von Porto über die N 15. 1,5 km nördl. von Amarante Rtg. Gatão.

D O U R O

Zé da Calçada

4600 Amarante (Porto)
Rua 31 de Janeiro
Tel. 255-422 023
Sra Amelia Rosa de Fonseca

Ganzj. geöffn. **7 Zimmer** m. Tel., Bad, WC, TV **Preise** EZ u. DZ: 7500 Esc, 8500 Esc - Frühst. inkl., von 7.00 bis 10.00 Uhr **Kreditkarten** akzeptiert **Verschiedenes** Hunde nicht erlaubt **Umgebung** Kloster von São Gonçalo, Kirche San Pedro in Amarante - Kirche von Travanca - Serra de Marão, Straße zwischen Amarante u. Vila Real - Weinberge des Porto im Douro-Tal (Peso da Regua, Vila Real, Pinhão, Peso da Regua) u. Besichtigung der Weinkeller von Vila Nova de Gaia Serra do Marão - Tâmega-Tal - Guimarães - Lámego - Porto - Vila Real **Restaurant** von 12.00 bis 14.00 u. von 19.30 bis 22.00 Uhr - Karte: 3500-6000 Esc.

Amarante ist eine der interessantesten Städte des Douro. Eine aus dem 18. Jahrhundert stammende Brücke überspannt den Rio Tâmega und verbindet die beiden Seiten dieser friedlichen Stadt. Das Restaurant Zé da Calçada zählt zu den schönsten Häusern mit Balkon, die sich im Wasser des Flusses widerspiegeln. Eine der beliebtesten Adressen der Stadt im gastronomischen Bereich, aber auch aufgrund des schönen Ausblicks von der großen Terrasse. Auf der Seite zur Straße haben die Besitzer im Haus gegenüber sieben Zimmer eingerichtet. Auch wenn die Einrichtung schon etwas veraltet ist, bleibt sie schick und vermittelt den Charme eines guten, alten Hauses. Alle Zimmer sind in gutem Zustand, ruhig und die in den oberen Etagen heller. Auf Ihrem Weg durch den Norden Portugals ist Amarante eine unbedingt lohnenswerte Etappe. Auch das Gebäck und der *vinho verde* der Region sind sehr gut.

Anreise (Karte Nr. 1): 57 km südl. von Braga.

D O U R O

Pousada São Gonçalo *

4600 Serra do Marão (Porto)
Curva do Lancete - Ansiães
Tel. 255-46 11 13/23/24 - Fax 255-46 13 53
Sra Calvo Pereira

Ganzj. geöffn. **15 Zimmer** m. Tel., Bad, WC, Satelliten-TV (2 m. Minibar) **Preise** EZ u. DZ: 11100-16000 Esc, 12900-17500 Esc; Extrabett: – 30 % - Frühst. inkl., von 7.30 bis 10.00 Uhr **Kreditkarten** akzeptiert **Verschiedenes** Hunde nicht erlaubt - Parkpl. **Umgebung** Serra de Marão - Reiseroute Amarante Vila Real - Portweinberge im Dourotal (Peso da Regua, Vila Real, Pinhao, Peso da Regua) - Weinkellerbesichtigungen in Vila Nova de Gaia **Restaurant** von 12.30 bis 15.00 u. von 19.30 bis 22.00 Uhr - Karte: 3800 Esc - Spezialitäten: m. Schinken gefüllte Forellen - Gegrillter Kabeljau - "Tras-os-Montes" (Hase) - Lammsuppe.

Diese *Pousada* liegt in einer herrlichen, majestätischen Berglandschaft an jener schmalen Straße, die von Amarante nach Vila Real führt, und ist von sattgrünen Tannen umgeben. Dieses 26 Kilometer von Amarante entfernte Hotel eignet sich allerdings eher für eine Zwischenstation denn für einen regelrechten Aufenthalt. Das Haus ist komfortabel und gastfreundlich, und dank seiner besonderen Bauweise hat man einen phantastischen Ausblick. Die Zimmer sind gut ausgestattet, die Küche ist sehr zufriedenstellend. In dieser *Pousada* herrscht eine typische Berghotel-Atmosphäre, d.h., hier ist alles ruhig, heiter, freundlich und ungezwungen.

Anreise (Karte Nr. 1): 64 km östl. von Porto über die N 15 bis Amarante, dann 20 km Rtg. Vila Real.

D O U R O

Solar de Miragaia ᵀᴴ *

4600 Travanca (Porto) - Castelo de Paiva
Tel. 255-688 214 /22-711 05 00 - Fax 22-510 00 79
Dra Maria Teresa Matos Marta da Cruz

Geschlossen Weihnachten **4 Zimmer** m. Bad. u. 1 App. **Preise** EZ u. DZ: 12500 Esc, 15000 Esc; App.: 22400 Esc - 30% (Extrabett) – Frühst. inkl., von 8.00 bis 10.30 **Kreditkarten** nicht akzeptiert **Verschiedenes** Hunde nicht erlaubt - Schwimmbad - Parkpl. **Umgebung** Tal Paiva - Vila Boa de Quires - Penafiel - Paredes - Kloster von Cete - Paço de Sousa - Entre-os-Rios - Marco de Canveses (vinho verde) Amarante **Gemeins Essen** auf. Best.

Das Paiva-Tal ist eine schöne Region des Douro und darüber hinaus für seinen *vinho verde* und seine architektonischen Schönheiten bekannt. Hier stößt man auf eine Reihe romanischer Kirchen und ausgesprochen hübscher Anwesen aus dem 17. und 18. Jahrhundert. *Solar de Miragaia* gehört zu jenen Landhäusern, die heute auch Gästen offen stehen. Das Haus, ist ein prächtiges und sehr gut erhaltenes Gebäude. Das gilt für die Steinküche mit ihrer Sammlung kupferner Gerätschaften, für den Speiseraum mit Wandbehang und antiken Möbeln, und den einladenden Salon mit seiner alten Weinpresse und die geräumigen und raffinierten Zimmer, die Ihnen einen perfekten Komfort bieten. Auch der Garten wird gehegt und gepflegt: Sie können sich am Schwimmbecken, im Solarium entspannen - dort haben Sie eine sehr schöne Aussicht auf das Tal - oder, romantischer, an dem Becken mit den hübschen Seerosen … Unzählige Wandermöglichkeiten in der Umgebung.

Anreise (Karte Nr. 1): 64 km östlich von Porto auf der A 4 Abfahrt Penafiel. Dann N 106 bis Entr-os-Rios, über einen Fluss (Rtg. Castelo de Paiva), dann nach rechts abbiegen, Rtg. Nespereira und Travanca. In Travanca den Pfeilen des Turismo d'habitaçao folgen. 7 km von Castelo de Paiva.

DOURO

Quinta do Ribeiro ᵀᴴ *

Pedraza 4660 Resende (Porto)
Tel. 254-87 71 13 - Fax 254-87 71 29
Maria Augusta Monteiro Dearaújo Gomes

Ganzj. geöffn. **4 Zimmer** m. WC (3 m. Bad.) - Eingang f. Behinderte **Preise** EZ u. DZ: 9800 Esc - 12000 Esc – Frühst. inkl., von 8.00 bis 10.30 **Kreditkarten** nicht akzeptiert **Verschiedenes** Hunde nicht erlaubt - Schwimmbad - Parkpl. **Umgebung** Tal Tâmega - Vila Boa de Quires - Penafiel - Paredes - Couvent de Cete - Paço de Sousa - Entre-os-Rios - Marco de Canveses (vinho verde) Amarante - Lamego **Gemeins. Essen** auf Reserv.

Wenn Sie das Douro-Tal durchfahren, machen Sie doch einfach einen Halt in der freundlichen *Quinta do Ribeiro*. Es ist ein hübsches, kleines, älteres und rustikales Gebäude, und Maria Augusta wird es sich kaum nehmen lassen, Sie in ihrem Haus mit portugiesischer Gastfreundschaft zu bewirten. Der Granitstein der Böden und Wände verleiht dem Haus einen ganz eigenen Charme und der überraschend oktogonal geformte Holzplafond des Eßzimmers ist an sich schon eine Kuriosität. In den so einfachen wie eleganten Zimmern, ist Leinen - der bevorzugte Stoff des hiesigen Handwerks - zu Vorhängen, Bettdecken und Teppichen verarbeitet. Schöner Komfort in den Doppelzimmern; Auf Wunsch wird Ihnen auch ein Abendessen bereitet, das Sie mit einigen von Marias Rezepten vertraut machen wird, die sie, wie sie sagt, von den Mönchen bekommen hat. Lassen Sie sich zur Zeit der Orangenernte nicht die Früchte aus Marias Garten entgehen. Sie sollten sich auch nicht erschrecken angesichts der Brückenkonstruktion, die das Anwesen teilweise überragt. Man empfindet sie gar nicht als störend.

Anreise (Karte Nr. 1): 70 km östlich von Porto über die A4 Ausfahrt Marco de Canaveses, dann Rtg. Cinfães, Penha Longa; in Pala über die Mosteirô-Brücke, nach der Brücke

DOURO

Quinta da Timpeira ᵀᴿ

5100 Lamego (Viseu)
Penude
Tel. 254-61 28 11 - Fax 254-61 51 76
Sr José Francisco Gomes Parente

Ganzj. geöffn. **5 Zimmer** m. Klimaanl., Tel., Bad od. Dusche, TV **Preise** DZ: 11000 Esc - Frühst. inkl., von 8.00 bis 10.30 Uhr **Kreditkarten** akzeptiert **Verschiedenes** Hunde nicht erlaubt - Schwimmbad - Tennis - Parkpl. **Umgebung** Museum (über die Region von Lamego) - Kirche São João von Tarouca - Portweinberge im Douro-Tal (Peso da Regua, Villa Real, Pinhnão, Peso da Regua) - Weinkellerbesichtigungen in Vila Nova de Gaia **Restaurant** auf Reserv. (siehe unsere Restaurantauswahl in Santo Tirso S. 220).

Lamego befindet sich in der sogenannten Beira Alta, in einer hübschen Landschaft, wo Weinhänge und Maisfelder sich abwechseln. Im regionalen Museum können Sie Ihre Kenntnisse bezüglich der portugiesischen Renaissance erweitern, und vor allem sollten Sie es nicht versäumen, die sehr poetischen Treppen der heiligen Stätte Nossa Senhora dos Remédios hinaufzugehen, die mit *Azulejos* verziert sind. Alle Hotels sind hier qualitativ gut, und das gilt auch für die zwei Kilometer außerhalb des Zentrums gelegene *Quinta da Timpeira*. Diese befindet sich in einem schönen Haus, wo Modernität mit Tradition und Einfachheit mit Komfort verbunden wurden. Das Ergebnis ist elegant, antike Möbel stehen in nüchtern moderner Umgebung. Die Zimmer sind sehr gepflegt, und an Komfort mangelt es auch nicht. Eine ruhige und friedliche Atmosphäre finden Sie auch im Garten oder in der Nähe des angenehmen Schwimmbads. Eine schöne Adresse.

Anreise (Karte Nr. 1): 70 km nördl. von Viseu über die N 2. In Casto Daire, Rtg. Lamego, 2,5 km südl. von Lamego.

DOURO

Casa de Santo António de Britiande ᵀᴴ *

Britiande 5100-360 (Viseu)
Tel. und Fax 254-69 93 46
Sr Antonio Carlos Sobral Pinto Ribeiro

Ganzj. geöffn. **4 Zimmer** m. Bad **Preise** DZ: 16500-18500 Esc - Frühst. inkl., von 8.00 bis 10.30 Uhr **Kreditkarte** Amex **Verschiednes** Hunde nicht erlaubt - Schwimmbad - Tennis - Parkpl. **Umgebung** Museum (über die Region von Lamego) - Kirche São João von Tarouca - Portweinberge im Dourotal (Peso da Regua, Villa Real, Pinhao, Peso da Regua) - Weinkellerbesichtigungen in Vila Nova de Gaia **Restaurant** auf Reserv. (siehe unsere Restaurantauswahl in Lamego S. 220).

Dies ist unsere letzte sehr gute Adresse in Lamego. Sie liegt genau fünf Kilometer vom Dorf Britiande entfernt. Von außen wirkt das Haus streng, aber im Innern ist davon ganz und gar nichts zu spüren. Die Zimmer (mit separatem Eingang) haben alle viel Stil. Jedes ist mit antiken Möbeln und Teppichen auf je eigene Art eingerichtet. Überall sind kleine Salon-Ecken eingerichtet, wo man von der angenehmen Stimmung des Hauses profitieren kann. Im Garten stehen Ihnen ein Tennisplatz und ein Schwimmbad zur Verfügung, und dort befindet sich auch eine kleine, mit *Azulejos* verzierte Privatkapelle. Die Umgebung ist reich an Naturschauplätzen und historischen Orten (z.B. Weinstraße von Cister, Klöster aus dem 12. Jahrhundert), was ein weiterer Garant für einen interessanten Aufenthalt ist. Auf der Suche nach Souvenirs werden Sie in der nahegelegenen Quinta de Sta Cruz bestimmt fündig (Wein, regionale Spezialitäten und lokale Handwerksprodukte).

Anreise (Karte Nr. 1): 70 km nördl. von Viseu über die N 2. In Casto Daire, Rtg. Lamego. 5 km westl. von Lamego Rtg. Moimenta da Beira.

ESTREMADURA

Casa do Castelo TH

Atouguia da Baleia 2520 Peniche (Leiria)
Tel. 262-750 647 - Fax 262-750 937
Sra Helena Horta Gama Almeida Balthazar

Ganzj. geöffn. **7 Zimmer** m. Bad **Preise** EZ u. DZ: 10700-12500 Esc, 12500-14000 Esc – Frühst. inkl., von 9.00 bis 11.00 Uhr **Kreditkarten** Visa, Eurocard, MasterCard **Verschiedenes** Hunde erlaubt - Schwimmbad - Parkpl. **Umgebung** Peniche (Zitadelle) - Nossa Senhora dos Remedios - Cabo Carvoeiro (Nau dos Corvos) - Serra del Rei - Ilha Berlenga (50 Min. m. Schiff) - Caldas da Rainha: Stadtpark u. Museum Malhóa Nossa Senhora do Pópulo, Museum Ceramica - Stadtmauernn von Óbidos - Kirche Senhor de Pedra -Lagune von Óbidos (Amoreira, Vau) - Kloster Alcobaça - Kloster Bathala **Gemeins. Essen** auf Reserv. - Menü: 2500 Esc.

Die kleine Hafenstadt Atougia, ist von historischem Interesse. Die Kirche S. Leonardo weist romanisch-gothische Bauelemente auf. Die *Casa do Castelo* wurde im 17. Jahrhundert auf den Ruinen eines ehemaligen Schlosses errichtet, im 19. Jahrhundert erweitert und vor kurzem restauriert. Die Begrenzungsmauer des Maurenschlosses - das einzig verbliebene Zeugnis der ehemaligen Festung - bildet die Rückwand des Hauses. Ein breites Stück dieser Mauer gliedert das Haus in zwei Teile: auf der einen Seite befindet sich der Bereich mit dem Schwimmbecken, um das sich in den umgebauten ehemaligen Nebengebäuden mehrere Zimmer gruppieren, auf der anderen Seite das ehemalige Hauptgebäude, das hinter dem imposanten Laubwerk eines zum nationalen Naturschatz gehörenden Drachenbaums verborgen ist. Dort befinden sich komfortable und helle Zimmer mit Blick auf die Landschaft. Umgeben ist dies alles von einem zur Blütezeit wohlig duftenden Garten mit Zitrusfrüchten. Das Meer - ein *must* ist die hübsche Ausfahrt zu den Berlenga-Inseln - liegt in nächster Nähe, und auch an historischen Stätten herrscht hier kein Mangel.

Anreise (Karte Nr. 3): 95 nördlich von Lissabon - 5 km östlich von Peniche.

ESTREMADURA

Quinta da Foz ᵀᴴ

Foz do Arelho
2500 Caldas da Rainha (Leiria)
Tel. 262-97 93 69
Sra Maria Isabel Calado

Ganzj. geöffn. **5 Zimmer** u. 2 Appart. m. Bad od. Dusche **Preise** App.: ca. 14000 Esc; DZ: ca. 20000 Esc - Frühst. inkl., von 8.00 bis 10.00 Uhr **Kreditkarten** nicht akzeptiert **Verschiedenes** Hunde nicht erlaubt **Umgebung** Caldas da Rainha: Stadtpark u. Museum Malhóa, Nossa Senhora do Pópulo, Museum Ceramica - Stadtmauern von Óbidos - Kirche Senhor de Pedra - Lagune von Óbidos (Amoreira, Vau) - Kloster Alcobaça - Kloster Bathala **Kein Restaurant**.

Nur wenige Touristen machen einen Halt in Caldas da Rainha, dem kleinen Thermalkurort, der ebenfalls für seine Keramiken bekannt ist, die jeden Montag auf dem malerischen Markt verkauft werden. Nur einige Kilometer entfernt, liegt Foz an der Salzlagune von Óbidos, die regelmäßig vom Ozean überschwemmt wird. Die Dünenlandschaft ist ein Paradies für Angler, die am Ufer der Hafeneinfahrt sitzen, wo es vor Fischen nur so wimmelt. Die *Quinta da Foz* wurde seit dem 16. Jahrhundert nicht verändert und außerordentlich gut instand gehalten. Abgesehen vom historischen Interesse des Hauses gibt es einen sehr schönen Reitplatz mit fünf Pferden. Das alles in Strandnähe und mit der reizenden Betreuung von Senhora Calado. Der Service ist hier sehr gut.

Anreise (Karte Nr. 3): 92 km nördl. von Lissabon über die A 1, Ausf. Aveiras, dann N 366 bis Caldas da Rainha. 9 km westl. von Caldas.

ESTREMADURA

Pensão Restaurante Ribamar

2450-344 Nazaré (Leiria)
Rua Gomes Freire, 9
Tel. 262-55 11 58 - Fax 262-56 22 24
Sr José Amado

Kategorie ★★ Geschlossen vom 19. bis 26. Dezember **25 Zimmer** m. Bad od. Dusche, WC, einige m. Satelliten-TV - Eingang f. Behinderte **Preise** EZ u. DZ: 10000 Esc, 18500 Esc - Frühst. inkl., von 8.30 bis 10.00 Uhr - VP: + 4000 Esc **Kreditkarten** akzeptiert **Verschiedenes** Hunde nicht erlaubt **Umgebung** Belvedere u. Leuchtturm von Nazaré - Schloß von Leiria - Kloster von Batalha - Kloster von Alcobaça - Saõ Martinho do Porto **Restaurant** von 12.30 bis 15.00 u. von 19.30 bis 24.00 Uhr - Karte: 4150 Esc - Spezialitäten: Fischsuppe nach lok. Art, Suppe aus Meeresfrüchten.

Mit seinen gelben Tür- und Fensterrahmen und seiner weißen Fassade ist das *Pensão Restaurante Ribamar* ein sympathisches Strandhotel. Genauso hübsch und provinziell sind auch die Innenräume, besonders der Speisesaal mit seiner dunklen Wandtäfelung. In diesem Haus voller Wachsgeruch sind die Zimmer mit alten Möbeln und Vorhängen mit Blumenmotiven klein, strahlen aber Heiterkeit und Ruhe aus. Leider sind die Teppichböden nicht überall einwandfrei. Reservieren Sie besser die Zimmer mit Meeresblick, die Nr. 11, 12, 21 oder die größeren Suiten 13, 23 oder 33. Seit vier Generationen gehört dieses Hotel zu den besten Adressen von Nazaré.

Anreise (Karte Nr. 3): 85 km nordwestl. von Lissabon über die A 8, Ausf. Caldas da Rainha, dann N 8 u. C 242 Rtg. Nazaré (23 km). Von Porto A 1 Ausf. Leira, danach C 242, Rtg. Nazaré (36 km).

ESTREMADURA

Quinta do Campo ᵀᴴ

2450-344 Valado dos Frades - Nazaré (Leiria)
Tel. 262-57 71 35 - Fax 262-57 75 55
Sr João Pedro Collares Pereira
E-mail: quintadocampo@mail.telepac.pt

Ganzj. geöffn. **8 Zimmer**, 2 Studios m. Kitchenette u. 5 App (4 m. 1 DZ, 1 m. 2 DZ) Bad, Salon, Terrasse **Preise** EZ u. DZ: 16000 Esc, 18000 Esc; Studio (2-4 Pers.): 22000 Esc; App. m. 1 DZ (2-4 Pers.): 26000 Esc; App. m. 2 DZ: 30000 Esc - Frühst. inkl. (im Zi.), von 8.30 bis 10.00 Uhr; inkl. im App. außerh. der Saison **Kreditkarten** akzeptiert **Verschiedenes** Hunde nicht erlaubt - Schwimmbad - Tennis - Fahrräder **Umgebung** Aussichtspunkt von Nazaré - Schloß von Leiria - Kloster in Batalha - Kloster von Alcobaça - São Marinho do Porto **Kein Restaurant** aber kleiner Imbiß auf Anfrage (siehe unsere Restaurantauswahl S. 225).

Die *Quinta do Campo* ist einer der zehn Bauernhöfe, die zwischen dem 12. und 13. Jahrhundert, während der Erbauung der Abtei von Alcobaca, von Zisterziensermönchen gebaut wurden. Es war lange Zeit eine bekannte Landwirtschaftsschule, und der Besitz wurde dann von den Vorfahren des aktuellen Besitzer's im 19. Jahrhundert erstanden. Heute wurde es zu einem Gasthaus umgewandelt, mit einigen Zimmern und drei Appartments. Die Einrichtung des alten Hauses ist traditionell, mit antiken Möbeln und Familienportraits. Die Zimmer sind groß und haben jeweils dazugehörige Badezimmer. Die kleinen und gut ausgestatteten Appartments sind für längere Aufenthalte zu bevorzugen. Man muß sagen, daß die *Quinta* sehr gut gelegen ist: man kann von der Zurückgezogenheit auf dem Lande profitieren (Schwimmbad, Tennis, Fahrräder), ohne weit von den Stränden entfernt zu sein (Nazaré ist nur 5 km entfernt), und es liegt nur einen Kilometer von dem größten Wald Portugals entfernt, dem Pinhal de Leiria.

***Anreise** (Karte Nr. 3): 100 km nördl. von Lissabon über die A 8, Ausf. Caldas da Rainha, dann Rtg. Alcobaça. Danach Rtg. Nazaré bis Valado dos Frades*

ESTREMADURA

Estalagem do Convento

2510 Óbidos (Leiria)
Rua Dom João d'Ornelas
Tel. 262-959 216 - Fax 262-959 159
Sr De Sousa Garcia

Kategorie ★★★★ **Ganzj.** geöffn. **31 Zimmer** m. Tel., Bad, WC, Satelliten-TV u. Minibar **Preise** EZ u. DZ: 14000 Esc, 17000 Esc; Suiten: 21000 Esc - Frühst. inkl., von 8.00 bis 10.00 Uhr - HP u. VP: + 3200-3400 Esc, + 4200-4500 Esc **Kreditkarten** Amex, Visa, Eurocard, MasterCard **Verschiedenes** Hunde außer im Restaurant erlaubt **Umgebung** Stadtmauer von Óbidos - Kirche Senhor de Pedra - Lagune von Óbidos (Kähne, Amoreira, Vau) - Kloster von Alcobaça - Kloster von Batalha **Restaurant** von 12.30 bis 14.30 u. von 19.30 bis 21.30 Uhr - So u. vom 1. bis 15. Dezember geschl. - Menüs: 3200 Esc - Karte - Spezialitäten: Pfeffersteak; Fasan; Seebarsch.

In Óbidos sind viele Spuren einer ereignisreichen Geschichte erhalten geblieben. Das Haus, in dem das *Estalagem do Convento* eingerichtet wurde, war vor 200 Jahren ein Kloster. Seine eigentliche Berufung muß jedoch eine andere gewesen sein, denn bevor es zum Hotel umgebaut wurde, war es erst eine Schule und dann ein Privathaus. Seine Ausstattung ist rustikal, und es verfügt über große, gepflegt eingerichtete Zimmer, deren nostalgische Vote den Charme dieses Hauses nur noch erhöht. Einige haben einen Balkon mit Aussicht auf Stadt und Land. Gastfreundlicher Empfang, tadelloser Service, vernünftige Preise. Kurz, ein sehr empfehlenswertes Haus.

Anreise (Karte Nr. 3): 92 km nördl. von Lissabon über die A 1, Ausf. Aveiras, dann die N 366; kurz vor Caldas da Rainha Rtg. Óbidos.

ESTREMADURA

Pousada do Castelo *

2510 Óbidos (Leiria)
Paço Real
Tel. 262-95 91 05/46/48 - Fax 262-95 91 48
Sr Nobre Pereira

Ganzj. geöffn. **6 Zimmer** u. 3 Suiten m. Klimaanl., Tel., Bad, WC, TV (Minibar in den Suiten) **Preise** EZ u. DZ: 23000-31000 Esc, 26100-34000 Esc; Suite: 34700-41500 Esc; Extabett: + 30 % - Frühst. inkl., von 7.30 bis 10.30 Uhr **Kreditkarten** akzeptiert **Verchiedenes** Hunde nicht erlaubt **Umgebung** Stadtmauer von Óbidos - Kirche Senhor de Pedra - Lagune von Óbidos (Kähne, Amoreira, Vau) - Kloster von Alcobaça - Kloster von Batalha **Restaurant** von 12.00 bis 15.30 u. von 19.30 bis 22.00 Uhr - Karte: 3650-5900 Esc.

Óbidos ist eine Besichtigung wert. Von einem Wall umgeben, liegt die Stadt in einer weiten Ebene und wird von einer der schönsten Burgen des ganzen Landes überragt. Die sehr freundlich wirkenden Gassen und weißen Häuser scheinen wie aus einer anderen Zeit. Die *Pousada do Castelo* ist ein ehemaliger Palast aus dem 15. Jahrhundert, der originalgetreu restauriert Worden ist. Der freundliche Salon von schlichter Eleganz verfügt über einige alte, sehr wertvolle Gegenstände. Von den großen Fenstern des Speiseraumes blickt man auf den Hof und die Landschaft. Dieser Raum wie auch die Zimmer verfügen über allerbesten Komfort. Die Küche ist ausgezeichnet.

Anreise (Karte Nr. 3): 92 km nördl. von Lissabon über die A 1, Ausf. Aveiras, dann N 366, vor Caldas da Rainha Rtg. Óbidos.

ESTREMADURA

Casal do Pinhão ᵀᴿ

Bairro Senhora da Luz 2510 Óbidos (Leiria)
Tel. und Fax 262-95 90 78
Sra Maria Adelaide Silveira
E-Mail: casalpinhao@mail.pt - Web: www.caldas2000.com/casalpinhao

Ganzj. geöffn. **6 Zimmer** u. 2 App. (2-4 Pers.) m. Bad **Preise** DZ: 12000-16000 Esc; App.: 15000 Esc (2 Pers.), 19000 Esc (4 Pers.) - Frühst. inkl., von 8.30 bis 10.30 Uhr **Kreditkarten** Visa, Eurocard, MasterCard **Verschiedenes** Hunde nicht erlaubt - Schwimmbad - Parkpl. **Umgebung** Stadtmauer von Óbidos - Kirche Senhor de Pedra - Lagune von Óbidos (Kähne, Amoreira, Vau) - Kloster von Alcobaça - Kloster von Batalha - Caldas da Rainha - Santarém **Kein Restaurant** (siehe unsere Restaurantauswahl S. 224-225).

Die *Casal do Pinhao* befindet sich in einem wunderschönen kleinen, befestigten Ort. Die Lage mitten in Kiefern und Eukalyptusbäumen ist besonders angenehm. Das Gebäude jüngeren Datums ertreckt sich unter den Bäumen des Gartens, und die Zimmer sind alle im Erdgeschoß. Sie sind groß und öffnen sich auf eine gemeinsame Loggia, was diesem Teil des Hauses natürlich einen eher gemeinschaftlichen Charakter verleiht. Das Frühstück wird im Salon serviert, wo eine Sammlung von recht zusammengewürfelten Kunsthandwerksstücken ausgestellt ist. Die beiden Appartements befinden sich in einem separaten Anbau. Eine Adresse, wo man nach einer Besichtigung des touristischen Óbidos Ruhe und ein Schwimmbad genießen kann.

Anreise (Karte Nr. 3): 100 km nördl. von Lissabon; 3 km westl. von Óbidos.

ESTREMADURA

Casa d'Óbidos ᵀᴴ

Quinta de S. José 2510 Óbidos
Tel. 262-95 09 24 - Cell. 931-96 82 256 - Fax 262-95 99 70
Coronel Fernando do Amaral Campos Sarmento

Ganzj. geöffn. **6 Zimmer** u. 1 App. (4 Pers.) m. Bad u. WC - Eingang f. Behinderte **Preise** 10000-14000 Esc - 14000-18000 Esc - App.: 250000 Esc (4 Pers./Woche) – Frühst. inkl. im Zi., von 8.30 bis 10.00 **Kreditkarten** nicht akzeptiert **Verschiedenes** Hunde nicht erlaubt - Schwimmbad - Tennis - Parkpl. **Umgebung** Stadtmauern von Óbidos - Kirche Senhor de Pedra - Lagune von Óbidos (Kähne, Amoreira, Vau) - Prai del Rey - Nazaré - Sintra - Kloster von Alcobaça - Kloster von Batalha - Caldas da Rainha - Tomar - Sintra **Kein Restaurant** (siehe unsere Restaurantauswahl S. 224-225).

Die *Casa d'Óbidos* liegt in einem auch unter dem Namen Varzea da Rainha bekannten Tal. Nach einer Fahrt durch Pinien- und Eukalyptuswälder kommt man auf einem Landweg dorthin, den man sich allerdings bisweilen mit Schafen zu teilen hat. Im Hintergrund sieht man bereits die Begrenzungsmauer und das Schloß von Óbidos. In dieser friedlichen Umgebung entdeckt man dann dieses schöne Gebäude, das im 19. Jahrhundert von einem Ingenieur Gustave Eiffels errichtet worden ist, der zusammen mit seinen Mitarbeitern zum Bau der Eisenbahn hierher gekommen war. (Deswegen auch bauliche Ähnlichkeiten mit den hiesigen Schrankenwärterhäusern). Die jetzigen Besitzer haben das Haus ausgezeichnet restauriert, und die charmante Elena kümmert sich liebevoll und bis in die kleinsten Details um die Innendekoration. Salon, Speiseraum mit Billard- und Spieltisch sind geschmackvoll und originell eingerichtet. Die Zimmer sind schön und komfortabel, wobei in jedem einzelnen durch sorgsame Abstimmung eine persönliche Note vorherrscht. Außerdem wurde eine Gartenhütte zu einer hübschen und komfortablen Wohnung mit exklusivem Garten umgebaut. Garten und Schwimmbecken sind in nicht minder gutem Zustand. Eine schöne Adresse.

Anreise (Karte Nr. 3): 70 km nördlich von Lissabon; 1 km östlich von Óbidos.

ESTREMADURA

Estalagem Senhora da Guia

2750 Cascais (Lisboa)
Estrada do Guincho
Tel. 21-486 92 39 - Fax 21-486 92 27 - Sr Ornellas Monteiro
E-mail: senhora.da.guia@mail.telepac.pt

Kategorie ★★★★★ **Ganzj.** geöffn. **39 Zimmer** u. 3 Suiten m. Klimaanl., Tel., Bad, WC, Satelliten-TV, Safe, Minibar, Fön **Preise** EZ u. DZ: 28000 Esc, 30000 Esc; Suiten: 38000-48000 Esc; Extrabett: 1750-5000 Esc - Frühst. inkl. (Buffet), von 7.00 bis 10.30 Uhr - HP: + 5000 Esc (pro Pers.) **Kreditkarten** akzeptiert **Verschiedenes** Hunde nicht erlaubt - Meerwasser-Schwimmbad - Parkpl. **Umgebung** Boca do Inferno - Praia do Guincho - Estoril - Lissabon - Golfpl. Estoril (9 u. 18 L.) - Golfpl. Quinta da Marinha (18 L.) **Restaurant** von 13.00 bis 15.00 u. von 19.30 bis 22.00 Uhr - Karte: 5000 Esc - Spezialität: Fischgerichte.

Diese alte Sommervilla ist mehr ein Ferienhaus als ein Hotel; dem Atlantik gegenüber gelegen und mit Gärten und Terrassen umgeben, verfügt es zudem über ein herrliches Meerwasserschwimmbad. Die intime Atmosphäre des Salons, der Bar und des Speisesaals (mit schönen Stilleben) zu schildern, ist nicht leicht. Die Zimmer sind phantastisch; die im Nebengebäude oder die Maisonnette-Zimmer eignen sich besonders für Familien und haben eigene Terrassen. Schon am frühen Morgen genießt man beim Frühstück am Schwimmbad die Aussicht aufs Meer. Das *Estalagem Senhora da Guia* liegt auf dem Land, zwei Kilometer von Cascais entfernt in unmittelbarer Nähe des Golf- und Tennisplatzes von *Quinta da Marinha*. Die richtige Adresse für alle, die sich einmal "richtig" erholen möchten.

Anreise (Karte Nr. 3): 35 km westl. von Lissabon über die N 6; ab Cascais 5 km die Straße von Guincha über die Av. 25 de Abril nehmen.

ESTREMADURA

Hotel Albatroz

2750 Cascais (Lisboa)
Rua Frederico Arouca, 100
Tel. 21-483 28 21 - Fax 21-484 48 27

Kategorie ★★★★★ **Ganzj.** geöffn. **40 Zimmer** m. Klimaanl., Tel., Bad, WC, TV, Radio, Minibar - Aufzug; Eingang f. Behinderte **Preise** EZ u. DZ: 23500-50000 Esc, 28000-55000 Esc; Suiten: 39000-75000 Esc - Frühst.: 2000 Esc, von 7.30 bis 10.30 Uhr **Kreditkarten** akzeptiert **Verschiedenes** Hunde nicht erlaubt - Schwimmbad **Umgebung** Boca do Inferno - Praia do Gincho - Estoril - Lissabon - Golfpl. Estoril (9 u. 18 L.) - Golfpl. Quinta da Marinha (18 L.) **Restaurant** von 12.30 bis 15.00 u. von 19.30 bis 22.00 Uhr - Menü - Karte: ab 6500 Esc - Spezialitäten: gefüllte Krabben - Seebarsch in Tartarsoße.

Im 19. Jahrhundert war diese Villa die Sommerresidenz der königlichen Familie. Später wurde sie vergrößert, renoviert und zu einem Hotel umgebaut. Mit viel Geschick und Geschmack konnte die moderne Ausstattung mit dem traditionellen portugiesischen Stil in Einklang gebracht werden. Viele Zimmer gehen aufs Meer, die des neuen Gebäudes haben außerdem einen Balkon. Baden kann man in der kleinen Bucht vor dem Hotel oder im hoteleigenen Meerwasserschwimmbad mit Sonnenterrasse. Abends ist es besonders schön, dem Meer gegenüber zu speisen (bemerkenswerte Küche); die zu den Zimmern führende, mit *Azulejos* geschmückte alte Treppe hochzugehen, ist eine wahre Freude.

Anreise (Karte Nr. 3): 30 km westl. von Lissabon über die N 6.

ESTREMADURA

Casa da Pérgola

2750 Cascais (Lisboa)
Av. Valbom, 13
Tel. 21-484 00 40 - Fax 21-483 47 91 - Sra Patricia Gonçalves
E-Mail: pergolahouse@mail.telepac.pt- Web: www.cibergvia.pt/casa-da-pergola

Geschlossen vom 15. November bis 15. März **10 Zimmer** m. Klimaanl., Bad, WC **Preise** DZ: 15500-19500 Esc - Frühst. inkl, von 8.00 bis 10.00 Uhr **Kreditkarten** nicht akzeptiert **Verschiedenes** Hunde nicht erlaubt **Umgebung** Boca do Inferno - Praia do Gincho - Estoril - Lissabon - Golfpl. Estoril (9 u. 18 L.) - Golfpl. Quinta da Marinha (18 L.) **Kein Restaurant** im Hotel (siehe unsere Restaurantauswahl S. 223-224).

Die *Casa da Pérgola*, die seit einem knappen Jahrhundert im Besitz ein und derselben Familie ist, ist das Werk eines Angelsachsen, und sie wirkt trotz der *Azulejos*-Fassade sehr englisch. Mit altem englischem und portugiesischem Mobiliar eingerichtet, ist im Innern alles sehr gemütlich, die Zimmer sind ausgesprochen geschmackvoll. Die Tochter des Hauses hat vor kurzem die Leitung der *Casa da Pérgola* übernommen und Zimmermädchen eingestellt, die das Ganze mit großer Sorgfalt pflegen und alle gleich gekleidet sind. Der etwas altmodisch-traditionelle Charakter dieses Hauses wird vielleicht nicht jedem, aber doch vielen gefallen. Die Eigentümer empfangen ihre Gäste mit dezenter Höflichkeit. Absolut perfekt für alle, die den portugiesichen "Haustourismus" schätzen.

Anreise (Karte Nr. 3): 30 km westl. von Lissabon über die N 6.

ESTREMADURA

Hotel Vilazul

2655 Ericeira (Lisboa)
Calçada da Baleia, 10
Tel. 261-86 00 00 - Fax 261-86 29 27 - Sr Luis Oliveira
E-Mail: vilazul@ip.pt - Web: www.i.am/hotel.vilazul

Kategorie ★★ Ganzj. geöffn. **21 Zimmer** m. Klimaanl., Tel., Bad, WC, Satelliten-TV - Aufzug **Preise** EZ u. DZ: 6000-9000 Esc, 8500-13000 Esc; 3-BZ: + 30% - Frühst. inkl, von 8.00 bis 10.00 Uhr - HP: + 2100 Esc (pro Pers.) **Kreditkarten** akzeptiert **Verschiedenes** Hunde nicht erlaubt **Umgebung** Lissabon - Cascais - Sintra - Quéluz - Mafra **Restaurant** *O Poço* - von 12.00 bis 14.00 u. von 19.30 bis 21.00 Uhr - Karte: 2500-4700 Esc.

Trotz der Verstädterung seiner Außenbezirke ist Ericeira weiterhin für sein authentisch gebliebenes Zentrum beliebt. Man muß nur in den von jungfräulich weiß getünchten und mit Blau abgesetzten Häusern umrandeten Sträßchen spazieren gehen, um sich in die Zeit zurückversetzt zu fühlen, in der hier nur Fischer wohnten. Das Hotel liegt im Zentrum, im höheren Teil des Ortes. Im Erdgeschoß des hübschen Gebäudes befindet sich das Restaurant, in dem köstliche Fische und Hummer (eine hiesige Spezialität) serviert werden. Eigentlich ist das Hotel nicht außergewöhnlich, dafür aber die Liebenswürdigkeit des Empfangs. Die Einrichtung ist einfach, aber die Zimmer sind groß und komfortabel. Diejenigen zur Straße sind sehr hell, vier besitzen einen Balkon und die im obersten Stock haben einen Blick aufs Meer. Auf der Dachterrasse kann man einen Drink oder die Sonne genießen. Eine einfache Adresse in einem charmanten Ort.

Anreise *(Karte Nr. 3): 50 km nördl. Lissabon.*

ESTREMADURA

Hotel Pálacio

2769-504 Estoril (Lisboa)
Rua do Parque
Tel. 21-464 8000 - Fax 21-468 48 67 - Sr Ai Quintas
E-mail: palacioestoril@mail.telepac.pt

Kategorie ★★★★★ **Ganzj.** geöffn. **162 Zimmer** m. Klimaanl., Tel., Bad, WC, Satelliten-TV, Minibar - Aufzug **Preise** DZ: 35000-46000 Esc; Suiten: 50000-60000 Esc - Frühst. inkl. (Buffet), von 7.30 bis 10.00 Uhr **Kreditkarten** akzeptiert **Verschiedenes** Hunde nicht erlaubt - Schwimmbad - Sauna - Parkpl. **Umgebung** Cascais - Boca do Inferno - Praio da Gincho - Lissabon - Golfpl. Estoril (9- u. 18 L.) **Restaurant** *Four Seasons:* m. Klimaanl. - von 13.00 bis 15.00 u. von 20.00 bis 22.00 Uhr - Karte: 5250-9000 Esc - Internationale Küche.

Der elegante Badeort Estoril ist wegen seines milden Klimas im Winter sehr gefragt, und sein berühmter Golfplatz und sein Kasino ziehen eine internationale Klientel an. Das *Pálacio* ist ein schickes Hotel mit einem Thermalschwimmbad und einer Sauna, und es stellt seinen Gästen (als zeitweilige Mitglieder) den Tennis- und Golfclub von Estoril zur Verfügung. Der Komfort, der Service, die Atmosphäre und der ganze Rahmen entsprechen einem Luxushotel. Große Gärten umgeben das Gebäude, und die Maisonnette-Suiten, die am Schwimmbad liegen, verdienen ein besonderes Lob. Zu empfehlen ist auch das zum Hotel gehörende *Four Seasons*. Da nur 30 Minuten von Lissabon und dem internationalen Flughafen entfernt, ist Estoril besonders für den Winterurlaub zu empfehlen.

Anreise (Karte Nr. 3): 28 km westl. von Lissabon.

ESTREMADURA

Lapa Palace

1249-021 Lisboa
Rua do Pau de Bandeira, 4
Tel. 21-395 00 05 - Fax 21-395 40 39
E-Mail: reservas@hotelapa.com

Kategorie ★★★★★ **Ganzj.** geöffn. **86 Zimmer** u. 8 Suiten m. Klimaanl., Tel., Bad, WC, Satelliten-TV, Safe, Minibar - Aufzug; Eingang f. Behinderte **Preise** EZ u. DZ: 45000-55000 Esc, 45000-60000 Esc; Junior-Suite: 60000-80000 Esc - Suiten: 75000-105000 Esc; Extrabett: 12000 Esc - Frühst. (Buffet): 2800 Esc **Kreditkarten** akzeptiert **Verschiedenes** Hunde nicht erlaubt - Hallenbad u. Schwimmbad im Garten - Fitneß-Center - Garage u. Parkpl. **Umgebung** Pálacio Real u. Königl. Gärten in Queluz - Estoril - Cascais - Sintra - Golfpl. Estoril (9- u. 18 L.) **Restaurant** von 12.30 bis 15.00 u. von 19.30 bis 22.30 Uhr - Menüs: 7500-10000 Esc - Französiche u. portugiesische Küche.

Das *Lapa Palace*, im traditionellen Residenzviertel mit zahlreichen Palästen gelegen, bietet alles für einen Aufenthalt mit größtem Luxus. Die große Halle mit Marmorboden und Fresken läßt gleich die ganze Pracht dieses kleinen Palastes erahnen. Die Zimmer sind so, wie man sie sich vorstellt, d.h. komfortabel und sehr geschmackvoll. Alle sind unterschiedlich eingerichtet, und die Ausstattung reicht vom klassischen Stil des 18. Jahrhunderts bis zum Art deco. Die marmornen Bäder sind sehr elegant, einige verfügen über einen Whirlpool. Das Nonplusultra dieses Hotels ist jedoch sein großer Garten mit Blick auf den Tejo: üppige mediterrane Vegetation, kleine Wasserfälle und Brunnen, viel wohltuende Frische. Das Frühstück auf der Terrasse mit Blick auf den Fluß ist unvergeßlich.

Anreise (Karte Nr. 3): in der Nähe des Museo National de Arte Antiga.

ESTREMADURA

Hotel Avenida Palace

1200 Lisboa
123, Rua 1. Dezembro
Tel. 21-346 01 51/2/3 - Fax 21-342 28 84

Kategorie ★★★★ Ganzj. geöffn. **82 Zimmer** m. Klimaanl., Tel., Bad, Satelliten-TV, Minibar - Aufzug **Preise** EZ u. DZ: 24000 Esc, 27000 Esc; Suite: 45000-75000 Esc - Frühst. inkl., von 7.30 bis 10.30 Uhr **Kreditkarten** akzeptiert **Verschiedenes** Hunde nicht erlaubt - Parkpl. **Umgebung** Pálacio Real u. Königl. Gärten do Pálacio in Queluz - Estoril - Cascais - Sintra - Golfpl. Estoril (9 u. 18 L.) **Restaurant** von 12.30 bis 15.00 u. 19.30 bis 22.30 Uhr - Karte.

Das *Avenida Palace* mit seiner beeindruckenden Architektur im klassischen Stil ist das bekannteste Hotel Lissabons. Aufgrund seiner Lage mitten im Zentrum, unten an der stark befahrenen Avenida de la Libertade und seiner Nähe zum Bahnhof, wo bis zur Weltausstellung ständig Bauarbeiten getätigt wurden, haben wir es bis jetzt nicht genannt. Nachdem die Ausstellung nun vorbei ist, ist das Hotel ein ruhigerer Ort geworden, trotz der Lebhaftigkeit des Viertels. Wenn jede Hauptstadt sein typisches Luxushotel besitzt, dann ist dieses das Lissabons. Das Innere weist alles auf, was früher ein Grand-Hotel ausmachte: große, aufeinanderfolgende Salons, riesige Fenster mit drapierten Gardinen, zahlreiche glitzernde Kristallüster. Die Einrichtung ist klassisch, vom Stil des 18. Jahrhunderts inspiriert. Dasselbe gilt für die Zimmer, deren schöne Ausmaße erhalten wurden und deren Bäder aus Marmor sind. Trotz allen Komforts behält das Ganze einen altmodischen, nostalgischen Charakter, aber ist es nicht gerade diese Atmosphäre die man sucht, wenn man sich für entscheidet ein altes Hotel wählt?

Anreise (Karte Nr. 3): in der Nähe des Bahnhofs.

ESTREMADURA

York House Hotel

1200-690 Lisboa
Rua das Janelas Verdes, 32
Tel. 21-396 25 44 - Fax 21-397 27 93 - Sra Leitão
E-mail: yorkhouse@mail.telepac.pt

Kategorie ★★★★ **Ganzj.** geöffn. **34 Zimmer** m. Tel., Bad, WC, TV **Preise** DZ: 28200-33300 Esc - Frühst. inkl., von 7.30 bis 10.00 Uhr **Kreditkarten** akzeptiert **Verschiedenes** Hunde nicht erlaubt **Umgebung** Pálacio Real u. Königl. Garten in Queluz - Estoril - Cascais - Sintra - Golf Club Estoril (9 u. 18 L.) **Restaurant** von 12.30 bis 15.30 u. von 19.30 bis 22.00 Uhr - Karte: 5000 Esc - Portugiesische Küche.

Bereits am Eingang wird einem die ganze Magie des Hauses und seiner Umgebung bewußt: ein geheimnisvolles Treppenhaus, ein mit Pflanzen und Palmen überwucherter Garten, eine Glasfläche, durch die das Eßzimmer sichtbar wird. Man hat wirklich den Eindruck, sich mitten auf dem Land zu befinden. Es gibt mehrere Salons, und alle sind mit schönen Möbeln, Fayencen und alten Gegenständen geschmückt. In den Zimmern herrscht das gleiche Ambiente: Ruhe, Komfort schlichte Eleganz. Eine ausgezeichnete Adresse mit bester Lage dem Museum gegenüber; es muß allerdings im voraus reserviert werden. Der Empfang ist eher unpersönlich.

Anreise (Karte Nr. 3): neben dem Museum für alte Kunst.

ESTREMADURA

Hotel Lisboa Plaza

1269-066 Lisboa
Travessa do Salitre, 7 - Avenida Liberdade
Tel. 21-321 82 18 - Fax 21-347 16 30 - Sr Duarte Fernandes
E-mail: plaza.hotels@heritage.pt - Web: www.heritage.pt

Kategorie ★★★★ **Ganzj.** geöffn. **94 Zimmer** u. 12 Suiten m. Klimaanl., Tel., Bad, WC, Satelliten-TV, Safe, Minibar - Aufzug **Preise** EZ u. DZ: 22280-31200 Esc, 23500-34600 Esc; 3-BZ: 29400-43200 Esc; Suiten: 35000-48000 Esc - Frühst. inkl., von 7.00 bis 10.00 Uhr - VP: + 8800 Esc **Kreditkarten** akzeptiert **Verschiedenes** Hunde nicht erlaubt - Garage (1300 Esc) **Umgebung** Pálacio Real u. Königl. Gärten in Queluz - Estoril - Cascais - Sintra; Golfpl. Estoril (9 u. 18 L.) **Restaurant** von 12.30 bis 15.00 u. von 19.30 bis 22.00 Uhr - Buffet: 3900 Esc - Karte: 4400-5500 Esc - Portugiesische Küche.

Grand-Hotel-Atmosphäre in dem bezaubernden, vor kurzem vom Star-Innenarchitekten Graça Vitervio renovierten *Lisboa Plaza:* Marmorböden, Möbel im klassischen Stil, Salonflucht, Zimmmerpflanzen und Blumensträuße. Der Komfort der Zimmer ist nicht minder beeindruckend: sie sind groß, hell, ruhig, ein jedes mit einer persönlichen Note und manche haben Blick auf den Botanischen Garten. Das den Patio umgebende Restaurant ist raffiniert, das Personal freundlich und diskret. Eine Oase im Herzen der Stadt. Kinder unter 12 können kostenlos im Zimmer ihrer Eltern unterkommen.

Anreise (Karte Nr. 3): in der Nähe des Botanischen Gartens.

ESTREMADURA

As Janelas Verdes

1200-690 Lisboa
Rua das Janelas Verdes, 47
Tel. 21-396 81 43 - Fax 21-396 81 44 - Sr Duarte Fernandes
E-mail: jverdes@heritage.pt - Web: www.heritage.pt

Kategorie ★★★★ **Ganzj.** geöffn. **17 Zimmer** m. Klimaanl., Tel., Bad, WC, TV **Preise** EZ u. DZ: 22280-33700 Esc, 23500-37000 Esc; 3-BZ: 29400-47700 Esc - Frühst. inkl., von 7.30 bis 11.00 Uhr **Kreditkarten** akzeptiert **Verschiedenes** Hunde nicht erlaubt **Umgebung** Pálacio Real u. Königl. Gärten in Queluz - Estoril - Cascais - Sintra - Golf Club Estoril (9- u. 18 L.) **Kein Restaurant** im Hotel (siehe unsere Restaurantauswahl S. 220-223).

In der hübschen und ruhigen Straße, in der sich auch das Nationalkunstmuseum befindet, liegt dieses Hotel in einer Stadtresidenz des 18. Jahrhunderts. Der Stil ist englisch-portugiesisch. Die Einrichtung im Kolonialstil der Jahrhundertwende besteht aus eben jener Mischung aus Gegenständen, Erinnerungen (Ega de Queiros, der hier lange Jahre wohnte, hat in diesem Gemäuer Stoff für einige seiner Novellen gefunden), Möbeln, Büchern und Bildern, die einem Ort erst sein eigenes Gepräge geben. Die Zimmer sind bezaubernd, vor allem Nr. 23 mit Blick auf ein Gärtchen, von dem aus man auch das Meer erblicken kann. Die Zimmer im Obergeschoß sind etwas schlichter, aber nicht minder komfortabel. Von hier aus hat man allerdings die bessere Aussicht. Kein Restaurant. Aber in dem Viertel gibt es gute Adressen: Bis zu Sua Excelência und dem Restaurant des York House ist es nicht weit. Auch hier: kostenlose Unterbringen von Kindern unter 12.

Anreise (Karte Nr. 3): in der Nähe des Museums für alte Kunst.

ESTREMADURA

Hotel Metropole

1100-200 Lisboa
Plaça do Rossio, 30
Tel. 21-346 91 64 - Fax 21-346 91 66

Kategorie ★★★ **Ganzj.** geöffn. **36 Zimmer** m. Klimaanl., Tel., Bad od. Dusche, WC, Satelliten-TV, Safe - Aufzug **Preise** EZ u. DZ: 15000-22000 Esc, 17000-25000 Esc - Frühst. inkl. (Buffet), von 7.30 bis 10.00 Uhr **Kreditkarten** akzeptiert **Verschiedenes** Kleine Hunde erlaubt **Umgebung** Pálacio Real u. königl. Gärten in Queluz - Estoril - Cascais - Sintra - Golf Club do Estoril (9- u. 18 L.) **Kein Restaurant** im Hotel (siehe unsere Restaurantauswahl S. 220-223)

Das *Hotel Metropole* ist eines der schönen Gebäude, die um den großen Platz (Rossio) der Baixa liegen. Er ist ein Werk von Pombal und einer der lebhaftesten Plätze der Hauptstadt, umringt von Boutiquen, Cafés, einem Blumenmarkt, der um zwei barocke Springbrunnen herum liegt, in deren Mitte eine hohe Säule mit der Statue von König Peter IV. steht. Am Rande der Chiado (den Geschäftsstraßen von Lissabon), des Bairro Alto und der Alfama, anderen malerischen, liegt das Hotel also in bestenrs Lage, um von hier aus Entdeckungsgänge zu starten. Nach der kürzlich beendeten Renovierung hat es seinen Stil der 20er Jahre wiedergefunden. Der große Salon und die Bar sind in diesem Stil eingerichtet. Die Zimmer sind alle komfortabel. Die Schallisolierung und Klimatisierung erlauben es, ohne großes Risiko die Zimmer zu wählen, die auf den Platz hinausgehen, und von denen aus man einen Blick über die Dächer der Altstadt und über das Schloß hat. Die Badezimmer sind ebenfalls gut ausgestattet. Der Service ist sehr professionell: Leihwagen, Reinigung, Babysitting... alles kann auf Anfrage geregelt werden.

Anreise (Karte Nr. 3): am Rossio.

ESTREMADURA

Hotel Lisboa Tejo

1100 Lisboa
Poço de Borratém, 4
Tel. 21-886 61 82 - Fax 21-886 51 63

Kategorie ★★★ **Ganzj.** geöffn. **44 Zimmer** u. 7 Suiten m. Klimaanl., Tel., Bad, Satelliten-TV, Minibar - Aufzug **Preise** EZ u. DZ: 14000-18000 Esc - Frühst. inkl., von 7.30 bis 10.30 Uhr **Kreditkarten** akzeptiert **Verschiedenes** Kleine Hunde erlaubt **Umgebung** Pálacio Real u. Königl. Gärten in Queluz - Estoril - Cascais - Sintra - Golfpl. Estoril (9- u. 18 L.) **Kein Restaurant** (siehe unsere Restaurantauswahl S. 220-223).

Das *Lisboa Tejo* ist eines der vor kurzem gegründeten Hotels (1995) in dieser mehr und mehr vom internationalen Tourismus geprägten Stadt. Nur wenige Schritte vom Rossio und der Praça de Figueira entfernt, wo der Puls der Stadt schlägt, befindet sich das Haus an einer charakteristischen Ecke der Stadt. Die Einrichtung des Salons im Erdgeschoß ist im regionalen Stil, mit portugiesische Hauptstädte darstellenden *Azulejos* gehalten. Die Zimmer sind geräumig und komfortabel, ohne nennenswerte Einrichtungsdetails: das für dieses Hotel entworfene Mobiliar und die gewählten Farben sind neutral. Die Eckzimmer gilt es zuerst zu wählen, oder diejenigen zur Straße (zum Praça de Figueira). Das Lisboa Tejo ist eine interessante Adresse in Hinblick auf den Komfort, der noch nicht die Zeit hatte zu veralten, und seine zentrale Lage läßt Sie direkt in die Atmosphäre der Stadt eintauchen.

Anreise (Karte Nr. 3): in der Nähe der Praça de Figueira.

ESTREMADURA

Albergaria Senhora do Monte

1170 Lisboa
Calçada do Monte, 39
Tel. 21-886 60 02 - Fax 21-887 77 83
Sr Dias

Kategorie ★★★ **Ganzj.** geöffn. **24 Zimmer** u. 4 Suiten, m. Tel., Bad, WC, TV - Aufzug **Preise** EZ u. DZ: 18000 Esc, 21000-28000 Esc; 3-BZ: 28000-30000 Esc - Frühst. inkl., von 7.30 bis 10.00 Uhr **Kreditkarten** akzeptiert **Verschiedenes** Hunde nicht erlaubt **Umgebung** Pálacio Real u. königl. Gärten in Queluz - Estoril - Cascais - Sintra - Golf Club Estoril (9 u. 18 L.) **Kein Restaurant** im Hotel (siehe unsere Restaurantauswahl S. 220-223).

Wenn Sie an der *Albergaria Senhora do Monte* ankommen (nachdem Sie wahrscheinlich eine kleine Weile gesucht haben), sollten Sie sich nicht von der unfreundlichen Fassade abschrecken lassen, denn im Innern erwartet Sie nur Angenehmes. Zunächst das freundliche, effiziente Personal und die gemäßigten Preise, ferner die Aussicht: da dieses Hotel am Hang liegt, ist sie eine der schönsten in ganz Lissabon. Direkt gegenüber dann die Burg San Jorge, die Kirche de la Graça, der Tejo mit der Brücke. Kurz, die ganze Stadt liegt einem zu Füßen. Das Hotel wird nach und nach umgebaut; die bereits renovierten Zimmer mit ihren Möbeln aus hellem Holz und den hellen Farben sind sehr angenehm, die marmornen Bäder sehr gelungen. Das reichhaltige Frühstück sollte man unbedingt auf der Panorama-Terrasse im Obergeschoß einnehmen.

Anreise (Karte Nr. 3): im Graça-Viertel.

ESTREMADURA

Casa de San Mamede

1250 Lisboa
Rua da Escola Politécnica, 159
Tel. 21-396 31 66 - Fax 21-395 18 96
Sra Cristina Marques Franco

Kategorie ★★★ **Ganzj.** geöffn. **28 Zimmer** m. Tel., Bad, WC, Satelliten-TV u. Safe **Preise** EZ u. DZ: 10000-12000 Esc, 13000-16000 Esc - Frühst. inkl., von 8.30 bis 10.30 Uhr **Kreditkarten** nicht akzeptiert - Euroscheck **Verschiedenes** Hunde nicht erlaubt **Umgebung** Pálacio Real u. königl. Gärten in Queluz - Estoril - Cacais - Sintra; Golfpl. Estoril (9 u. 18 L.) **Kein Restaurant** im Hotel (siehe unsere Restaurantauswahl S. 220-223).

Diese kleine, bescheidene Pension ist etwas altmodisch, was aber ihren Charme nicht mindert. Die Einrichtung ist sehr nüchtern, aber authentisch, wie es in einem ehemals bürgerlichen Hause nun einmal aussah (es war lange Zeit das Haus eines Magistrats). Es hat weiß getünchte Wände, Parkettboden und Möbel aus sehr dunklem Holz. Die Zimmer sind ebenfalls ohne viele Schnörkel, aber komfortabel und in hervorragendem Zustand. Dieses kleine Hotel grenzt an den botanischen Garten und liegt in dem Viertel, das man in Lissabon Pombalin nennt, was auf den Namen des Marquis de Pombal verweist, der zu der Zeit der schweren Erdbeben im Jahre 1755 Minister war und mit den Architekten Manuel de Maia und Eugénio do Santos, Lissabon nach einem für diese Epoche revolutionären Plan wieder aufbauen wollte: mit großangelegten Straßen und nüchternen, ganz ähnlich gestalteten Gebäuden. Aus dieser Epoche stammt die herrschaftliche Avenida da Libertade und die Praça Marquês Pombal.

Anreise (Karte Nr. 3): neben dem botanischen Garten (Jardim Botânico).

ESTREMADURA

Quinta da Santa Catarina TH

2510 Lourinhã (Lisboa)
Rua Visconde Palma d'Almeida
Tel. 261-42 23 13 - Fax 261-41 48 75
Sra Teresa Palma d'Almeida

Ganzj. geöffn. **5 Zimmer** m. Bad od. Dusche **Preise** DZ: 14000-17000 Esc - Frühst. inkl., von 8.30 bis 10.00 Uhr **Kreditkarten** nicht akzeptiert **Verschiedenes** Hunde nicht erlaubt - Schwimmbad - Tennis **Umgebung** Stadtmauer von Óbidos - Kirche Senhor de Pedra - Lagune von Óbidos (Kähne, Amoreira, Vau) - Kloster von Alcobaça - Kloster von Batalha - Golfpl. Vimeiro (9 L.) u. Golfpl. Praia d'El Rei (18 L.) **Kein Restaurant** Imbiß auf Anfrage (siehe unsere Restaurantauswahl S. 224).

Lourinhã ist aufgrund der Nähe zu Lissabon, Óbidos und dem drei Kilometer entfernten Atlantik günstig gelegen. Dieses ehemals großbürgerliche Haus befindet sich in der Stadtmitte und hat trotzdem einen großen Park mit Palmen, Bougainvilleen, einem Schwimmbad und einem schön eingerichteten Clubhaus. Im großen Salon, der auch für die Gäste zugänglich ist, prangt das Familienwappen. Die meisten der Zimmer gehen zum Garten. Sie sind in verschiedenen Farben gehalten, nüchtern eingerichtet, aber alle sehr komfortabel. Unsere Vorliebe gilt dem Zimmer am Ende des Gebäudes mit einem kleinen Balkon. Eine gute Adresse.

Anreise (Karte Nr. 3): 60 km nördl. von Lissabon über die A8.

ESTREMADURA

Pousada Dona Maria I *

2745 Queluz (Lisboa)
Largo do Pálacio
Tel. 21-435 61 58 - Fax 21-435 61 89

Ganzj. geöffn. **24 Zimmer** u. 2 Suiten m. Klimaanl., Tel., Bad, WC, TV, Minibar - Aufzug; Eingang f. Behinderte **Preise** EZ u. DZ: 17900-29000 Esc, 20300-31000 Esc; Suiten: 24300-38000 Esc; Extrabett: + 30 % - Frühst. inkl., von 7.30 bis 10.30 Uhr **Kreditkarten** akzeptiert **Verschiedenes** Hunde nicht erlaubt - Parkpl. **Umgebung** Pálacio Real u. königl. Gärten in Queluz - Lissabon - Estoril - Cascais - Sintra; Lissabon Sport Club (18 L.) - Golfpl. Estoril (9 u. 18 L.) **Restaurant** Cozinha Velha - Karte 7000 Esc.

Queluz ist nur 5 Kilometer von Lissabon entfernt und vor allem bekannt für seinen Königspalast und die dazugehörigen Gärten. Es war einst die Residenz der Königin Maria, die die offizielle Braut von Ludwig XV. war, was die vielen architektonischen Übereinstimmungen mit dem Schloß von Versailles erklärt. Die *Pousada Dona Maria* wurde erst kürzlich in den Nebengebäuden eingerichtet, wo das Personal des Schlosses ehemals untergebracht war. Es ist ein Luxushotel, mit allem Komfort und Service, der dazugehört. Das Ensemble ist sehr klassisch. Das Hotel und das Restaurant *Cozinha Velha* gehören zusammen, das in den ehemaligen Küchen des Palastes untergebracht ist und eine sehr gute Küche anbietet. Man speist in einem wunderschönen Saal, der mit blitzendem Kupfer dekoriert wurde, und dort befindet sich auch ein riesiger Kamin, der von 8 Kolonnen gestützt wird. Eine sehr gute Adresse zum Mittagessen oder auch für einen Drink, nachdem man den Königspalast besichtigt hat.

Anreise (Karte Nr. 3): 12 km von Lissabon entfernt.

ESTREMADURA

Pálacio de Seteais

2710 Sintra (Lisboa)
Rua Barbosa do Bocage, 8
Tel. 21-923 32 00 - Fax 21-923 42 77
Sr Francisco Moser

Kategorie ★★★★★ **Ganzj.** geöffn. **28 Zimmer** u. 1 Suite m. Klimaanl., Tel., Bad, WC, Satelliten-TV - Aufzug **Preise** EZ u. DZ: 28000-42000 Esc, 30000-46000 Esc - Frühst. inkl., von 8.00 bis 11.00 Uhr - VP: + 12500 Esc **Kreditkarten** akzeptiert **Verschiedenes** Hunde nicht erlaubt - Beheizt. Schwimmbad - Tennis - Reitplatz - Parkpl. **Umgebung** Schloß von Sintra - Serra de Sintra (Park von Pena, Reiseroute Sintra-Cruz Alta über die Maurenburg, Azenhas do Mar, Park von Monserrate) - Cascais - Estoril - Lissabon - Golfpl. Estoril (9- u. 18 L.) **Restaurant** von 12.30 bis 14.30 u. von 19.30 bis 21.30 Uhr - Menü: 7000 Esc - Spezialitäten: Meeresfrüchte - französische Küche.

Wem hat Sintra seinen ganz besonderen Charme zu verdanken? Dem Klima? Dem portugiesischen Adel? Den Intellektuellen? Der *Pálacio de Seteais* wurde von einem niederländischen Konsul errichtet und ist beispielhaft für die Architektur des 18. Jahrhunderts. Später veranstaltete hier der Marchese von Marialva prächtige Feste und verband die beiden neoklassischen Gebäude mit einem Triumphbogen - als Erinnerung an den Besuch des Königs. Das Hotel besteht u.a. aus mehreren hocheleganten Salons, einer noch raffinierter als der andere. So gibt es den "Adelssalon", den "Salon Pillement", den "Bar-Salon" und den "Restaurant-Salon", alle verfügen über Fresken und Möbel aus dem 18. Jahrhundert. Von den zauberhaften Terrassen und Gärten hat man einen wunderbaren Blick auf die Stadt. Für alle, denen viel an Eleganz und Romantik liegt.

Anreise (Karte Nr. 3): 29,5 km nordwestl. von Lissabon; 1,5 km von Sintra auf der Strecke Colares-Monserrate.

ESTREMADURA

Quinta da Capela ᵀᴴ

2710 Sintra (Lisboa)
Monserrate
Tel. 21-929 01 70 - Fax 21-929 34 25
Sr Pereira

Geschlossen von November bis Ende Februar **7 Zimmer** u. 2 App. m. Tel., Bad, WC, 3 m. TV **Preise** EZ u. DZ: 25000 Esc, 28000 Esc; Suite.: 34000 Esc - Frühst. inkl., von 8.30 bis 12.00 Uhr **Kreditkarten** akzeptiert **Verschiedenes** Hunde erlaubt - Sauna (1500 Esc) - Schwimmbad - Parkpl. **Umgebung** Schloß von Sintra - Serra de Sintra (Park von Pena, Strecke Sintra-Cruz Alta über die Maurenburg, Azenhas do Mar, Park von Monserrate) - Cascais - Estoril - Lissabon - Golfpl. Estoril (9 u. 18 L.) **Kein Restaurant** im Hotel (siehe unsere Restaurantauswahl S. 224).

Die Serra de Sintra ist ein kleines, bis zum Atlantik reichendes Gebirge. In den zwischen den Bergen und dem Meer gelegenen Dörfern ist das Klima sehr mild und das Licht außergewöhnlich. Einige *Quintas* wurden zu Hotels bzw. Gasthäusern umgebaut. Die an einem kleinen Hang errichtete *Quinta da Capela* ist sehr alt, wurde im 18. Jahrhundert umgebaut, hat einen herrlichen Ausblick auf die Hügel und die Burgen von Pena und Monserrate, und die im Haus herrschende Eleganz ist außergewöhnlich. Es gibt zwar weder eine Bar noch ein Restaurant, aber im Salon kann man etwas trinken und auch etwas Leichtes zu sich nehmen. Die Zimmer sind sehr geschmackvoll eingerichtet: alte Möbel, Leinenbettlaken, komfortable Bäder. Die zwei Appartements für zwei oder vier Personen in den Nachbarhäusern sind ebenfalls sehr angenehm und haben einen eigenen Garten. Wer Wert auf eine besondere Atmosphäre legt, wird hier glücklich sein. Der Erfolg ihrer *Quinta* hat die Besitzer dazu angeregt, in dem Ort Colares das Restaurant *Colares Vehla* zu eröffnen, das zu den besten Adressen in Lissabon zählt.

Anreise *(Karte Nr. 3): 28 km nordwestl. von Lissabon, 4,5 km von Sintra auf der Straße von Colares.*

ESTREMADURA

Casa Miradouro TH

2710 Sintra (Lisboa)
Rua Sotto Mayor, 55 - Apartado 1027
Tel. 21-923 59 00 - Fax 21-924 18 36
Sr Federico Kneubuhl

Geschlossen vom 1. Januar bis 18. Februar **6 Zimmer** m. Bad **Preise** EZ u. DZ: 14000-18500 Esc, 16000-21000 Esc - Frühst. inkl., von 8.30 bis 10.00 Uhr **Kreditkarten** akzeptiert **Verschiedenes** Hunde nicht erlaubt **Umgebung** Schloß von Sintra - Serra de Sintra (Park von Pena; von Sintra nach la Cruz Alta über die Maurenburg; Azenhas do Mar; Park von Monserrate) - Cascais - Estoril - Lissabon **Kein Restaurant** im Hotel (siehe unsere Restaurantauswahl S. 224).

Schönes, romantisches Sintra, von Lord Byron nicht umsonst als "glorious Eden" bezeichnet. Diese wundervolle Stadt zieht scheinbar Menschen besonderer Art an. *Casa Miradouro* wurde erst kürzlich eröffnet und zählt zu den letzten "Kleinoden" voller Charme und Eleganz. Dieses reizende Haus der Jahrhundertwende ist außerdem wundervoll gelegen: an einem Berghang mit Blick auf das Tal und den Wald, aus dem der ehemalige Königspalast hervorragt. Guter Geschmack und Wohlbefinden sind in diesem Haus auf natürliche Art vorhanden. Das Frühstück könnte nicht köstlicher sein. Ein idealer Ort, um all die Annehmlichkeiten dieser königlichen Stadt kennenzulernen.

Anreise (Karte Nr. 3): 28 km nordwestl. von Lissabon.

ESTREMADURA

Quinta das Sequóais TH

2710 Sintra (Lisboa)
Ap. 1004
Tel. 21 924 38 21 - Fax 21 923 03 42 - Sra Maria Candida
Web: www.distrimarketing pt/virtualportugal/quintadassequoias

Ganzj. geöffn. **5 Zimmer** m. Bad, WC **Preise** DZ: 16000-24000 Esc - Frühst. inkl. **Kreditkarten** akzeptiert **Verschiedenes** Hunde nicht erlaubt - Schwimmbad **Umgebung** Königlicher Palast in Sintra - Serra de Sintra (Park von Pena, von Sintra bis Cruz Alta über das Schloß der Mauren; Azenhas do Mar; Park von Monserrate) - Estoril - Golfpl. do Estoril **Kein Restaurant** (siehe unsere Restaurantauswahl S. 224).

Diese Stadt hat viel Charme, und so auch die *Quinta das Sequóias*. Es ist ein wunderschönes Haus, dessen weiße Fassaden und rosafarbene Dachziegel aus dem Wald emporzusteigen scheinen. Schon die Anreise ist eine schöne Spazierfahrt, während der man an schönen Aussichtspunkten vorbeikommt. Das Haus ist in dem für diese Region charakteristischen Architekturstil gebaut. Das Innere ist sehr raffiniert und schlichtweg entzückend: antike Möbel und Teppiche, schöne Sammlerobjekte, und eine harmonische Dekoration und Ordnung. Kein Zimmer gleicht dem anderen, und alle sind elegant und komfortabel. Das Haus strahlt viel Gastlichkeit aus. Man beginnt den Tag mit einem guten Frühstück, das in dem gemütlichen und traditionell eingerichteten Eßsaal eingenommen wird. Der Billardraum ist der ideale Ort für einen Drink, Nachrichten per Kabel-TV zu schauen oder eine der zahlreichen Videocassetten anzusehen. Sobald das Wetter es erlaubt, bietet der Garten viele ruhige und schattige Plätze und ein Schwimmbad, von wo aus man die wunderschöne Landschaft betrachten kann. Reizender Empfang!

Anreise (Karte Nr. 3): 28 km nordwestl. von Lissabon. In Sintra Rtg. Monserrate. Nach dem Setais Hotel *links ab. 1 km weiter ist das Quinta da Sequóias ausgeschildert.*

ESTREMADURA

Villa das Rosas ᵀᴴ

2710 Sintra (Lisboa)
Rua António Cunha, 2/4
Tel. und Fax 21-923 42 16 - Sra Celia Galrão
E-mail: celia@mail.catalao.pt

Ganzj. geöffn. **5 Zimmer** u. 2 Häuschen m. Bad od. Dusche **Preise** DZ: 16000-20000 Esc - Frühst. inkl. **Kreditkarten** nicht akzeptiert **Verschiedenes** Hunde erlaubt - Schwimmbad - Tennis - Parkpl. **Umgebung** Schloß von Sintra - Serra de Sintra (Park von Pena, Reiseroute Sintra-Cruz Alta über die Maurenburg; Azenhas do Mar, Park von Monserrate) - Cascais - Estoril - Lissabon - Golfpl. Estoril (9 u. 18 L.) **Kein Restaurant** (siehe unsere Restaurantauswahl S. 224).

Diese hübsche Villa besitzt eine mit Friesen und *Azulejos* verzierte Fassade. Sie befindet sich am Ortseingang von Sintra. Der hübsche Garten ist von Bougainvilleen und Oleanderbüschen überwuchert, und man hat gar nicht den Eindruck, sich in unmittelbarer Nähe des Stadtzentrums zu befinden. Die Zimmer, zu denen jeweils ein Badezimmer gehört, sind angenehm und mit Häkel- und Stickarbeiten dekoriert. Für Familien gibt es zwei zusammenhängende Zimmer mit Küche. Im Garten steht Ihnen ein Grill zur Verfügung.

Anreise (Karte Nr. 3): 28 km nordwestl. von Lissabon.

ESTREMADURA

Casa de Arcada ᵀᴴ

Banzão 2710 Sintra (Lisboa)
Avenida do Atlântico, 161
Tel. 21-929 07 21
Sr Herman Lambrechts

Ganzj. geöffn. **4 Zimmer**, 3 m. Bad, WC **Preise** DZ: 8500-12000 Esc - Frühst. inkl., von 7.30 bis 11.00 Uhr **Kreditkarten** nicht akzeptiert **Verschiedenes** Hunde nicht erlaubt - Parkpl. **Umgebung** Schloß von Sintra - Serra de Sintra (Park von Pena, Reiseroute Sintra-Cruz Alta über die Maurenburg; Azenhas do Mar, Park von Monserrate) - Cascais - Estoril - Lissabon **Kein Restaurant** (siehe unsere Restaurantauswahl S. 224).

Wenn man aus Sintra herausfährt, nimmt man die Straße von Colares und folgt dort der Route der alten gelben Straßenbahn, die die Leute zum Strand bringt. Das Haus von Herman ist weiß und erst vor kurzem in portugiesischem Stil erbaut, mit einem Eingang mit Arkaden, die ihm auch den Namen verliehen haben. Der Empfang ist charmant, und man ist vom Ort sehr schnell begeistert. Der Salon ist hell, mit hübschen Möbeln aus dem 19. Jahrhundert eingerichtet. Drei der Zimmer befinden sich im Haupthaus. Das eine hat ein regionales Ambiente, charmant, aber mit einem Bad außerhalb. Das geräumigste der Zimmer ist ein Eckzimmer, wodurch es auch sehr hell ist. Ein drittes ist klassischer und ebenfalls angenehm. Das letzte besitzt einen separaten Eingang durch den Garten und heißt aufgrund der mit *Azulejos* bedeckten Wände das "portugiesische Zimmer". Ein kleiner Nachteil: die Nähe der Straße.

Anreise (Karte Nr. 3): 35 km nordwestl. von Lissabon; 9 km von Sintra.

ESTREMADURA

Quinta da Fonta Nova ᵀᴴ

Serradas 2735-452 Rio de Mouro (Lisboa)
Tel. 21-916 00 21 - Fax 21-916 11 11
Sr Rogério de Queiroz Soares

Geschlossen 15. März bis 31. Oktober **10 Zimmer** m. Bad, Satelliten-TV **Preise** EZ u. DZ: 15500 Esc, 17000 Esc; Suite (3-4 Pers.): 22000-25000 Esc - Frühst. inkl. **Kreditkarten** nicht akzeptiert **Verschiedenes** Hunde nicht erlaubt - Schwimmbad - Tennis - Parkpl. **Umgebung** Schloß von Sintra - Serra de Sintra (Park von Pena; von Sintra nach Cruz Alta über die Maurenburg; Azenhas do Mar; Park von Monserrate) - Cascais - Estoril - Lissabon - Golfpl. Estoril (9 u. 18 L.) **Kein Restaurant** (siehe unsere Restaurantauswahl in Sintra S. 224).

Die Nähe des Golfplatzes lockt natürlich Sportliebhaber, die es begeisternd finden, sich in einem hübschen Herrensitz aufzuhalten, wo sie von der Ruhe des Gartens, Schwimmbad und Tennisplatz profitieren können. Der Park verdient wirklich unsere Aufmerksamkeit. Kiefern, Akazien, Zedern und Eukalyptusbäume im Park, ein französischer Garten Büschen und schließlich das Haus, mit Geranien und Eukalyptus umrankt. Die Zimmer sind unabhängig vom Haus des Besitzers. Der Komfort ist unterschiedlich (einige Badezimmer sind nicht mehr brandneu), von einigen hat man einen Blick auf den Park, von anderen auf den Innenhof. Der Empfang ist sehr sympathisch.

Anreise *(Karte Nr. 3): 23 km nordwestl. von Lissabon, 5 km südl. von Sintra.*

ESTREMADURA

Quinta das Encostas TH

Sassoeiros 2735 Parede (Lisboa)
Largo Vasco d'Orbey
Tel. 21-457 00 56 - Fax 21-458 26 47
Sr Luis Paco d'Arcos

Ganzj. geöffn. **4 Zimmer** m. Bad, TV **Preise** EZ u. DZ: 16000 Esc, 18000 Esc - Frühst. inkl. **Kreditkarten** nicht akzeptiert **Verschiedenes** Hunde nicht erlaubt - Schwimmbad - Parkpl. **Umgebung** Schloß von Sintra - Serra de Sintra (Park von Pena; von Sintra nach Cruz Alta über die Maurenburg; Azenhas do Mar; Park von Monserrate) - Cascais - Estoril - Lissabon - Malfra - Golfpl. Estoril (9 u. 18 L.) **Kein Restaurant** (siehe unsere Restaurantauswahl in Cascais und Sintra S. 224).

Die *Quinta das Encostas* ist eine besonders günstig gelegene Adresse mit Charme, denn sie befindet sich nur fünfzehn Kilometer von Lissabon entfernt, zehn von Sintra und zehn von Cascais, und damit in nächster Nähe der Küste und der Serra de Sintra. Dieses schöne Haus aus dem 17. Jahrhundert wird von dem Nachfahren einer alteingesessenen Familie geführt, der einstmals das ganze umliegende Land gehörte. Auch Innen ist es sehr schön, besonders die hellen und eleganten Salons. Die Zimmer befinden sich im ersten Stock, und auch dort findet man die gleichen hellen und pastellfarbenen Töne vor. Sie haben alle eine schöne Atmosphäre, aber wir empfehlen Ihnen, das größte zu reservieren. Der Garten mit Rosensträuchern und Bougainvilleen ist ebenfalls sehr gepflegt. Es gibt auch einen kleinen, auf französische Art angelegten Teil. Dieser liegt um das Schwimmbad herum.

Anreise (Karte Nr. 3): 15 km westl. von Lissabon; 10 km südl. von Sintra.

ESTREMADURA

Quinta de Santo Amaro [AT]

Aldeia da Piedade 2925-375 Azeitão
Tel. 21-218 92 30 - Fax 21-218 93 90
Sra Maria da Puresa O'Neill de Mello

Ganzj. geöffn. **7 Zimmer** m. Bad u. 1 App. m. 3 Zimmern **Preise** DZ: 14500 Esc; App.: 216000 Esc (1 Woche), 800000 Esc (1 Monat) - Frühst. inkl. im Zimmer **Kreditkarte** Amex **Verschiedenes** Hunde nicht erlaubt - Schwimmbad **Umgebung** Serra de Arrábida: Vila Nogueira de Azeitão - Portinho da Arrábida - Miradouro - Outão - Quinta da Bacalhaoa - Vila Fresca de Azeitão **Kein Restaurant**.

Nur 30 km von Lissabon entfernt, unweit der Sierra d'Arrábida, gibt es noch einige verborgene Orte, die an portugiesische Lebensart längst vergangener Zeiten erinnern. Die Quinta ist einer davon. Von den weiß getünchten Mauern dieses ehemals herschaftlichen Landsitzes heben sich die in einem durch die Zeit verblaßten, bordeauxrot gestrichenen Fensterrahmen ab, und auch die moosbewachsenen Dachziegel zeugen vom Alter des Hauses. Im linken Flügel befindet sich ein Appartement auf 2 Etagen, mit 4 Zimmern, 3 Bädern und einer großen Terrasse mit Zitronen und Rosensträuchern, sowie sehr hübsche Zimmer mit *Azulejos* und antiken Möbeln. Rechts befinden sich 3 Zimmer, für die man einen Teil der ehemaligen Stallungen und des Kellers umgebaut hat (auf Wunsch können sie miteinander verbunden werden). Der Umbau ging etwas auf Kosten des Charmes, aber der große Salon für die Gäste macht dies wieder wett. Geht man im dichtbewachsenen Garten spazieren, entdeckt man hinter großen Bäumen auch das azurblaue Wasser des Schwimmbads.

Anreise (Karte 3): 30 km von Lissabon; 17 km westl. von Setúbal über die N 10. 4 km von Azeitão über die N 379, Rtg. Sesimbra.

ESTREMADURA

Quinta das Torres

2925 Vila Nogueira de Azeitão (Setúbal)
Tel. 21-218 00 01 - Fax 21-219 06 07
Sr Ayres

Kategorie ★★★★ **Ganzj.** geöffn. nur mit Reserv. **8 Zimmer**, 2 Suiten u. 2 Bungalows m. Bad, WC
Preise DZ: 9000-16500 Esc, Suiten u. Bungalows: 14500-30000 Esc - Frühst. inkl., von 8.00 bis 10.00 Uhr **Kreditkarten** Visa, Eurocard, MasterCard **Verschiedenes** Hunde nicht erlaubt - Parkpl.
Umgebung Serra de Arrábida: Vila Nogueira de Azeitão - Portinho da Arrábida - Miradouro - Outão - Quinta da Bacalhaoa - Vila Fresca de Azeitão **Restaurant** von 12.00 bis 15.00 u. von 20.00 bis 23.00 Uhr - Karte - Spezialitäten: Kabeljau mit Eiern u. Kartoffeln - Panierte Schweinsrippchen.

Zwischen Setúbal und Lissabon liegt am Ende einer Allee dieser alte verborgene Bauernhof aus dem 16. Jahrhundert. In dem zu einem Hotel umgebauten Teil wurden acht Zimmer eingerichtet. Einige sind behaglicher und komfortabler als andere, aber alle sind nett gestaltet und haben eine persönliche Note. Unser Lieblingszimmer besitzt eine Terrasse mit Blick auf das Gut und die Umgebung und liegt ganz oben im Turm. Die geräumige, angenehme Suite verfügt über einen Salon, einen Kamin und ein zusätzliches Zimmer im Zwischengeschoß. Gute Küche. Vom Restaurant aus blickt man auf das Bassin mit einem kleinen Pavillon. Hier auf dem Land lassen sich lange Spaziergänge unternehmen. Zwei neben einer Olivenbaumplantage und etwas abseits vom Gut gelegene Bungalows stehen ebenfalls zur Verfügung.

Anreise (Karte Nr. 3): 27 km westl. von Setúbal über die N 10. 1 km von Azeitão.

ESTREMADURA

Quinta do Casal do Bispo [TH]

Aldeia de Piedade 2925 Azeitão (Setúbal)
Estrada dos Romanos
Tel. 21-219 18 12
Sra Maria Inês de Almeida

Ganzj. geöffn. **6 Zimmer** m. Bad od. Dusche **Preise** DZ: 12000-14000 Esc - Frühst. inkl., von 8.00 bis 10.00 Uhr **Kreditkarten** nicht akzeptiert **Verschiedenes** Hunde nicht erlaubt - Parkpl. **Umgebung** Serra de Arrábida: Vila Nogueira de Azeitão, Portinho da Arrábida, Miradouro, Outão, Quinta da Bacalhaoa, Vila Fresca de Azeitão **Kein Restaurant**.

Während eines Besuches in Lissabon empfehlen wir, auch in der nur dreißig Kilometer entfernten Serra da Arrábida spazieren zu gehen. Nach Azeitão fährt man durch Olivenhaine und Weinberge, dann durch oberhalb des Ozeans liegende Kiefernwälder, die herrlich duften. Unsere Quinta könnte auf diesem Weg eine Zwischenstation sein, auch wenn es nur ein wirklich schönes Zimmer gibt. Das Haus ist aber hübsch.

Anreise (Karte Nr. 3): 27 km westl. von Setúbal, über die N 10; 1 km von Azeitão entfernt.

ESTREMADURA

Quinta de Arrábida ᵀᴴ

Casais da Serra 2925 Azeitão
Tel. 21-218 34 33/840 22 69 - Fax 21-840 22 69
Sr Afonso de Miranda Santos Howell
E-mail: howell@mail.telepac.pt

Ganzj. geöffn. **Villen** 2 (2 u. 4 Pers.) m. Tel., Küche, Salon, 1 od. 2 Zi., WC, Bad u. Satelliten-TV
Preise Casa Pinheiro: 12500-18000 Esc (2 Pers.), Casa do Formo 16500-24000 Esc (4 Pers.) - Frühst.
inkl. **Kreditkarten** nicht akzeptiert **Verschiedenes** Hunde nicht erlaubt - Schwimmbad - Parkpl.
Umgebung Serra de Arrábida: Vila Nogueira de Azeitão, Portinho da Arrábida, Miradouro, Outão,
Quinta da Bacalhoa, Vila Fresca de Azeitão **Kein Restaurant**.

Im Süden von Lissabon, entlang des Ozeans, bilden die Hügel der kleinen Serra de Arrábida einen natürlichen Schutz gegen die ozeanischen Einflüsse. Zu ihren Füßen, zur Seite des Landesinneren, erstreckt sich der weitläufige Besitz der *Quinta de Arrábida*, der mit 11 Hektar wildwachsender Natur und Wiesen ein eigenes Naturschutzgebiet darstellt. Hier werden zwei hübsche kleine Villen tage- oder wochenweise vermietet: die Casa de Pinheiro und Casa do Forno, beide so angelegt, daß man völlig unabhängig wohnt. Die traditionell gebauten, hübschen, farbenfrohen Häuser führen im Erdgeschoß direkt in den Garten. In Hinblick auf Küche und sanitäre Anlagen sind sie gut ausgestattet, hübsch möbliert und jedes hat eine große Terrasse. Der einzige Unterschied besteht in der Anzahl der Zimmer. Früh am Morgen liefert man Ihnen alles, was Sie für Ihr Frühstück brauchen. Ein Schwimmbad im Freien steht zur Verfügung, aber die Strände sind ebenfalls nur sechs Kilometer entfernt, erreichbar über eine sehr schöne Straße, die, während man die Wälder der Serra durchfährt, den Ozean überragt.

Anreise (Karte Nr. 3): 13 km südwestl. von Setúbal über die N 10 u. N 379-1, Rtg. Arrábida.

ESTREMADURA

Pálacio de Rio-Frio TH

Rio-Frio 2955 Pinhal Novo (Setúba)
Tel. 21-231 97 01 - Fax 21-231 96 33
Sra Maria de Lourdes d'Orey

Ganzj. geöffn. **3 Zimmer** u. 1 Suite m. Bad od. Dusche, WC **Preise** DZ: 16500 Esc; Suite: 18500 Esc - Frühst. inkl., von 8.00 bis 10.30 Uhr **Kreditkarten** nicht akzeptiert **Verschiedenes** Hunde nicht erlaubt - Schwimmbad - Parkpl. **Umgebung** Jesuskirche u. Museum in Setúbal (Convento de Jésus) - Halbinsel von Tróia (98 km mit dem Auto, 20 Min. m. dem Motorboot oder der Fähre) - Lissabon **Kein Restaurant**.

Dieser Palast weist eine bemerkenswerte Architektur auf und besteht aus zwei von Jorge Colaço mit *Azulejos* verzierten Loggien. Dieser hat auch den großen Salon mit spektakulären Jagdszenen versehen. Die Keramikarbeiten sind berühmt, und allein für sie würde sich der Weg nach Rio-Frio, dem Ort zwischen Lissabon und Setúbal, lohnen. Dieser Ort läßt sich von Lissabon aus jetzt aber auch schneller über die Brückenkonstruktion Vasco da Gama erreichen. Die Zimmer sind in einem Flügel des Hauses untergebracht. Sie sind zwar einfach, aber komfortabel. Ein schöner Garten, ein Schwimmbad und die Möglichkeit, in der Umgebung des Flußes Tejo zu reiten, sind weitere Pluspunkte.

***Anreise** (Karte Nr. 3): 25 km nordöstl. von Setúbal bis Montijo; 10 km westl. von Montijo.*

ESTREMADURA

Pousada de São Filipe *

2900 Setúbal
Castelo de São Filipe
Tel. 265-52 38 44 - Fax 265-53 25 38
Sra Carolina Marafusia

Ganzj. geöffn. **15 Zimmer** u. 1 Suite m. Klimaanl., Tel., Bad, WC u. TV **Preise** EZ u. DZ: 29600-32500 Esc, 31600-34500 Esc; Suiten: 38800 Esc; Extrabett: + 30 % - Frühst. inkl., von 8.00 bis 10.30 Uhr - VP: + 6600 Esc **Kreditkarten** akzeptiert **Verschiedenes** Hunde nicht erlaubt - Parkpl. **Umgebung** Jesuskirche u. Museum in Setúbal (Convento de Jésus) - Halbinsel von Troia (98 km mit dem Auto, 20 Min. m. dem Motorboot oder der Fähre) **Restaurant** von 13.00 bis 15.00 u. von 19.30 bis 22.00 Uhr - Karte: 3650 Esc - Spezialitäten: Fischgerichte - Meeresfrüchte.

Diese *Pousada* befindet sich in der Burg von São Filipe, die 1590 zur Verteidigung des Hafens von Setúbal errichtet worden war. Im 18. Jahrhundert diente sie als Gefängnis, und ab dem 19. Jahrhundert hatte sie keinerlei militärische Funktion mehr. 1965 wurde ein Teil der Zitadelle (im übrigen ein bemerkenswertes militärisches Bauwerk mit unterirdischen Gängen und Kerkern) zu einem Hotel mit gepflegter, schlichter Ausstattung umgebaut. Von der Burgterrasse aus hat man einen schönen Ausblick auf den Hafen, die Bucht und die Stadt. Die Zimmer sind komfortabel, aber die ohne Aussicht sollte man in keinem Fall nehmen. Die mit herrlichen *Azulejos* verzierte Kapelle sollte unbedingt besichtigt werden.

Anreise (Karte Nr. 3): in der Nähe des Castelo de São Filipe (1,5 km).

ESTREMADURA

Quinta dos Medos ᵀᴴ

Formos (Setúbal)
Tel. 21-268 31 42 - Fax 21-268 31 42
Sr Manuel Peres

Geschlossen von September bis Mai **2 Zimmer** m. Bad u. TV **Preise** DZ: 15000 Esc - Frühst. inkl., von 8.00 bis 10.30 Uhr **Kreditkarten** nicht akzeptiert **Verschiedenes** Hunde nicht erlaubt - Parkpl. **Umgebung** Lisabon - Serra de Arrábida - Sesimbra - Setúbal **Gemeins. Essen** auf Anfrage.

Im Süden von Lissabon, zwischen der Mündung des Taejo und der Costa Bela, befindet sich das Nationalreservat dos Medos, wo die Flora vor allem aus einem Pinienwald besteht, der sich über hunderte von Hektar erstreckt. Da es ein sehr geschützter Ort ist, wurde nur einigen Leuten das Privileg zuteil, hier ein Haus zu bauen. Unter anderem befindet sich hier die *Quinta dos Medos*, deren moderne Bauweise im Einklang zu der Umgebung steht, in völliger Ruhe, wo nur das Rauschen der Bäume zu hören ist. In diesem kleinen, einfachen und gepflegten Hause werden nur zwei Zimmer vermietet. Sie liegen im Erdgeschoß zum Garten, zahlreiche Blumentöpfe bringen etwas Farbe in die ansonsten nicht sehr farbenprächtige Umgebung. In einem sehr schönen Schwimmbad kann man sich erfrischen und dort der Stille lauschen. Manuel oder Cristina sind stets in der Nähe und teilen mit Freude am Nachmittag eine Wassermelone mit ihren Gästen.

Anreise (Karte Nr. 3): 60 km südl. von Lissabon (über die A 10 Lisboa-Setúbal). Rtg. Sesimbra über Lagoa de Albufeira, Alfrarim u. Fornos, das zwischen Alfarim. und Caixas liegt.

MINHO

Hotel do Elévador

4710-455 Braga
Bom Jésus do Monte
Tel. 253-60 34 00 - Fax 253-60 34 09
Sr Albino Viana

Kategorie ★★★★ **Ganzj.** geöffn. **22 Zimmer** m. Klimaanl., Tel., Bad, WC, Fön, Satelliten-TV, Minibar - Aufzug **Preise** EZ u. DZ: 10600-13600 Esc, 13300-16500 Esc; Suite: 18500-22700 Esc - Frühst. inkl., ab 7.30 Uhr - HP u. VP: + 3100-3500 Esc, + 6200-6400 Esc (pro Pers.) **Kreditkarten** akzeptiert **Verschiedenes** Hunde nicht erlaubt - Parkpl. **Umgebung** Dom von Braga - Monte Sameiro - Kirche Santa Maria in Serra de Falperra - Kapelle São Frutuoso de Montelios - Nationalpark von Peneda - Gerês **Restaurant** m. Klimaanl., von 12.30 bis 14.30 u. von 19.30 bis 21.30 Uhr - Menü: 4800 Esc - Karte - Spezialitäten: Papas sarrabulho - Bacalhao a moda Braga - Rojoes a minhota.

Dieses Hotel und das ganz nah gelegene *Do Parque* haben denselben Besitzer. Die mit edlen Möbeln ausgestatteten Zimmer sind alle gleich komfortabel und gepflegt. Die Fassadenzimmer sind zu laut; jene, die zum französischen Garten gehen, haben einen wundervollen Ausblick auf das Tal, und einige Zimmer sind mit einem Balkon ausgestattet. Vom Restaurant aus erblickt man Minho. Ein recht angenehmer Ort zum Besichtigen der Provinzhauptstadt Braga.

Anreise (Karte Nr. 1): 50 km nordöstl. von Porto über die N 14 bis Braga, dann die N 103.

MINHO

Hotel Do Parque

4710-455 Braga
Bom Jésus do Monte
Tel. 253-67 65 48 - Fax 253-67 66 79
Sr Albino Viana

Kategorie ★★★★ **Ganzj.** geöffn. **45 Zimmer** u. 4 Suiten m. Klimaanl., Tel., Bad, WC, Satelliten-TV, Minibar - Aufzug **Preise** EZ u. DZ: 10600-13600 Esc, 13300-16500 Esc; Suiten (2 Pers.): 19000-24000 Esc - Frühst. inkl., von 7.30 bis 10.30 Uhr **Kreditkarten** akzeptiert **Verschiedenes** Hunde nicht erlaubt - Salon - Parkpl. **Umgebung** Dom von Braga - Monte Sameiro - Kirche Santa Maria in Serra de Falperra - Kapelle São Frutuoso de Montelios - Nationalpark von Peneda - Gerês **Restaurant** im Elévador.

Das hier befindliche Sanktuarium, einst ein viel besuchter Wallfahrtsort, gab diesem bewaldeten Hügel den Namen Bom Jésus. Ursprünglich diente das 1890 gebaute Hotel dazu, die zahlreichen Pilger unterzubringen. Einige Jahre lang war das *Do Parque* geschlossen und wurde währenddessen vollständig renoviert. Die großen Zimmer sind komfortabel und hübsch möbliert. Das Ganze ist sehr geschmackvoll und freundlich. Der große Park, das Reitcenter und der See, auf dem man mit dem Boot fahren kann (alles in unmittelbarer Nähe), tragen ebenfalls zum Charme des Hauses bei.

Anreise (Karte Nr. 1): 50 km nordöstl. von Porto über die N 14 bis Braga, dann die N 103.

M I N H O

Casa dos Lagos ᵀᴴ

4710 Bom Jésus (Braga)
Monte do Bom Jésus
Tel. 253-67 67 38 - Sr und Sra Pinto Barbosa

Ganzj. geöffn. **2 Zimmer** u 3 App. m. Bad od. Dusche, WC, TV (auf Wunsch) **Preise** DZ: 12500-14000 Esc; App. (4 Pers.): 19500-22400 Esc - Frühst. inkl. **Kreditkarten** Amex **Verschiedenes** Hunde nicht erlaubt - Schwimmbad - Parkpl. **Umgebung** Dom von Braga - Monte Sameiro - Kirche Santa Maria in Serra de Falperra - Kapelle São Frutuoso de Montélios - Nationalpark von Peneda - Gerês **Gemeins. Essen** auf Anfrage (siehe unsere Restaurantauswahl S. 225).

Auf dem berühmten Berg Bom Jésus kann man den beiden genannten Grandhotels die einfache und charmante Alternative, die die *Casa dos Lagos* bietet, vorziehen. Von diesem Adelsgebäude aus, der ehemaligen Residenz der cortes Fraião, hat man einen unvergleichlichen Blick über das Tal. Die Zimmer in der ersten Etage sind riesig, mit sehr schönen Möbeln aus gedrehtem Holz und weißen, gestickten Bettüberwürfen. Es verfügt über eine westlich ausgerichtete Terrasse zum Tal hin, die am Abend ein außergewöhnliches Lichtspiel bietet. In einem kleinen Nebenzimmer können Kinder untergebracht werden. Auf der anderen Seite befindet sich ein anderes, kleineres Zimmer, das mit hübschen Nippsachen dekoriert ist und über ein imposantes, sehr komfortables Bett verfügt. Auch hier gibt es eine Terrasse mit derselben magischen Stimmung. Das reichhaltige Frühstück wird im zum Garten liegenden Eßsaal eingenommen. Bedient werden Sie von der feinfühligen Andrélina, einer diskreten und sehr aufmerksamen Gastgeberin. Im Turm wurden drei komplett ausgestattete Appartements eingerichtet, und bald wird es auch in dem schönen, mit Zitronensträuchern bepflanzten Garten ein Schwimmbad geben. Eine Adresse, die wir besonders empfehlen.

Anreise (Karte Nr. 1): 50 km nordöstl. von Porto über die N 14 bis Braga, dann N 103.

MINHO

Hotel Bela Vista

Caldelas 4720 Amares (Braga)
Tel. 253-36 15 02 - Fax 253-36 11 36
Dr Jose Barbosa
E-Mail: hotel.belavista@telepac.pt

Kategorie ★★★ **Geschlossen** vom 1. November bis 30. April **69 Zimmer** m. Klimaanl., Tel., Bad od. Dusche, WC, TV - Aufzug **Preise** DZ: 10000-20000 Esc - Frühst. inkl. - VP: + 4000 Esc **Kreditkarten** akzeptiert **Verschiedenes** Hunde nicht erlaubt - Schwimmbad - Tennis - Garage - Parkpl. **Umgebung** Braga - Bom Jésus - Nationalpark Peneda-Gerês **Restaurant** von 12.30 bis 14.30 u. von 19.30 bis 21.30 Uhr - Menü: 2750 Esc - Regionale Küche.

Sollten Sie auf der Suche nach einer besonders erholsamen Zwischenstation auf Ihrer Portugal-Reise sein, können Sie sich ohne weiteres für Caldelas entscheiden. Es liegt zwischen zwei Flüssen und verfügt über Thermalbäder, hier ist die Vegetation besonders üppig. Das Hotel hat sich auf eine Klientel spezialisiert, die einen besonders ruhigen Urlaub verbringen möchte, und bietet aus dem Grunde innerhalb des Hotelgeländes folgendes an: Schwimmbad, Fitneßraum, Tennisplatz, Kinderhort. Der Garten mit hübschen, schattigen Plätzchen ist wundervoll, und der Rasen kann es mit einem englischen Green aufnehmen. Service und Komfort wie in einem guten traditionellen Hotel.

Anreise (Karte Nr. 1): 67 km nördl. von Porto bis Braga, dann Rtg. Vila Verde; Amares liegt nordöstl. von Braga.

M I N H O

Casa do Barão de Fermil ᵀᴴ *

Veade - Fermil
4890 Celorico de Basto (Braga)
Tel. 255-36 12 11
D. Fernanda Mourão Correia

Geschlossen November bis Februar, in den Osterferien u. September **5 Zimmer** m. Bad **Preise** DZ: 14000 Esc; Extrabett: 3200 Esc - Frühst. inkl., von 8.00 bis 10.30 Uhr **Kreditkarten** nicht akzeptiert **Verschiedenes** Hunde nicht erlaubt - Schwimmbad - Parkpl. **Umgebung** Serra de Marão über die N 15 via Alto do Espinho - Amarante - Estrada de Vila Real in Amarante - Guimarães - Estrada de Vila Real in Mondim de Basto Guimarães - Vila Real - Lámego - Porto **Kein Restaurant**.

Celorico de Basto liegt in der Nähe von Amarante und der Serra do Marao, der natürlichen Grenze zwischen den Regionen des Douro und Tras-Os-Montes. Dieses Tal ist bekannt für seinen vinho verde und die vielen Herrenhäuser, die Gästezimmer vermieten, so wie auch die Casa de Fermil. Von der mysteriösen Stimmung im Garten werden sicher auch Sie bald verzaubert sein. Sie entsteht durch die üppige Vegetation und die imposanten Bäume, die um das Haus herumstehen, und die chinesischen Türmchen. Ein angenehmer Ort ist auch das Schwimmbad. In den Zimmern stehen Familienmöbel. Der Empfang war bei unserem Besuch nicht besonders freundlich und auch nicht kooperativ, aber vielleicht sind sie mit Gästen freundlicher, denn die Portugiesen sind ja eigentlich für ihre Gastfreundschaft bekannt.

Anreise (Karte Nr. 1): 100 km östlich von Porto über die A 3 Ausfahrt Gumarães. Dann Rtg. Fafe, Gandarela, später Rtg. Celerico de Basto, Mondim bis Fermil. Das Haus liegt rechts an der N 304 Rtg. Mondim.

MINHO

Casa do Campo TH *

Molares 4890 Celorico de Basto (Braga)
Tel. und Fax 255-36 12 31
Sra Maria Armanda Meireles

Ganzj. geöffn. **7 Zimmer** u. 1 Suite m. Bad **Preise** EZ u. DZ: 11600 Esc, 14000 Esc; Extrabett: 3000 Esc - Frühst. inkl. **Kreditkarten** nicht akzeptiert **Verschiedenes** Hunde nicht erlaubt - Schwimmbad **Umgebung** Serra do Marão - Straße von Vila Real nach Amarante - Straße von Vila Real nach Mondim de Basto Guimarães - Lámego - Vila Real - Porto **Gemeins. Essen** auf Anfrage - Menü: 4000 Esc.

Molares liegt einerseits nicht auf dem Weg, den die meisten Touristen benutzen, und andererseits ist es gar nicht so leicht, im voraus zu reservieren, um das wundervolle Granittor der *Casa do Campos* zu durchschreiten. Am besten ist es, die Reservierungszentrale des portugiesischen "Haustourismus" einzuschalten. Dieses Herrenhaus und seine Kapelle stammen aus dem 17. Jahrhundert, aber auf seinen wundervollen Kameliengarten, den Spezialisten für den ältesten Portugals halten, ist es besonders stolz. Die acht von uns besichtigten Zimmer sind sehr korrekt und ideal für diejenigen, die diese wenig bereiste Region entdecken möchten.

Anreise (Karte Nr. 1): 80 km östl. von Porto bis Amarante, dann Rtg. Mondim de Basto. 4 km von Celorico Rtg. Fermil.

MINHO

Pousada de Nossa Senhora da Oliveira

4800 Guimarães (Braga)
Rua de Santa Maria
Tel. 253-51 41 57/8/9 - Fax 253-51 42 04
Sra Costa

Kategorie ★★★★ **Ganzj.** geöffn. **9 Zimmer** u. 6 Suiten m. Tel., Bad, WC - Aufzug **Preise** EZ u. DZ: 12900-17100 Esc, 16300-24600 Esc; Suiten: 20800-30500 Esc; Extrabett: + 30 % - Frühst. inkl., von 8.00 bis 10.30 Uhr **Kreditkarten** akzeptiert **Verschiedenes** Hunde nicht erlaubt - Parkpl. **Umgebung** Palast der Herzöge von Bragancia - Museum A. Sampaio - Schloß u. Kirche São Francisco in Guimarães - Largo do Toural - Trofa - Braga - Bom Jésus **Restaurant** m. Klimaanl., von 12.30 bis 15.00 u. von 19.30 bis 22.30 Uhr - Menü: 3650 Esc - Karte - Spezialitäten: Arroz con frango - Lenguado don Alfonso.

Guimarães ist gewissermaßen die Wiege Portugals: Alfonso VI., der über León und Kastilien herrschte, übergab seinem Schwiergersohn, Heinrich von Burgund, die Grafschaft Portucale. Dieser zog in den Turm von Guimarães ein. Nach seinem Tod lehnte sich sein Sohn, Alfonso-Henriquez, gegen die Regenschaft seiner Mutter auf, ergriff die Macht, schlug die Mauren und wurde 1143 König von Portugal. Die *Pousada* liegt in einem ehemaligen Herrenhaus im historischen Teil der Stadt. Ihr ursprünglicher Stil wurde beibehalten. Ein reizender Speisesaal ist zur schattigen Terrasse und zu einem hübschen Platz hin gelegen. Die Zimmer verfügen über den gleichen Charme, aber besonders möchten wir Ihnen die Suiten ans Herz legen. Das Hotel veranstaltet "gastronomische Wochen" und besitzt einen hervorragenden Weinkeller.

Anreise *(Karte Nr. 1): 49 km nordöstl. von Porto über die A 3, bis Farmalicao, dann die N 126.*

M I N H O

Pousada Santa Marinha *

4800 Guimarães (Braga)
Tel. 253-51 44 53/4 - Fax 253-51 44 59
Sr Navega

Ganzj. geöffn. **49 Zimmer** u. 2 Suiten m. Klimaanl., Tel., Bad, WC, Minibar, Satelliten-TV - Aufzug **Preise** EZ u. DZ: 17900-29000 Esc, 20300-31000 Esc; Suiten: 39500-51300 Esc; Extrabett: + 30 % - Frühst. inkl., von 7.30 bis 10.00 Uhr **Kreditkarten** akzeptiert **Verschiedenes** Hunde nicht erlaubt **Umgebung** Palast der Herzöge von Bragancia - Museum A. Sampaio - Schloß u. Kirche São Francisco in Guimarães - Largo do Toural - Trofa - Braga - Bom Jésus **Restaurant** von 12.30 bis 14.30 u. von 19.30 bis 22.30 Uhr - Menü: 3650 Esc - Spezialität: Toucinho do ceu.

Die *Pousada Santa Marinha* gilt als die schönste im Land. Sie liegt auf den Hügeln von Guimarães in einem ehemaligen Kloster, das 1154 von Don Alfons Henriquez, dem ersten portugiesischen König, gegründet wurde; die heutigen Gebäude wurden zwischen dem 15. und 18. Jahrhundert gebaut und mit herrlichen *Azulejos* versehen. Vom Kapitelsaal führt ein eindrucksvoller, gewölbter Gang zu den Zimmern und zur großen Terrasse ("Balkon des Geronimo" genannt), von der aus man den phantastischen Garten bewundern kann. Die Zimmer sind zwar sehr geschmackvoll eingerichtet, aber begeistert haben uns vor allem die Suiten. In den drei Speisesälen werden selbstverständlich exquisite Speisen gereicht. Nicht zu überbieten.

Anreise (Karte Nr. 1): 49 km nordöstl. von Porto über die A 3. Über die Penha Straße (2,5 km).

M I N H O

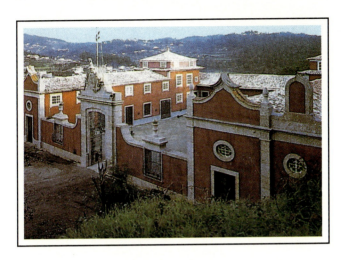

Casa de Sezim ᵀᴴ*

48000 Guimarães (Braga)
Apartado 410
Tel. 253-52 30 00 - Fax 253-52 31 96
Sr Pinto de Mesquita

Ganzj. geöffn. **7 Zimmer** u. 2 Suiten m. Bad (Tel. in Suiten) **Preise** EZ u. DZ: 14600 Esc, 18500 Esc; Extrabett: 3800 Esc - Frühst. inkl. **Kreditkarten** Amex, Visa, Eurocard, MasterCard **Verschiedenes** Kleine Hunde erlaubt - Schwimmbad - Reiten **Umgebung** Palast der Herzöge von Bragancia - Museum A. Sampaio - Schloß u. Kirche São Francisco in Guimarães - Largo do Toural - Trofa - Braga - Bom Jésus **Gemeins. Essen** auf Anfrage (siehe unsere Restaurantauswahl S. 225).

Auf dem Land in der Nähe von Guimarães, der ersten Hauptstadt Portugals, empfängt Herr Pinto de Mesquita, ein ehemaliger Botschafter, seine Gäste in seiner Besitzung, deren Ursprung bis ins 16. Jahrhundert zurückgeht. Hinter der großen Fassade, deren Rot gut zum Stein paßt, entdeckt man eine plüschige Atmosphäre; die dicken Steinmauern sorgen für angenehme Frische und vermitteln einen Eindruck, als sei die Zeit hier stehen geblieben. In den fünf wundervollen Salons kann man Panoramabilder von Züber aus dem 19. Jahrhundert bewundern, die die Entdeckung Amerikas und die Exotik Indiens zeigen. Die überall verteilten Familienporträts erinnern an das Alter des Hauses. In einem anderen Flügel liegen die hübschen, von der Hausherrin ausgestatteten Zimmer, in denen Bettdecken, Vorhänge und Stilmöbel aufeinander abgestimmt sind. Die Suite, die zwei Zimmer und einen Salon umfaßt, befindet sich im Turm und ist einfach phantastisch. Eine große, schattige Terrasse liegt über dem Garten und führt zum geschützten Schwimmbad. Der hauseigene Wein ist im übrigen hervorragend.

Anreise (Karte Nr. 1): 49 km nordöstl. von Porto, Rtg. Santo Tirso. 4,5 km südl. von Guimarães (nicht in den Ort fahren), Rtg. Santo Amaro.

M I N H O

Paço de São Cipriano ᵀᴴ*

Tabuadelo 4800 Guimarães (Braga)
Tel. und Fax 253-56 53 37
D. João Almeida Santiago de Sottomayor

Ganzj. geöffn. **7 Zimmer** m. Bad **Preise** EZ u. DZ: 14600 Esc, 18500 Esc; Extrabett: 3800 Esc - Frühst. inkl. **Kreditkarten** akzeptiert **Verschiedenes** Hunde nicht erlaubt - Schwimmbad - Parkpl. **Umgebung** Palast der Herzöge von Bragancia, Museum A. Sampaio, Schloß u. Kirche São Francisco in Guimarães - Largo do Toural - Trofa - Braga - Bom Jésus **Kein Restaurant** (siehe unsere Restaurantauswahl S. 225).

❝Tradition verpflichtet" könnte man die Devise dieses vornehmen Hauses nennen, in dem früher die Pilger auf dem Weg nach Santiago de Compostela verweilten. Heute ist es ein Haus, das sich wirklich auf Gastlichkeit versteht. Die Hauptteile des Anwesens drängen sich um einen imposanten Turm aus dem Mittelalter. Die Zimmer sind wunderschön in ihrer Einfachheit und Authentizität: Parkettböden aus langen, gewachsten Holzlatten, Tapeten in blassen Farben, Möbel aus Familienbesitz. Uns hat das grüne Zimmer besonders gefallen, dessen Bett von einem Baldachin aus Tüll überdacht ist, aber auch die Küche aus Granit, die Bibliothek und der wunderschöne Garten, in dem Kamelien und viele andere Pflanzen blühen und regelrecht zu einer Lektion der Botanik einladen.

Anreise (Karte Nr. 1): 49 km nordöstl. von Porto, Rtg. Santo Tirso. 6 km von Guimarães entfernt.

MINHO

Quinta de Santa Comba TH*

S. Bento da Várzea
4750 Barcelos (Braga)
Tel. 253-83 14 40 - Fax 253-83 45 40
Sr Carvahlo de Campos

Geschlossen vom 15. Oktober bis 1. Mai **5 Zimmer** m. Bad **Preise** DZ: 11000 Esc; Extrabett: 3000 Esc - Frühst. inkl. **Kreditkarte** Amex **Verschiedenes** Hunde erlaubt - Schwimmbad - Reiten - Parkpl. **Umgebung** Porto - Braga - Viana do Castelo - Strände 15 km entfernt **Gemeins. Essen** auf Anfrage (siehe unsere Restaurantauswahl S. 226).

Knapp 50 Kilometer von Porto entfernt, umgeben von Maisfeldern und Weinbergen des berühmten *vinho verde*, liegt dieses superbe historische Landhaus aus dem 18. Jahrhundert, das aus Granit und Kastanienholz gebaut wurde. Die Innenräume sind ebenso rustikal, aber zugleich elegant und komfortabel. Für einen Aufenthalt muß im voraus reserviert werden.

Anreise (Karte Nr. 1): 42 km nördl. von Porto bis Familicão, dann Rtg. Barcelos (5 km vor Barcelos).

M I N H O

Pousada de São Bento

Caniçada 4850 Vieira do Minho (Braga)
Tel. 253-64 71 90/1 - Fax 253-64 78 67
Sr Amaral

Ganzj. geöffn. **29 Zimmer** m. Klimaanl., Tel., Bad, WC, Satelliten-TV u. Minibar **Preise** EZ u. DZ: 12900-20200 Esc, 16300-24600 Esc; Extrabett: + 30 % - Frühst. inkl., von 8.00 bis 10.30 Uhr **Kreditkarten** akzeptiert **Verschiedenes** Hunde nicht erlaubt - Schwimmbad - Tennis - Parkpl. **Umgebung** Nationalpark von Peneda-Gerês (Durchfahrt des Parks, vom Rio Cavado bis Leonte, Serra do Gerês, Wanderung zum Belvedere von Fraga Negra) - Dom von Braga - Bom Jésus **Restaurant** von 12.30 bis 14.30 u. von 19.30 bis 21.00 Uhr - Karte: 3650 Esc - Spezialitäten: Bacalhao - Rojoes - Forellen.

Die *Pousada São Bento* liegt im Nationalpark Peneda-Geres, dessen archäologische Funde, Flora und Fauna hochinteressant sind. Das Hotel verfügt über eine bewundernswerte Lage über dem Rio Caldo und seinen bewaldeten Ufern. Das von wildem Wein bewachsene Gebäude ist aus Holz und Stein. Im Innern wurde ein sehr elegantes, der Umgebung entsprechendes Ambiente geschaffen. Salon und Restaurant sind weit zur Natur hin geöffnet, und die rustikalen Zimmer bieten viel Komfort (Nr. 4, 6 und 8 haben eine schöne Aussicht). Schwimmbad, Ruhe und Schönheit der Natur - hier muß man sich einfach wohl fühlen.

Anreise (Karte Nr. 1): 87 km nordöstl. von Porto über die N 14 bis Braga, dann die N 103. 7 km nordwestl. von Caniçada über die N 304.

M I N H O

Quinta de Vermil TH*

Ardegão 4990 S. Julião de Freixo (Ponte de Lima)
Tel. 258-76 15 95 - Fax 258-76 18 01
Sra Torres Fernandes Westebbe

Ganzj. geöffn. **8 Zimmer** u. **4 App.** (2-4 Pers.) m. Bad **Preise** EZ u. DZ: 11600 Esc, 14000 Esc; App.: 14000-22400 Esc - Frühst. inkl. im Zi., von 9.00 bis 11.00 Uhr **Kreditkarten** nicht akzeptiert **Verschiedenes** Hunde erlaubt - Schwimmbad - Tennis - Parkpl. **Umgebung** Barcelos - Santa Luzia u. Museum Viana do Castelo - Bravães - Lindoso (Korntrockenanlagen, espigueiros) - Ponte de Lima (Kirche, Museum São Francisco) - Braga - Golfpl. Estela (18 L.) **Gemein. Essen** auf Anfrage.

Das Hinterland ist eine wundervolle Region voller Hügel, Pinien, Eukalyptusbäume, Flüsse, Weiden und Weinberge. Diese *Quinta* war im Besitz mehrerer aristokratischer Familien, wurde dann aber vollkommen restauriert. Heute verfügt das Haus über den Charme seiner neuen Besitzer, die die Gästezimmer (mit eigenem Eingang und echten alten Möbeln) mit der gleichen Sorgfalt und mit dem gleichen Komfort wie ihren privaten Wohnbereich eingerichtet haben. Auch der Garten hat sein üppiges Aussehen wiedergewonnen. Das kühle Quellwasser speist das Schwimmbad und die Bassins, der Tennisplatz ist nicht weit, und die Weinlaube lädt zur Siesta oder zum Lesen ein. Abends wird ein gemeinsames Essen angeboten, man kann aber auch selbst grillen, denn hierzu ist alles in einer Ecke des Gartens vorgesehen. Ein wunderbares Haus und wunderbare Gastgeber.

Anreise (Karte Nr. 1): 22 km nordwestl. von Braga; über die A 3 Ausf. Nr. 10, RN 308 Rtg. Freixo, Ardegão.

MINHO

Casa do Ameal TH *

Meadela 4900 Viana do Castelo
Rua do Ameal, 119
Tel. 258-82 24 03
Sra Dona Maria Elisa Faria de Araújo

Ganzj. geöffn. **1 Zimmer** u. 7 App. (2-4 Pers.) m. Bad, TV **Preise** DZ: 14000 Esc; App.: 14000-22400 Esc (mind. 3 Üb.); Extrabett: 3200 Esc - Frühst. inkl. **Kreditkarten** nicht akzeptiert **Verschiedenes** Hunde nicht erlaubt - Schwimmbad - Tischtennis - Parkpl. **Umgebung** Ponte de Lima (Kirche, Museum São Francisco) - Santa Luzia u. Museum Viana do Castelo - Bravães - Lindoso (Korntrockenanlage, espigueiros) - Golfpl. Povoa de Varzim (9 L.) **Kein Restaurant** (Imbiß auf Anfrage) im Hotel (siehe unsere Restaurantauswahl in Viana do Castelo S. 225).

Nur fünf Kilometer von Viana do Castelo entfernt liegt die *Casa do Ameal*, die im 16. Jh. erbaut wurde und 1669 von den Vorfahren der heutigen Besitzerin erstanden wurde. Im Laufe der Jahrhunderte wurde es immer wieder umgebaut, aber die Tradition wurde erhalten: ein Hof vor dem Eingang des Hauses, dessen weiße Fassade sich in einem großen Granitbassin widerspiegelt, das von Buchsbäumen gesäumt wird. Gastfreundschaft ist hier eine Qualität, die von Generation zu Generation weitergegeben wurde, und in diesem Sinne hat auch Dona Maria Elisa ihr Haus für Gäste geöffnet. Die Zimmer liegen in neueren Nebengebäuden. Sie sind geschmackvoll eingerichtet, komfortabel, und zu jedem gehört ein Badezimmer. Besonders bemerkenswert ist eine Trachtensammlung, die der Familie gehört. Sie werden den reizenden Empfang von Dona Faria de Araújo zu schätzen wissen, die auch sehr gut französisch und englisch spricht.

Anreise (Karte Nr. 1): 2 km von Viana do Castelo entfernt.

M I N H O

Casa das Pereiras TH

4990 Ponte de Lima (Viana do Castelo)
Largo das Pereiras
Tel. und Fax 258-94 29 39
Sra D. Maria Filomena Reynolds de Abreú Coutinho

Ganzj. geöffn. **3 Zimmer** m. Bad od. Dusche **Preise** EZ u. DZ: 9000 Esc, 12000 Esc - Frühst. inkl.
Kreditkarten nicht akzeptiert **Verschiedenes** Hunde nicht erlaubt - Schwimmbad **Umgebung** Ponte de Lima (Kirche, Museum São Francisco) - Markt jeden zweiten Montag - Santa Luzia u. Museum Viana do Castelo - Bravães - Lindoso (Korntrockenanlage, espigueiros) - Golfpl. Ponte de Lima (18 L.)
Kein Restaurant im Hotel (siehe unsere Restaurantauswahl S. 225-226).

Obwohl sich die *Casa das Pereiras* mitten im Zentrum von Ponte de Lima befindet, ist dies doch ein richtig schönes Landhaus, das hinter seinen Mauern aus dem 17. Jahrundert einen wunderschönen Garten mit blumenbewachsener Terrasse und einer sehr schönen Sammlung von alten Kamelien verbirgt. Die ehemaligen Ställe wurden zu einem Salon und Eßsaal umgestaltet, wo das Frühstück serviert wird. Die Zimmer sind nicht sehr groß, aber auf charmante Weise hergerichtet. Vorzüge dieser Adresse sind vor allem die Umgebung und das schöne Schwimmbad.

Anreise (Karte Nr. 1): 100 km nördl. von Porto über die A 3 (Valenca/Braga), Ausf. Ponte da Barca/Ponte de Lima.

M I N H O

Quinta de Sabadão ᵀᴴ*

Arcozelo
4990 Ponte de Lima (Viana do Castelo)
Tel. 258-94 19 63
Sra M. Abreu Lima e Fonseca

Ganzj. geöffn. **3 Zimmer** u. 1 App. (4 Pers.) m. Tel., Bad, WC **Preise** DZ: 14000 Esc; App. f. 4 Pers.: 22400 Esc. - Frühst. inkl. **Kreditkarten** nicht akzeptiert **Verschiedenes** Hunde erlaubt - Parkpl. **Umgebung** Ponte de Lima (Kirche, Museum São Francisco) - Santa Luzia u. Museum Viana do Castelo - Bravães - Lindoso (Korntrockenanlage, espigueiros) - Golfpl. Ponte de Lima (18 L.) **Kein Restaurant** (siehe unsere Restaurantauswahl S. 225-226).

Die Stadt Ponte de Lima wurde wegen der Erhaltung ihres kulturellen Erbes vom Europarat zur vorbildlichen Stadt ernannt. Die verschiedenen Baustile der romanischen, gotischen und barocken Architektur kann man bei einem Spaziergang durch die Stadt bewundern. In der umgebenden Landschaft, liegt zwei Kilometer weiter die schöne *Casa de Sabadão*, die die Gäste in ihrem großen Hof mit Weinlauben empfängt. Das Haus verfügt über schöne Zimmer, die alle direkten Zugang haben. Regelrecht begeistert hat uns jedoch die kleine, ca. hundert Meter weiter gelegene Mühle, die zu einem Appartement für vier Personen umgebaut wurde. Mit rauschendem Wasser und viel Grün ist dies ein wundervoller Ort mit echter Schäferstimmung. Auf zwei Ebenen befinden sich zwei Zimmer, ein Bad und ein Salon, alles hübsch eingerichtet. Wer hier länger bleibt, vergißt garantiert den Rest der Welt!

Anreise (Karte Nr. 1): 100 km nördl. von Porto über die A 3 (Valenca/Braga), Ausf. Ponte da Barca/Ponte de Lima. 2 km nördl. von Ponte de Lima die Straße nach Arcos de Valdevez.

MINHO

Casa do Arrabalde TH *

Arcozelo
4990 Ponte de Lima (Viana do Castelo)
Tel. 258-74 24 42
Dr Francisco Maia e Castro

Geschlossen vom 16. Oktober bis 31. März **3 Zimmer** m. Bad od. Dusche u. 2 App. (4 Pers.) **Preise** DZ: 14000 Esc; App.: 22400 Esc - Frühst. inkl. **Kreditkarten** nicht akzeptiert **Verschiedenes** Hunde nicht erlaubt - Schwimmbad - Parkpl. **Umgebung** Ponte de Lima (Kirche, Museum São Francisco) - Santa Luzia u. Museum Viana do Castelo - Bravães - Lindoso (Korntrockenanlage, espigueiros) - Golfpl. Ponte de Lima (18 L.) **Kein Restaurant** (siehe unsere Restaurantauswahl S. 225-226).

Die *Casa do Arrabalde* liegt unweit der großen, schönen Brücke, deren 16 Bögen sich mit durchbrochenen Pfeilern abwechseln. Dieses Haus zählt zu den in dieser Stadt bewahrten Zeugen der Geschichte. 1729 wurde es gebaut, es liegt sehr zentral und ist dennoch sehr ruhig. Außerdem hat es einiges vorzuweisen: die bewundernswerte Kapelle, den erstaunlichen Musiksalon, dessen Decke eine geschnitzte Geige schmückt, die edlen alten Möbel im ganzen Haus. Hier lebt man mit der echten Kultur Portugals.

Anreise (Karte Nr. 1): 100 km nördl. von Porto über die A 3 (Braga/Valença) Ausf. Ponte da Barca/Ponte de Lima. 1 km von Ponte de Lima.

M I N H O

Casa do Outeiro TH *

Arcozelo
4990 Ponte de Lima (Viana do Castelo)
Tel. 258-94 12 06
Dr João Gomes d'Abreu e Lima

Ganzj. geöffn. **3 Zimmer** u. 1 App. (2 Pers.) m. Bad od. Dusche **Preise** DZ u. App.: 14000 Esc - Frühst. inkl. **Kreditkarten** nicht akzeptiert **Verschiedenes** Hunde nicht erlaubt - Schwimmbad, Parkpl. **Umgebung** Ponte de Lima (Kirche, Museum São Francisco) - Santa Luzia u. Museum Viana do Castelo - Bravães - Lindoso (Korntrockenanlage, espigueiros) - Golfpl. Ponte de Lima (18 L.) **Kein Restaurant** (siehe unsere Restaurantauswahl S. 225-226).

Dieses Hotel liegt hinter den dichten Blättern von Kastanienbäumen versteckt, zwei Kilometer von Ponte de Lima entfernt, und war das erste Anwesen, das seine Türen dem Tourismus geöffnet hat. Die Besitzer legen viel Wert auf die Tradition und dachten, daß es eine gute Idee sei, diese mit anderen zu teilen, um sie besser zu erhalten. Aus diesem Grunde konnten Zeitzeugnisse aus der Vergangenheit erhalten werden: bei der Ankunft kann man ein wunderschönes Portal mit Wappen bewundern und im Haus die traditionelle Küche mit Granitwänden. Drei Zimmer und ein kleines Appartment im selben stil wurden eingerichtet (für 2 Personen), wabei letzteres fünfhundert Meter vom Haupthaus entfernt liegt. Die Atmosphäre ist sehr ruhig und friedlich. Sie müssen sich nur auf die Veranda setzen und den Blick auf die alte Granitbrücke genießen, und Sie werden schon davon überzeugt sein, daß man hier seit mehr als vierhundert Jahren ein ruhiges und beschauliches Leben führt.

Anreise (Karte Nr. 1): 100 km nördl. von Porto über die A 3 (Valenca/Braga), Ausf. Ponte da Barca/Ponte de Lima. 2 km nördl. von Ponte de Lima Rtg. Calheiros.

M I N H O

Convento Val de Pereiras [TH]

Arcozelo
4990 Ponte de Lima (Viana do Castelo)
Tel. 258-74 21 61 - Fax 258-74 20 47

Ganzj. geöffn. **9 Zimmer** u. 1 Suite m. Bad **Preise** EZ u. DZ: 10000 Esc, 11000 Esc; Suite: 13000 Esc - Frühst. inkl. **Kreditkarten** nicht akzeptiert **Verschiedenes** Hunde nicht erlaubt - Parkpl. **Umgebung** Ponte de Lima (Kirche, Museum São Francisco) - Markt jeden zweiten Montag – Santa Luzia u. Museum Viana do Castelo - Bravães - Lindoso (Korntrockenanlage, espigueiros) - Golfpl. Ponte de Lima (18 L.) **Kein Restaurant** (siehe unsere Restaurantauswahl S. 225-226).

Von dem ehemaligen Kloster aus dem 16. Jahrhundert, das hier einst stand, ist so gut wie gar nichts übriggeblieben. Doch kann man weiterhin den kleinen, französischen, Garten und den schönen Blick auf die Weinberge genießen. Die Besitzer leben in einem alten Haus, und über eine lange Allee mit einem Weinspalier gelangt man zu dem neueren, im regionalen Stil errichteten Gebäude. Die Zimmer befinden sich in den oberen Etagen. Sie sind nüchtern und geschmackvoll eingerichtet und gehen aufs Feld hinaus. Im Erdgeschoß befindet sich ein großer und sehr heller Salon, in dessen Verlängerung eine hübsche Terrasse angelegt wurde. Für diejenigen, die auch hier Abendessen möchten, wird ein Tisch gedeckt, und übrigens besteht hier ein Vorteil darin, daß Sie völlig unabhängig sein können, aber auf Anfrage auch einen Hotel-Service erhalten können. Eine ausgezeichnete Idee !

Anreise (Karte Nr. 1): 100 km nördl. von Porto über die A 3 (Valenca/Braga), Ausf. Ponte da Barca/Ponte de Lima; 2 km nördl. von Ponte de Lima Rtg. Castelo.

M I N H O

Paço de Calheiros TH *

Calheiros
4990 Ponte de Lima (Viana do Castelo)
Tel. 258-94 71 64 - Fax 258-94 72 94 - Sr Conde de Calheiros
E-Mail: paco_calheiros@nortenet.pt

Ganzj. geöffn. **9 Zimmer** u. 6 App. (2, 4, 6 Pers.) m. Bad **Preise** DZ: 18500 Esc, App.: 18500-31200 Esc; Extrabett: 3800 Esc - Frühst. inkl., von 8.00 bis 10.00 Uhr **Kreditkarten** nicht akzeptiert **Verschiedenes** Hunde erlaubt - Schwimmbad - Tennis - Reiten (1700 Esc/Std.) - Parkpl. **Umgebung** Ponte de Lima (Kirche, Museum São Francisco) - Santa Luzia u. Museum Viana do Castelo - Bravães - Lindoso (Korntrockenanlage, espigueiros) - Golfpl. Ponte de Lima (18 L.) **Gemeins. Essen** auf Anfrage - Menü: 5000 Esc.

Das *Paço de Calheiros* ist in der Vergangenheit wie in der Gegenwart mit der Geschichte der Region eng verbunden, denn der Graf von Calheiros ist auch der Bürgermeister des Dorfes. Er setzt alles daran, seine Region bekannt zu machen, und fördert das Unterbringen von Touristen in historischen Gebäuden. Eine etwas feierlich wirkende Platanenallee führt zum wundervollen Gebäudekomplex, in dessen Mitte eine Kapelle steht. Die angenehmsten Zimmer liegen im Erdgeschoß und haben Blick auf den herrlichen Garten im Stil des 18. Jahrhunderts. Ein sehr schönes Schwimmbad und ein Tennisplatz sind etwas erhöht gelegen. In einem moderneren Bau wurden Appartements für zwei Personen eingerichtet. Eleganz, Raffinement und Ruhe - all das bietet Calheiros.

Anreise (Karte Nr. 1): 100 km nördl. von Porto über die A 3 (braga/Valenca) Ausf. Ponte de Barca/Ponte de Lima; 5 km nördl. von Ponte de Lima die Straße nach Arcos, dann die Straße nach Calheiros.

M I N H O

Casa do Barreiro TH *

S. Tiago da Gemieira
4990 Ponte de Lima (Viana do Castelo)
Tel. 258-94 81 37 - Fax 258-94 86 65
Maria Teresa Meneses Malheiro de Faria Barbosa

Ganzj. geöffn. **6 Zimmer** u. 1 App. (4 Pers.) m. Bad od. Dusche **Preise** 14000 Esc; App.: 22400 Esc; Extrabett: 3200 Esc - Frühst. inkl. **Kreditkarten** nicht akzeptiert **Verschiedenes** Hunde nicht erlaubt - Schwimmbad - Parkpl. **Umgebung** Ponte de Lima (Kirche, Museum São Francisco) - Santa Luzia u. Museum Viana do Castelo - Bravães - Lindoso (Korntrockenanlage, espigueiros) - Golfpl. Ponte de Lima (18 L.) **Kein Restaurant** (siehe unsere Restaurantauswahl S. 225-226).

Wenn in letzter Zeit zahlreiche historische Häuser dem Tourismus ihre Toren öffneten, dann deshalb, um ein kulturelles Erbe zu bewahren, das über Jahrhunderte meist im Besitz derselben Familien war und dessen Instandhaltung immer kostspieliger wurde. In vielen dieser Häuser ist der Einfluß der afrikanischen, indischen und brasilianischen Kolonien noch immer vorhanden. *Casa de Barreiro* stammt aus dem Jahre 1652. Der Innenhof verfügt noch heute über die elegante Architektur jener Zeit. Das Schwimmbad ähnelt einem Bassin und liegt im terrassierten, nach Eukalyptus duftenden Garten, von dem aus man einen weiten Blick auf das Tal hat.

Anreise (Karte Nr. 1): 100 km nördl. von Porto Rtg. Viana do Castelo; 5 km östl. von Ponte de Lima Rtg. Barca.

M I N H O

Casa das Torres [TH] *

Facha 4990 Ponte de Lima (Viana do Castelo)
Tel. 258-94 13 69 - 258-82 37 79
Manuel Correia Malheiro

Ganzj. geöffn. **3 Zimmer** u. 1 Cottage-Appartment (4 Pers.) m. Bad u. WC - Eingang f. Behinderte **Preise** EZ u. DZ: 11600 Esc, 14000 Esc; App.: 22400 Esc; Extrabett: 3200 Esc – Frühst. inkl., von 8.00 bis 10.00 Uhr **Kreditkarten** nicht akzeptiert **Verschiedenes** Hunde nicht erlaubt - Schwimmbad - Parkpl. **Umgebung** Ponte de Lima (Kirche, Museum São Francisco); Mrkt am Montag (14 täglich) - Santa Luzia u. Museum Viana do Castelo - Bravães - Lindoso (Korntrockenanlage, espigueiros) ; Golfpl. Ponte de Lima, (18 L.) **Kein Restaurant** (siehe unsere Restaurantauswahl S. 225-226).

Von dem Stadtzentrum in Ponte de Lima aus lässt sich die *Casa das Torres* und ihr ausladendes Vordach mit Adelswappen leicht finden. Es ist ein schönes Landhaus, das 1751 von dem italienischen Architekten Nazoni errichtet worden war und von der Familie noch heute in der sechsten Generation bewohnt wird. Die den Gästen vorbehaltenen Zimmer liegen im Erdgeschoss. Sie sind alle geräumig, mit hübsch gestrichenen Plafonds und traditionellem Mobiliar, aber nicht sehr hell. Wir haben vor allem das *twin* in unser Herz geschlossen mit seinem schönen Badezimmer aus Stein und Fayencen und seinem kleinen Salon. Den Gästen stehen mehrere Räume zur Verfügung, je nach dem, ob sie frühstücken, Billard spielen oder fernsehen wollen. Im ersten Stock befinden sich Privaträume mit einer Reihe von Salons und dem Eßzimmer, in dem es vor Kerzenständern und Silbergeschirr nur so blitzt und blinkt. Der Blick schweift über die grünen Hügel. In einem der Gebäude, die zum gepflasterten Hof hin liegen, wurde eine zweckmäßig aufgeteilte Wohnung für vier Personen eingerichtet, in der es sich unabhängiger leben lässt. Das Ambiente im Haus der Besitzer ist ein wenig strenger.

Anreise (Karte Nr. 1): 6 km von Ponte de Lima in Rtg. Barcelos über die N 204.

M I N H O

Casa de Várzea ᵀᴴ *

Beiral do Lima 4990 Ponte de Lima (Viana do Castelo)
Tel. 258-94 86 00 - Fax 258-94 84 12
Ana Maria und Inácio Barreto Caldas da Costa
E-Mail: casa.varzea@netc.pt

Ganzj. geöffn. **6 Zimmer** m. Bad u. WC **Preise** EZ u. DZ: 10000-11600 Esc, 12500-14000 Esc; App.: 22400 Esc; Extrabett: 3200 Esc – Frühst. inkl., von 8.00 bis 9.00 Uhr **Kreditkarten** nicht akzeptiert **Verschiedenes** Hunde nicht erlaubt - Schwimmbad - Parkpl. **Umgebung** Ponte de Lima (Kirche, Museum São Francisco) ; Markt am Montag (14 täglich) - Santa Luzia u. Museum Viana do Castelo - Bravães - Lindoso (Korntrockenanlage, espigueiros); Golfpl. Ponte de Lima, 18 trous **Gemein. Essen** auf Anfrage - Menü: 2500 Esc (siehe unsere Restaurantauswahl S. 225-226).

Nähert man sich dem Dorf Beiral, so bemerkt man ein Haus oberhalb der umliegenden Weinhänge. Umrangt von Weinreben, gelangt man zum Eingang. Auch hier haben wir es wieder mit einem alten Familienbesitz zu tun. Der jetzige Eigentümer ist hier geboren. Er hat das Haus restauriert, um die Familientradition der Gastlichkeit fortzusetzen. Aber auch wenn die Bauweise auf das 18. Jahrhundert verweist, so hat das Originalmobiliar dieser Zeit die Vergangenheit nicht überlebt, selbst wenn die Zimmer mit hübschen alten Möbeln eingerichtet sind. Die Zimmer liegen im Erdgeschoß und im ersten Stock. Sie sind durchweg schlicht, aber dennoch komfortabel. Unsere Vorliebe gilt wegen seiner schönen Aussicht dem Glockenzimmer. Dank der Freundlichkeit und steten Hilfsbereitschaft von Inácio fühlt man sich in diesem Haus sehr wohl: man degustiert seinen *Vinho verde*, seinen *Aguardente* oder die hausgemachten Konfitüren. Auf Anfrage können Sie auch ein Abendessen mit regionalen Spezialitäten bekommen. Sehr angenehmer Aufenthalt.

Anreise (Karte Nr. 1): 10 km von Ponte de Lima, Rtg. Ponte de Barca, bis Martinho da Gandra, wo es rechts nach Beiral geht.

M I N H O

Quinta do Baganheiro ᵀᴴ *

Queijada
4990 Ponte de Lima (Viana do Castelo)
Tel. 258-94 16 12 - Fax 258-74 90 16

Ganzj. geöffn. **2 Zimmer** m. Bad u. 2 App. (4-6 Pers.) m. Bad, WC, TV **Preise** DZ: 14000 Esc; App.: 14000-28800 Esc; Extrabett: 3200 Esc - Frühst. inkl. **Kreditkarten** nicht akzeptiert **Verschiedenes** Hunde nicht erlaubt - Schwimmbad - Parkpl. **Umgebung** Ponte de Lima (Kirche, Museum São Francisco) - Markt jeden zweiten Montag – Santa Luzia u. Museum Viana do Castelo - Bravães - Lindoso (Korntrockenanlage, espigueiros) - Golfpl. Ponte de Lima (18 L.) **Kein Restaurant** (siehe unsere Restaurantauswahl S. 225-226).

Dieses Landhaus aus dem 17. Jahrhundert liegt umgeben von Weinbergen, ganz in der Nähe von Ponte de Lima. Von hier aus hat man einen Blick über das Tal von Rio de Lima. Zu dem großen Anwesen gehören mehrere Häuser, das Herrenhaus und zwei kleine Villen. In der Casa da Eira und der Casa da Oliveira können Familien untergebracht werden. Im Herrenhaus wohnen Sie in ein wenig düsteren, aber hübsch eingerichteten Zimmern. Außerdem gibt es dort einen Salon und einen schönen, mit *Azulejos* verzierten Eßsaal. Die "Casitas" sind einfacher, aber hübsch in regionalem Stil eingerichtet, und dort sind Sie unabhängiger. Von hier aus können Sie den Norden Portugals besichtigen. Aufgrund der Fläche dieses Landes sind die Entfernungen auch nie besonders groß.

Anreise (Karte Nr. 1): 60 km nördl. von Porto Rtg. Valença über die A 3, Ausf. Nr. 10: Vila Verde, Rtg. Ponte de Lima.

MINHO

Paço da Gloria TH

Jolda
4970 Arcos de Valdeves (Viana do Castelo)
Tel. 258-94 71 77 - Fax 258-94 74 97

anzj. geöffn. **10 Zimmer** m. Tel., Bad **Preise** DZ: 20000-25000 Esc; Extrabett: + 3500 Esc - Frühst. ìkl. **Kreditkarten** nicht akzeptiert **Verschiedenes** Hunde nicht erlaubt - Schwimmbad - Parkpl. mgebung Ponte de Lima (Kirche, Museum São Francisco) - Markt jeden zweiten Montag - Santa uzia u. Museum Viana do Castelo - Bravães - Lindoso (Korntrockenanlage, espigueiros) - Golfpl. onte de Lima (18 L.) **Kein Restaurant** (siehe unsere Restaurantauswahl in Ponte de Lima S. 225-226).

In der Umgebung von Ponte de Lima gibt es häufig die Möglichkeit, bei den Bewohnern ein Zimmer zu mieten. Bei diesen Adressen ist die Betreuung meist besonders charmant. Das *Paço da Gloria* zählt zu den Perlen dieser Art on Unterkunft. Sobald man sich auf der Straße Richung Jolda befindet, eginnt ein "Tanz mit den Bäumen", wie der Besitzer gerne zu sagen pflegt, nd er hört erst auf, wenn man am Schloß angekommen ist. Dieser Ort ist esonders romantisch: die große Terrasse ist inmitten der Rasenfläche angeegt, an der schönen Fassade mit Türmen klettern Pflanzen herauf, und außerem gibt es Loggien, edle Torbögen. Im Garten sind Blumenspaliere, pringbrunnen, geschnittene Büsche, Eichen und hundert Jahre alte Kiefern. ie zwei Zimmer des Paço sind riesig groß, die Badezimmer von schönen lasbausteinmauern erhellt. In den ehemaligen Ställen sind andere, ebenso omfortable Zimmer untergebracht. Es gibt nichts hinzuzufügen, außer daß nan es sich selbst ansehen sollte.

Anreise (Karte Nr. 1): 7 km nordwestl. von Ponte de Lima Rtg. Arcos de Valdeves.

M I N H O

Pousada do São Teotónio *

4930 Valença do Minho (Viana do Castelo)
Tel. 251-82 42 42 - Fax 251-82 43 97

Ganzj. geöffn. **16 Zimmer** m. Klimaanl., Tel., Bad, WC, TV, Minibar **Preise** EZ u. DZ: 12500-21000 Esc
14300-22500 Esc; Extrabett: + 30 % - Frühst. inkl., von 8.00 bis 10.00 Uhr **Kreditkarten** akzeptiert
Verschiedenes Hunde nicht erlaubt **Umgebung** befestigte Stadt Valença do Minho - Monte do Faro
Minhotal von Valença bis San Gregorio über die N 101 **Restaurant** m. Klimaanl. - von 12.30 bis
15.00 u. von 19.30 bis 22.00 Uhr - Karte: 3650 Esc - Karte - Spezialitäten: Flußfisch - Lachs
Bacalhao da pousada.

Valença do Minho ist ein Dorf mit viel Tourismus. Es liegt oberhalb des linken Ufers des Minho und gegenüber der spanischen Stadt Tuy. Eine Brücke verbindet zwei Burgen zu einer einzigen Festung. In den Gassen der Altstadt: nichts als Restaurants und Läden. Die *Pousada São Teotónio* befindet sich in der Festung; vom Salon und vom Speisesaal aus erblickt man das andere Minho-Ufer und die galizische Stadt. Die etwas altmodisch anmutenden Zimmer sind sehr komfortabel. Nummer 1, 2, 3, 7, 9 und 11 haben Terrassen oder Balkone mit Blick auf die Gärten und die Festungsmauern. Gute Hausmannskost. Sympathische Atmosphäre.

Anreise (Karte Nr. 1): 122 km nördl. von Porto über die N 13, an der spanischen Grenze.

MINHO

Casa de Rodas ᵀᴴ *

4950 Monção (Viana do Castelo)
Tel. 251-65 21 05
Sra Maria Luisa Távora

Ganzj. geöffn. **9 Zimmer** u. 1 App. (2 Pers.) m. Bad **Preise** EZ u. DZ: 11600 Esc, 14000 Esc; Extrabett: 3000 Esc - Frühst. inkl. **Kreditkarten** nicht akzeptiert **Verschiedenes** Hunde nicht erlaubt - Schwimmbad **Umgebung** Festung von Valenca do Minho - Monte do Faro - Tal von Minho de Valenca in S. Gregorio über die N 101 - Viana do Castelo **Kein Restaurant**.

Das ist das schönere Ufer des rio Minhoia. Die Straße ist kurvenreich, und an ihren Rändern stehen Eukalyptussträucher, Pinien und die Weinsträucher, aus denen der berühmte *vinho verde* hergestellt wird. Die *Casa da Rodas* ist ein schönes Herrenhaus, das inmitten eines Weinbergbesitzes liegt, in dem der Avantinho gekeltert wird - einer der besten Weine dieses Weinbaugebietes. Der Hauseingang wird von zwei riesigen Magnolien verdeckt. In den Salons und Zimmern findet man Familienerinnerungen und antike Möbel, die von mehreren Generationen angesammelt wurden. Das Frühstück wird in der Küche eingenommen, in der noch ein riesiger alter Kamin erhalten ist, und dies ist ein ganz besonders köstlicher Moment ihres Aufenthalts, ebenso wie die Spaziergänge durch den Garten, der von dichten Büschen umgeben ist, welche das Anwesen von der Außenwelt abschirmen.

Anreise (Karte Nr. 1): 120 km nördl. von Porto über die N 13, 69 km von Viano do Castelo entfernt.

MINHO

Quinta da Boa Viagem [AT] *

Além do Rio
4900-036 Areosa
Tel. 258-83 58 35 - Fax 258-83 68 36
Sr Teixeira de Queiroz

Ganzj. geöffn. Appartements 3 m. Küche, 1 Zi., Bad; 2 App. m. Küche, 2 Zi. u. Bad; 1 App. m. Küche, 3 Zi. u. Bad **Preise** App. (2 Pers.): 14000 Esc; (4 Pers.): 22400 Esc; 6 Pers.: 28800 Esc - Frühst. inkl., von 8.00 bis 10.00 Uhr **Kreditkarten** nicht akzeptiert **Verschiedenes** Hunde nicht erlaubt - Schwimmbad - Parkpl. **Umgebung** Santa Luzia u. Museum von Viana do Castelo - Bravaes - Lindoso (Korntrockenanlage, espigueiros) - Ponte de Lima (Kirche, Museum São Francisco) - Golfpl. Povoa de Varzim (9 L.) **Kein Restaurant** (siehe unsere Restaurantauswahl in Valença do Minho S. 226).

Bereits im 16. Jahrhundert auf einem Hügel dem Meer gegenüber errichtet, war das *Boa Viagem* - eine wundervolle *Quinta* mit safranfarbenen Wänden und roten Fensterläden - lange Zeit ein von den Fischern verehrter Ort. Die den Gästen zur Verfügung stehenden Appartements liegen in den alten Gebäuden der Besitzung. Sehr geschmackvoll mit Baldachinbetten, regionalen Stoffen und Radierungen ausgestattet, verfügen alle außerdem über eine Sitzecke und einen Kamin. Da zu ebener Erde gelegen, gehen sie direkt nach außen. Der herrliche Park am Hang ist voller Überraschungen: Springbrunnen, Bassins, hübsche Steinbänke - alles, um von hier aus den Blick aufs weite Meer zu genießen. Von dem an einem kleinen französischen Garten gelegenen Schwimmbad hat man die gleiche phantastische Aussicht. Hinzu kommt der Charme von Jose Teixeira de Queiroz und seiner reizenden Frau.

Anreise (Karte Nr. 1): 75 km nördl. von Porto über die N 13, in Viana do Castelo die Straße nach Valença (ca. 3 km), am Hinweisschild "Turismo de habitação" rechts.

M I N H O

Pousada Monte de Santa Luzia *

4900 Viana do Castelo
Monte Santa Luzia
Tel. 258-82 88 89 - Fax 258-82 88 92

Ganzj. geöffn. **47 Zimmer** u. 1 Suite m. Klimaanl., Tel., Bad, WC, Satelliten-TV, Minibar - Aufzug
Preise EZ u. DZ: 14800-25000 Esc, 16300-26500 Esc; Suite: 24300-39300 Esc; Extrabett: + 30 % -
Frühst. inkl., von 8.00 bis 10.00 Uhr **Kreditkarten** akzeptiert **Verschiedenes** Hunde nicht erlaubt -
Schwimmbad - Tennis - Parkpl. **Umgebung** Santa Luzia u. Museum von Viana do Castelo - Bravães -
Lindoso (Korntrockenanlage, espigueiros) - Ponte de Lima (Kirche, Museum São Francisco) - Golfpl.
Povoa de Varzim (9 L.) **Restaurant** von 12.30 bis 15.00 u. von 19.30 bis 22.00 Uhr - Karte: 3650 Esc -
Spezialitäten: Kabeljau Santa Luzia.

Das Hotel liegt auf dem Hügel von Santa Luzia, dem "Belvedere" von Viana do Castelo. Zum Hotel *Santa Luzia* gelangt man entweder mit einer Seilbahn oder mit dem Auto über eine hübsche, gepflasterte und kurvenreiche Straße, die zwischen Pinien, Eukalyptusbäumen und Mimosen hochführt. Vom Hotel aus ist der Blick auf die Stadt, die breite Lima-Mündung und die unendlichen Atlantikstrände bewundernswert. Die moderne Innenausstattung überrascht, ist aber sehr gelungen. Das speziell für das Hotel entworfene Mobiliar eignet sich bestens für die ungewöhnlich großen Räume. Große Glasfenster und eine schöne Terrasse er möglichen einen besonders schönen Ausblick. Die Zimmer sind sehr komfortabel, der Service ist tadellos, die Küche und der Weinkeller sind exzellent.

Anreise (Karte Nr. 1): 70 km nördl. von Porto über die N 13, in Viana do Castelo Rtg. Santa Luzia.

M I N H O

Casa Grande de Bandeira ᵀᴴ*

4900 Viana do Castelo
Largo das Carmelitas, 488
Tel. 258-82 31 69
Sra Calado Majer de Faria

Ganzj. geöffn. **3 Zimmer** u. 2 m. gemeins. Bad **Preise** EZ u. DZ: 11600 Esc, 14000 Esc; Extrabett: 3200 Esc - Frühst. inkl. **Kreditkarten** nicht akzeptiert **Verschiedenes** Hunde nicht erlaubt **Umgebung** Santa Luzia u. Museum von Viana do Castelo - Bravães - Lindoso (Korntrockenanlage, espigueiros) - Ponte de Lima (Kirche, Museum São Francisco) - Golfpl. Povoa (9 L.) in Varzim **Kein Restaurant** (siehe unsere Restaurantauswahl S. 225).

Außerordentlich günstig an einer kleinen Grünanlage des historischen Viertels von Viana do Castelo gelegen, ist dieses alte Haus seit mehreren Generationen im Familienbesitz. Maria Teresa wird Sie besonders freundlich empfangen und Ihnen das Haus und den Garten zeigen, in dem sie wunderbare Kamelien und schwarzen chinesischen Bambus züchtet. Möbel und Gegenstände aus dem Familienbesitz sowie Souvenirs machen den besonderen Charme dieses traditionellen Hauses aus. Den Gästen stehen drei Zimmer zur Verfügung; sie sind zwar nicht sehr groß, haben aber einen schönen Ausblick auf den Garten. Dieses Haus wird selbst jenen gefallen, die diese Art der Unterbringung nicht sonderlich mögen - allerdings muß man bereit sein, das Bad mit anderen zu teilen.

Anreise (Karte Nr. 1): 70 km nördl. von Porto über die N 13.

M I N H O

Casa de Esteiró TH

4910 Caminha (Viana do Castelo)
Tel. 258-72 13 33 - Fax 258-92 13 56
Maria do Patrocínio Villas Boas

Ganzj. geöffn. **3 Zimmer** u. 1 App. m. Bad, WC, TV im App. - Eingang f. Behindert in App. **Preise** DZ: 16000 Esc; App. (2 Pers.): 11000-12500 Esc, 19000-20000 Esc (4 Pers.) – Frühst. inkl. von 9.00 bis 11.00 Uhr **Kreditkarten** nicht akzeptiert **Verschiedenes** Hunde nicht erlaubt - Parkpl. **Umgebung** Caminha - Minho-Ufer vor Caminha bis Valença do Minho - Viana do Castelo - Bravães - Lindoso - Ponte de Lima ; Golfpl. (9 L.) do Povoa de Varzim **Kein Restaurant** (siehe unsere Restaurantauswahl S. 226).

Caminha ist ein bezauberndes Grenzstädtchen an der Mündung des Rio Minho, das den benachbarten Galiziern unter dem Schutz seiner hoch aufragenden Befestigungsanlagen lange die Stirn bieten konnte. In dem historischen Stadtkern lässt sich die Vergangenheit in Gestalt einer Klosterkirche oder der mit Wappen geschmückten Häuser der Rua Direita bewundern. Dieses ehemalige Jagdhaus aus dem 18. Jahrhundert liegt an einer ziemlich lauten Straße, dafür aber auch inmitten eines Gartens, wo die verschiedenartigsten Pflanzen sprießen: Eichen, Kastanienbäume, Palmen und Orangenbäumen, Hortensien, Kamelien und Stechpalmen. Das Haus wurde bis vor kurzem stets an die weibliche Linie weitervererbt (der jetzige Besitzer hatte allerdings keine Schwestern). Daher auch der Reichtum an Anekdoten: So wurde hier z.B. das erste internationale Tennisturnier organisiert, der Großvater, dessen Porträt den Salon schmückt, gründete eine Bank. Auch die Inneneinrichtung zeugt von zahlreichen Erinnerungen, die dem Ganzen ein leicht museales Ambiente verleihen. Die Zimmer sind luxuriös möbliert, das Gartenhaus mit den beiden komfortablen und unabhängigen Wohnungen ist dagegen schlichter. Exzellenter Service.

Anreise (Karte Nr. 1): 1 km südlich von Caminha.

M I N H O

Paço d'Anha [TH]

Paço d'Anha 4900 Viana do Castelo
Tel. 258-32 24 59 - Fax 258-32 39 04
Sr A. J. Agorreta d'Alpuim

Ganzj. geöffn. **4 Appartements** m. 2 Zimmern, Salon, Kitchenette, Tel., Bad, WC, TV **Preise** DZ: 18000 Esc; 4-BZ: 25500 Esc, 5-BZ: 31500 Esc - Frühst. inkl. **Kreditkarten** Amex **Verschiedenes** Hunde erlaubt - Tennis - Parkpl. **Umgebung** Kirche von Saõ salvador in Bravães - Viana do Castelo - Bravães - Nationalpark von Peneda-Gerês (Durchfahrt des Parks, vom Rio Cavado bis Leonte; Serra do Gerês u. Wanderung zum Belvedere von Fraga Negra), 3 km bis Strand, Lindoso (Korntrockenanlage, espigueiros) - Ponte de Lima (Kirche, Museum São Francisco) **Kein Restaurant** (siehe unsere Restaurantauswahl S. 225).

Die Bezeichnung *Paço* bedeutet, daß diese Besitzung das Privileg hatte, den König zu empfangen. Das geht auf das Jahr 1580 zurück, als dieser sich vor den Spaniern versteckte. Die Weinberge, die sich hier am Hang entlangziehen, bringen den berühmten *vinho verde* hervor. Zur 50 Hektar weiten Besitzung gehört auch ein Hof mit einem charmanten Park, in dem ein kleiner, sich schlängelnder Weg zum Träumen einlädt. Von weitem erblickt man das Meer. Die Appartements wurden dort beispielhaft, wo sich zuvor die Weinbrennerei, die Pferdeställe und die Kelterei befanden. Höchster Komfort und regionaler Stil wurden perfekt miteinander verbunden. Alle Appartements liegen zu ebener Erde, weshalb man hier besonders von der Natur profitiert. Der sehr sympathische und mehrsprachige Gastgeber wird Ihnen gerne seine Besitzung zeigen und Sie über die Region aufklären.

Anreise (Karte Nr. 1): 60 km nördl. von Porto über die IC 1; 15 km vor Viana do Castelo Ausf. Braga-Barcelos. Am Kreisverkehr Rtg. Norden Industriegebiet, nach der Shell links ab und blauen Schildern "Turismo d'Habitacão" und dann "Paço d'Anha" folgen.

M I N H O

Estalagem da Boega

4920 Vila Nova da Cerveira - Gondarém (Viana do Castelo)
Quinta do Outeiral
Tel. 251-590 05 00 - Fax 251-590 05 09
Sr Amorim

Kategorie ★★★ **Ganzj.** geöffn. **30 Zimmer** u. 4 Suiten m. Tel., Bad, WC u. Satelliten-TV **Preise** DZ: 9500-16500 Esc; Suite: 11000-18000 Esc - Frühst. inkl., von 8.00 bis 10.30 Uhr **Kreditkarten** Amex, Visa, Eurocard, MasterCard **Verschiedenes** Hunde nicht erlaubt - Schwimmbad - Tennis - Parkpl. **Umgebung** Lindoso (Korntrockenanlage, espigueiros) - Kirche São Salvador in Bravães - Viana do Castelo - Nationalpark von Peneda-Gerês (Durchfahrt des Parks, vom Rio Cavado bis Leonte; Serra do Gerês u. Wanderung zum Belvedere von Fraga Negra) **Restaurant** um 13.30 u. um 20.30 Uhr - So abends geschl. - Menü: 2850 Esc - Spezialitäten: Vitela assada - Bacalhao a Boega.

Diese ehemaligen Landhäuser wurden in kleinen Familienhotels umgebaut. Eine wirklich gute Idee, denn hier begegnet man dem wahren, dem unverfälschten Portugal. Die traditionelle Bauweise des *Estalagem da Boega* fügt sich besonders gut in die umgebende Natur ein. Komfort ist hier aber auch vorhanden, denn es gibt einen Fernseh- und Videoraum, gut ausgestattete Zimmer und im Garten ein prächtiges Schwimmbad. Das Ganze ist wirklich reizvoll, vor allem der mit *Azulejos* verzierte Kamin und die Holzdecken. Die Zimmer, manche mit Terrasse (Nr. 12, 13), sind hübsch, einige (das Hochzeitszimmer) besonders romantisch. Die im Nebengebäude sind nicht empfehlenswert. Und samstags ist "Fado-Abend".

Anreise (Karte Nr. 1): 100 km nördl. von Porto über die N 13.

MINHO

Pousada Dom Diniz *

4920-296 Vila Nova de Cerveira - Praça da Liberdade
Tel. 251 70 81 20 - Fax 251 70 81 29
Sr António Neiva

Ganzj. geöffn. **29 Zimmer** u. 3 Suiten m. Klimaanl., Tel., Bad, WC, Satelliten-TV u. Minibar **Preise** EZ u. DZ: 12300-21000 Esc, 14300-23000 Esc; Suiten: 19800-28800 Esc; Extrabett: + 30 % - Frühst. inkl., von 8.00 bis 10.30 Uhr **Kreditkarten** akzeptiert **Verschiedenes** Hunde auf Anfr. erlaubt **Umgebung** Lindoso (Korntrockenanlage, espigueiros) - Kirche São Salvador in Bravães - Viana do Castelo - Nationalpark Peneda-Gerês (Durchfahrt des Parks, vom Rio Cavado bis Leonte; Serra do Gerês u. Wanderung zum Belvedere von Fraga Negra) **Restaurant** von 12.30 bis 15.00 u. von 19.30 bis 22.00 Uhr - Menü: 3650 Esc - Karte - Regionale Küche.

Wie ein kleines Dorf wurde am Minho-Ufer die *Pousada Dom Dinis* innerhalb der Festungsmauern und der mittelalterlichen Burg von Vila Nova de Cerveira errichtet. An diesem geschlossenen, privilegierten Ort herrscht absolute Stille. Guter Geschmack kennzeichnet die Zimmer: sie sind alle groß, hübsch möbliert und verfügen ausnahmslos über eine Terrasse (die Suite Nr. 6 hat sogar einen eigenen Garten). Auf den Rundgängen kann man sehr schön spazierengehen und dabei den herrlichen Blick auf Fluß, Land und Stadt genießen.

Anreise (Karte Nr. 1): 100 km nördl. von Porto über die N 13.

R I B A T E J O

Casa da Azinhaga ᵀᴿ

Azinhaga 2150 Golegã (Santarém)
Tel. 249-95 71 46 - Fax 249-95 71 82
Sr Jaoa Vicente Oliveirax Sousa

Ganzj. geöffn. **5 Zimmer** u. 1 Suite (4 Pers., m. Klimaanl.) m. Bad, WC **Preise** DZ: 14000-160000 Esc, Suiten: 28000-32000 Esc - Frühst. inkl., von 8.00 bis 10.00 Uhr **Kreditkarten** nicht akzeptiert **Verschiedenes** Hunde nicht erlaubt - Schwimmbad - Reiten - Parkpl. **Umgebung** Tomar - Abrantes - Santarém - Castelo de Almourol **Gemeins Essen** auf Anfrage.

Von Lissabon aus kommend verläßt man die Autobahn auf der Höhe von Torres Nova und verliert sich in Weizenfeldern und Olivenhainen, bis man den Ort Azinhaga erreicht. Die *Casa* befindet sich in der Hauptstraße und aufgrund der vollständig mit Efeu bewachsenen Fassade kann man sie nicht verfehlen. Nachdem man das Portal durchschritten hat, befindet man sich in einem Hof, um den herum die ehemaligen Pferdeställe und das Haupthaus liegen, von dem nur einige architektonische Elemente durch das auch hier wuchernde Efeu zu sehen sind. Die Zimmer liegen in einem separaten Flügel, alle sind komfortabel eingerichtet, die Suite ist fast wie ein Appartement, mit eigenem Eingang und privatem Salon. Nur das Zimmer zur Straße ist aufgrund des Ausblicks und des Lärms zu vermeiden. Der Salon ist wunderschön eingerichtet. Hinter dem großen Hof ist ein schönes Schwimmbad, das im Sommer für Erfrischung sorgt. Hier wird auch das Frühstück serviert. Eine sehr gute Adresse in einer herrlichen, entdeckenswerten Umgebung.

Anreise (Karte Nr. 3): 128 km nördl. von Lissabon über die Autobahn, Ausf. Torres Novas, dann Rtg. Golegã und Azinhaga.

R I B A T E J O

Quinta de Santo André (São Jorge) ᵀᴿ

2600 Vila Franca de Xira (Lisboa)
Estrada Monte Gordo, Apt 132
Tel. 263-27 21 43 - Fax 263-27 27 76
Sra Brumm

Geschlossen vom 1. bis 15. November **5 Zimmer** m. Bad, WC **Preise** EZ u. DZ: 6000 Esc, 12000 Esc; Suiten: 15000 Esc - Frühst. inkl., ab 9.00 Uhr **Kreditkarten** nicht akzeptiert **Verschiedenes** Hunde erlaubt - Schwimmbad - Reiten - Garage **Umgebung** Monte Gordo - Lissabon - Golfpl. von Estoril (9 u. 18 L.) **Kein Restaurant** (siehe unsere Restaurantauswahl S. 226)

Dieses fuchsienrote Haus mit einem ockerfarbenen Ziegeldach liegt mitten auf dem Land. Die Besitzung verfügt seit einiger Zeit über ein Reitcenter (Ausritte und Reitschule). Denjenigen, die sich nicht für diesen Sport begeistern, steht immerhin ein Schwimmbad zur Verfügung. Die ungezwungene Atmosphäre in diesem Haus ist sehr "gentleman-farmer-like". Die freundlichen Zimmer sind sehr komfortabel. Durch diesen kleinen Umweg über Vila Franca de Xira, nur 30 Kilometer von Lissabon entfernt, lernt man die echte portugiesische Provinz kennen.

Anreise (Karte Nr. 3): 30 km nordöstl. von Lissabon, Estrada, Monte Gordo. Den Hinweisschildern folgen oder nach "La Quinta des Alemanes" fragen.

R I B A T E J O

Quinta do Alto

2600 Vila Franca de Xira (Lisboa)
Estrada Monte Gordo
Tel. 263-27 68 50 - Fax 263-27 60 27
Sr Manuel Ricardo

Ganzj. geöffn. **10 Zimmer** m. Tel., Bad, WC, Satelliten-TV **Preise** EZ u. DZ: 16000-18000 Esc, 18500-20500 Esc - Frühst. inkl., von 8.00 bis 10.30 Uhr **Kreditkarten** akzeptiert **Verschiedenes** Hunde erlaubt - Schwimmbad - Tennis - Squash - Sauna - Reiten - Parkpl. **Umgebung** Monte Gordo - Lis-sabon - Golfpl. von Estoril (9 u. 18 L.) **Gemeins. Essen** auf Anfrage.

Ganz in der Nähe von zwei Gästehäusern mit typisch portugiesischem Charme ist das besondere der Quinta do Alto, daß sie in einem landwirtschaftlichen Besitz eine Unterkunft mit Serviceleistungen und sehr professionellen Einrichtungen bietet, die an die traditionelle Hotellerie erinnern. Ein das Tejo-Tal überragendes altes Haus, wo die Hausherren leben, wurde kürzlich um einen großen neuen Flügel erweitert, wo zehn Zimmer untergebracht sind. Diese verfügen über all den Komfort neuer Einrichtungen: sie sind groß, gut ausgestattet und haben jeweils eine private, überdachte Terrasse im Erdgeschoß. Obwohl es der Einrichtung nicht an Geschmack mangelt, ist sie doch unpersönlich. Aber zahlreiche Freizeitbeschäftigungen machen aus diesem „Hotel" eine für einen Urlaub sehr geeignete Adresse.

***Anreise** (Karte Nr. 3): 30 km nordöstl. von Lissabon, Estrada do Miradouro de Monte Gordo.*

R I B A T E J O

Quinta das Covas [TR]

Cachoeiras 2600 Vila Franca de Xira (Lisboa)
Tel. 263-28 30 31 - Fax 263-28 45 43
Suzanna und Andreas Murschenhofer

Ganzj. geöffn. **9 Zimmer** m. Bad od. Dusche **Preise** EZ u. DZ: 8000-20000 Esc - Frühst. inkl., von 6.00 bis 11.30 Uhr **Kreditkarten** akzeptiert **Verschiedenes** Hunde erlaubt - Parkpl. **Umgebung** Monte Gordo - Lissabon - Golfpl. von Estoril (9 u. 18 L.) **Restaurant** auf Reserv.

Zwanzig Kilometer von Lissabon entfernt, auf der Höhe von Vila Franca, befindet sich Cachoeiras, ein für Portugals Provinz typisches Dorf, mit weiß getünchten Häusern, die durch bunte Farben noch stärker hervorgehoben werden. In einem von drei Hektar Land umgebenen Herrenhaus aus dem 18. Jahrhundert werden Sie von den Besitzern empfangen. Beim Haupthaus wurden klassische architektonische Gepflogenheiten verdreht, indem man die Fassade gelb anstrich und mit Weiß säumte. Sie können in einem der drei Zimmer übernachten (die sich zwei Badezimmer teilen), die man auch für Familien zusammen mieten kann (oder noch eins von den in den Nebengebäuden befindlichen Zimmern dazumieten). Das schönste, geräumigste und teuerste verfügt über eine große Terrasse unter Obstbäumen. Versäumen Sie es nicht, das Frühstück im mit wunderschönen *Azulejos* verzierten Speisesal des Herrenhauses einzunehmen. Es gibt auch ein Schwimmbad, hinter dem sich eine blumenumwachsene Pergola in Orangen- und Nußbäumen verliert.

Anreise (Karte Nr. 3): 30 km nordöstl. von Lissabon über die N 1, Ausf. Franca de Xira u. Cachoeiras. In Cachoeiras, führt die erste oder die zweite Straße zur Quinta.

RIBATEJO

Quinta Vale de Lobos TH

Azoia de Baixo 2000 Santarém
Tel. 243-42 92 64 - Fax 243-42 93 13
Veronica und Joachim Santos Lima

Ganzj. geöffn. **4 Zimmer** u. 2 Cottages m. Bad **Preise** EZ u. DZ: 13000 Esc, 15000 Esc; Cottage (2 erw. u. 2 Kinder): 18000 Esc; Extrabett: 3000 Esc - Frühst. inkl. im Zi., von 8.00 bis 11.00 Uhr **Kreditkarten** nicht akzeptiert **Verschiedenes** Hunde nicht erlaubt - Schwimmbad - Parkpl. **Umgebung** Santarém - Tejo-Tal bis Vila Franca de Xira od. bis Torres Novas **Restaurant** am Schwimmbad (mittags) auf Reserv.

Einige Kilometer von Santarém, der Hauptstadt von Ribatejo entfernt, liegt das herrliche Anwesen Vale dos Lobos, das einstmals von dem berühmten portugiesischen Schriftsteller Alexandre Herculano bewohnt wurde. Sein Zimmer wurde in seinem ursprünglichen Zustand belassen. Das Haus ist von einem Garten mit vielen Bäumen umgeben und so riecht es gut nach Kiefern und Eukalyptus. Im Inneren besitzt es den Charme eines Hauses, das die Spuren seiner Vergangenheit erhalten hat. Das Frühstück wird in einem großen, mit vielen alten Möbeln eingerichteten Salon serviert. Die Zimmer haben mit ihren großen Vorhängen, die eine Ahnung der Deckenhöhe geben, viel Stil. Unsere Vorliebe gilt dem Zimmer am Ende des Ganges mit Balkon, auf den ein zweihundertjähriger Baum seinen kühlen Schatten wirft. In einem Nebengebäude wurden zwei gut ausgestattete Appartements eingerichtet, die für einen längeren Aufenthalt allerdings recht klein sind. Ein Aufenthalt am Schwimmbad ist ein herrlicher Moment, vor allem wenn Veronica sich zu Ihnen gesellt und über die Geschichte des Hauses spricht.

Anreise (Karte Nr. 3): 80 km nordöstl. von Lissabon; 6 km nordöstl. von Santarém in Rtg. Torres Novas.

RIBATEJO

Quinta da Anunciada Velha TR

Cem Soldos 2300 Tomar (Santarém)
Tel. 249-34 52 18/34 54 69 - Fax 249-34 57 52
Sra Sofia Pinto da Franca

Geschlossen Dezember bis Ende Februar **3 Zimmer**, 1 Suite u. 1 App. m. Tel., Bad **Preise** DZ: 12000-15000 Esc - Frühst. inkl., von 8.00 bis 10.00 Uhr **Kreditkarten** nicht akzeptiert **Verschiedenes** Hunde erlaubt - Schwimmbad - Parkpl. **Umgebung** Tomar: Convento do Christo, die Altstadt (Synagoge) - Talsperre von Castelo de Bode - Abrantes - Fátima - Santarém **Gemeins. Essen** auf Anfrage (siehe unsere Restaurantauswahl S. 226).

Die meisten Besucher kommen nach Tomar um das *Convento do Christo* zu besuchen, das zwischen dem 12. und 18. Jahrhundert um Kirche, Kreuzgänge, Kapitelsäle und klösterliche Gebäude erweitert wurde und damit ein gutes Beispiel für die ehemalige portugiesische Architektur darstellt. Die *Quinta da Anunciada Velha* ist für einen Aufenthalt in dieser Gegend eine gute Etappe. Die weißen, mit Gelb gesäumten Gebäude liegen um einen großen, mit Terrakottasteinen gepflasterten Hof. Der große Salon öffnet sich ins Grüne. Er ist sehr angenehm und die Einrichtung ist hier gelungener als in den Zimmern, auch wenn diese geräumig sind und alle schöne Aussicht besitzen. Es gibt außerdem ein kleines separates Haus mit zwei Zimmern, einem Salon und einer kleinen Küche. Es heißt Casa da Aida, ist sehr niedlich und ganz typisch.

Anreise (Karte Nr. 3): 3 km von Tomar Rtg. Torres Novas.

RIBATEJO

Quinta de Santa Bárbara

2250-093 Constância (Santarém)
Tel. 249-73 92 14 - Fax 249-73 93 73
Sr Manuel Vieiro da Feira

Ganzj. geöffn. **8 Zimmer** m. Bad, WC **Preise** EZ u. DZ: 9000 Esc, 11500-12000 Esc - Frühst. inkl., von 8.00 bis 10.00 Uhr **Kreditkarten** Visa, Eurocard, MasterCard **Verschiedenes** Hunde nicht erlaubt - Schwimmbad - Tennis - Parkpl. **Umgebung** Tomar: Convento do Christo, die Altstadt (Synagoge) - Talsperre von Castelo de Bode - Abrantes - Fátima - Santarém **Restaurant** von 12.00 bis 15.00 u. 19.30 bis 22.00 Uhr.

Die *Quinta de Santa Bárbara* befindet sich in einem bewaldeten Tal auf einer Anhöhe über dem Ort Constância. Sie besteht aus mehreren schönen Gebäuden aus dem 18. Jahrhundert, die ein ehemaliger Gouverneur Indiens erbauen ließ. 1987 wurde sie von den heutigen Besitzern restauriert. Durch das imposante Eingangsportal tritt man in einen großen Hof, zwei Palmen rahmen den Eingang des Hauses. Dann entdeckt man die Pracht der riesigen Salons, deren hohe Decken mit Fresken oder rohen Steinen verziert sind. Imposant ist auch das Mobiliar aus dem 18. und 19. Jahrhundert, sowie das aus dicken Latten bestehende Parkett. Alle Zimmer verfügen über individuellen Charme, in den meisten ist das Mobiliar religiös inspiriert. Unsevorliebe gilt dem Zimmer, das man über ein Halbgeschoß über dem Kirchenschiff der kleinen Hauskirche erreicht. In einem Nebengebäude befindet sich ein Restaurant, wo in einem großen gewölbten Saal aus roten Backsteinen gutes Essen serviert wird. Vom auf der Terrasse angelegten Schwimmbad hat man einen wunderschönen Ausblick.

Anreise (Karte Nr. 3): 128 km nördl. von Lissabon über die Autobahn, Ausf. Torres Novas, dann Entrocamento und Constância.

RIBATEJO

Casa do Foral TH

2250 Rio maior (Santarém)
Rua da Boavista, 10
Tel. 243-99 26 10 - Fax 243-99 26 11 - Carlos Higgs madeira
E-Mail: moinhoforal@hotmail

Ganzj. geöffn. **6 Zimmer** m. Bad od. Dusche, WC, TV u. 1 App. (2 Pers.) - Eingang f. Behinderte **Preise** EZ u. DZ: 8400 Esc, 10600 Esc - Frühst. inkl., ab 8.00 **Kreditkarten** Visa, Eurocard, MasterCard **Verschiedenes** Hunde erlaubt - Schwimmbad **Umgebung** Santarém - Tomar: Convento do Christo, die Altstadt (Synagoge) - Abrantes - Fátima - Lisabon - Golfpl. (5 km) **Kein Restaurant** (siehe unsere Restaurantauswahl S. 226).

Die *Casa do Foral* ist eine schlichte, ländliche und nicht besonders kostspielige Adresse in einem Städtchen, das über eine Autobahn von Lissabon (75 km) aus leicht zu erreichen ist und so Gelegenheit zu Ausflügen in die Estramadura bietet. Näher liegen aber die Serra d'Aire und Cadeciros. Die Fassade ist mit Pflanzen reich berankt, und auch im Garten wächst und gedeiht es. Ein Schwimmbecken bildet eine erholsame Oase mitten im Stadtzentrum. Außerdem steht dort auch eine kleine Laube mit Billard- und Spieltischen. Die Zimmer befinden sich im Haus. Sie sind einigermaßen groß, schlicht, aber komfortabel und mit einem Fernseher ausgestattet. Im Sommer wird das Frühstück im Patio serviert, im Winter dagegen genießt man den prächtigen, mit *Azulejos* getäfelten Salon vom ausgehenden 18. Jahrhundert, der mit alten Waffen und Jagdtrophäen dekoriert ist. Da die beiden bedeutenden portugiesischen Stierkampfarenen Santarém und Vila Franca de Xira nicht sehr weit entfernt liegen, können Sie von Ostern bis Oktober einer *Tourada* beiwohnen, einem Stierkampf ohne Tötung des Stieres. Bei dieser Gelegenheit kleidet sich die Stadt festlich, und Weinproben des hiesigen *bucalas* sorgen für Stimmung.

Anreise (Karte Nr. 3): 30 km zwischen Óbidos und Santarém.

R I B A T E J O

Quinta da Cortiçada

Outeiro da Cortiçada
2040 Rio Maior (Santarém)
Tel. 243-47 00 00 - Fax 243-47 00 09

Ganzj. geöffn. **6 Zimmer** u. 2 Suiten m. Klimaanl., Tel., Bad, Satelliten-TV **Preise** EZ u. DZ: 12400-16500 Esc, 14400-18500 Esc; Suite: 17500-21600 Esc - Frühst. inkl., von 8.00 bis 11.00 Uhr **Kreditkarten** akzeptiert **Verschiedenes** Hunde erlaubt - Schwimmbad - Tennis - Parkpl. u. Garage **Umgebung** Óbidos - Kirche von Senhor de Pedra - Kloster von Alcobaça - Kloster von Bathalh- Caldas da Rainha - Santarém **Restaurant** von 12.00 bis 15.00 Uhr u. von 19.30 bis 22.00 Uhr - Menü: 4000 Esc.

Die Straße, auf der man die *Quinta* erreicht, führt durch unberührte Dörfer, die aus den Pinien- und Eukalyptusbäumen auftauchen. Wirklich zauberhaft! Sie liegt 14 km von Rio Maior entfernt und ist die gesamte Strecke über ausgeschildert. Das Anwesen von 96 Hektar hatte noch im letzten Jahrhundert eine reiche und gesunde landwirtschaftliche Produktion Nach seinem Verfall wurde es aufgekauft und 1990 identisch wieder hergerichtet. Zwei langgezogene, blassrote und weiße Gebäude säumen rechts und links das Eingangsportal zur *Quinta*, die sich aus mehreren miteinander durch gepflasterte Gässchen dorfähnlich verbundene Gebäudevolumen zusammensetzt. Das alles inmitten eines französischen Gartens mit streng geschnittenen Buchsbäumen, einem See, auf dem Schwäne majestätisch ihre Kreise ziehen, und einem hinter hohen Platanen verborgenen Schwimmbecken. Von den nacheinander im Erdgeschoss angeordneten Salons aus blickt man auf diesen grünen Garten Eden. Die Suiten bieten zusätzlich noch den Blick auf den See. Die Mahlzeiten werden im Speisesaal an einem großen Gästetisch aus Mahagoniholz serviert. Majestätisches Ambiente, vielleicht eine Spur operettenhaft: Nur ein Schwanenschrei oder auch das Schneiden der Gärtner stört diese ruhige Stille.

Anreise (Karte Nr. 3): 30 km östlich von Santarém.

RIBATEJO

Quinta da Ferraria

Ribeira de São João 2040 Rio Maior
Tel. 243-94 50 01 - Fax 243-95 56 96
Sra Teresa Nobre

Ganzj. geöffn. **11 Zimmer** u. 1 Suite m. Klimaanl., Bad, Satelliten-TV **Preise** EZ u. DZ: 11300-13400 Esc, 13200-16000 Esc; Suite: 14400-18500 Esc; App.: 19500-23700 Esc; Extrabett: 4800-6200 Esc - Frühst. inkl., von 7.30 bis 10.30 Uhr **Kreditkarten** akzeptiert **Verschiedenes** Hunde nicht erlaubt - Schwimmbad - Tennis - Reiten - Parkpl. **Umgebung** Óbidos - Kirche von Senhor de Pedra - Kloster von Alcobaça - Kloster von Bathalh - Caldas da Rainha - Santarém **Restaurant** auf Reserv. - Menü: 3800 Esc.

Die *Quinta da Ferraria* befindet sich etwa sechzig Kilometer von Lissabon entfernt.Dieses weitläufige Anwesen mit zahlreichen Gebäuden und einer Kirche ist wie einen kleinen Ort angelegt. Die Sträßchen wurden gepflastert, die Häuser in Weiß und Blau gestrichen, das Dach wieder mit Kamin versehen, so wie es für die ländliche Architektur Portugals typisch ist. Die Zimmer befinden sich in der Nähe des Schwimmbads. Sie sind sehr komfortabel mit Parkettboden, rustikalen, qualitativ hochwertigen Möbeln und gut ausgewählten Stoffen. Diejenigen mit Blick auf das Schwimmbad und Wiesen, wo die Pferde des Anwesens grasen, haben die günstigste Lage. Im ehemaligen Stall wurde ein Museum eingerichtet, das die Entwicklung der ländlichen Gesellschaft der Region zum Thema hat. Eine sympathische Etappe, die auch so gut organisiert scheint, daß sie sich für größere Gesellschaften eignet.

Anreise (Karte Nr. 3): 100 km nördl. von Lissabon; 30 km westl. von Óbidos.

R I B A T E J O

Quinta da Alcaidaria - Mór TH

2490 Ourém (Santarém)
Tel. und Fax 249-54 22 31
Sra Teresa Alvaiázere

Ganzj. geöffn. **7 Zimmer** u. 2 App. m. Bad, WC **Preise** EZ u. DZ: 15000-19000 Esc, 18000-23000 Esc; Extrabett: 6000 Esc - Frühst. inkl., von 8.30 bis 10.30 Uhr **Kreditkarten** nicht akzeptiert **Verschiedenes** Hunde nicht erlaubt - Schwimmbad - Parkpl. **Umgebung** Schloß u. Stiftskirche von Ourém - Fátima - Höhlen von Mira de Aire, São Mamede, Alvados, Santo Antonio, Tomar Imbiß auf Anfrage. **Kl. Imbiß** auf. Best.

Einige Kilometer hinter Vila Nova de Ourém verbirgt sich dieses hübsche Gasthaus am Ende einer Allee unweit der Straße nach Tomar. Seit dem 17. Jahrhundert ist dieser kleine Landsitz im Familienbesitz. Trotz der Restaurierung haben die mit Pflanzen überwucherten Gebäude nichts von ihrem Charme eingebüßt. Die komfortablen und sehr elegant ausgestatteten Zimmer gehen zum Garten, aufs Land oder auf einen schattigen Hof. Ein ruhiges, behagliches Haus, das zudem ein Schwimmbad besitzt.

Anreise (Karte Nr. 3): 28 km südöstl. von Leiria über die C 113.

TRAS-OS-MONTES

Estalagem do Caçador

5340 Macedo de Cavaleiro (Bragança)
Largo Manuel Pinto de Azevedo
Tel. 278-42 63 54 - Fax 278-42 63 81
Sra Manuela

Ganzj. geöffn. (außer am 24. u. 25. Dezember) **25 Zimmer** m. Tel., Bad, WC, TV - Aufzug **Preise** EZ u. DZ: 11000-13200 Esc, 14400-17600 Esc - Frühst.: inkl. **Kreditkarten** akzeptiert **Verschiedenes** Hunde außer im Restaurant erlaubt - Schwimmbad - Garage (400 Esc) **Umgebung** Bragança - Vila Real - Mateus (Herrenhaus Solar de Mateus) **Restaurant** von 12.30 bis 14.00 u. von 19.30. bis 22.00 Uhr - Menüs: 2700-3500 Esc - Karte - Spezialitäten: Fleisch- u. Fischgerichte.

Dieser im Trás-os-Montes ("hinter den Bergen") gelegene Gasthof kann als Zwischenstation empfohlen werden, wenn man die spanisch-portugiesische Grenze im Nordosten über Braga und Porto passiert. Das *Estalagem do Caçador* befindet sich ar einem belebten Dorfplatz. Im ganzen Hotel (komfortabel, mit einer zuweilen überraschenden Ausstattung) herrscht eine fröhliche Urlaubsstimmung. Man fühlt sich hier sehr wohl, und das Schwimmbad neben dem Hotel ist nach einer Autofahrt (vor allem im August) ein wahrer Genuß.

Anreise (Karte Nr. 2): 40 km südl. von Bragança.

TRAS-OS-MONTES

Solar das Arcas

5340 Arcas (Bragança) - Torre D Chama
Tel. 278-40 14 22 - Fax 278-40 12 33
Maria Francisca Pessanha Lago Montanha

Ganzj. geöffn. **1 Zimmer** m. Bad, WC, 4 App. (2 Pers.), 2 App. (4 Pers.) - Eingang f. Behinderte im App. **Preise** DZ: 18000 Esc; App. (2 Pers.): 10000 Esc; (4 Pers.): 20000 Esc - Frühst. inkl. im Zi. **Kreditkarten** nicht akzeptiert **Verschiedenes** Hunde nicht erlaubt - Schwimmbad - Parkpl. **Umgebung** Bragança - Vila Real - Mateus (Herrenhaus Solar de Mateus) **Gemeins. Essen** auf Reserv.

Dieses wunderschöne Landhaus, ein repräsentatives Beispiel für die Adelshäuser des 17. und 18. Jahrhunderts, liegt in einer abgelegenen und von den Touristen vernachlässigten Gegend Portugals. Es befand sich schon immer im Besitz der Familie Pessanha, den nachfolgenden Generationen des Genuesen Manuel Pessanha, der unter der Regierung D. Dinis nach Portugal gekommen war, um die hiesigen Seeleute in der Schiffahrtskunst zu unterrichten. Eine langgezogene weiße Fassade, an der eine Plinthe in kräftigem Blau entlangläuft, wird von einer langen Reihe von Fenstern mit Giebelchen und fein gehauenen Granitornamenten rhythmisiert. Gleichwohl ist das Ambiente des Hauses ausgesprochen einladend. Altes Familienmobiliar schmückt die Salons und das an die Privatkapelle angrenzende Gästezimmer. In der Kapelle steht noch der kostbar vertäfelte und reich bemalte Altar aus mit Gold überzogenem Holz. In den schön eingerichteten, komfortablen Wohnungen ist Modernes und Traditionelles fein aufeinander abgestimmt. Ein Zwischenstop lohnt sich hier fraglos. Es wird auch all jenen gefallen, die das portugiesische Hinterland nicht schreckt und die dort in der Nähe des Montezinho-Parks und des Stausees von Azibo naturverbundene und sportbetonte Ferien verbringen wollen.

Anreise (Karte Nr. 2): 54 km südlich von Bragança.

TRAS-OS-MONTES

Casa da Avó TH

5160 Torre de Moncôrvo (Bragança)
Torre D Chama
Tel. 279 25 24 01
Macedo Carvalho Ribeiro

Geschlossen Dezember u. Januar **5 Zimmer** m. Klimaanl., Bad u. WC **Preise** EZ u. DZ: 10225- 11128 Esc, 12630-14034 Esc - Frühst. inkl. **Kreditkarten** nicht akzeptiert **Verschiedenes** Hunde nicht erlaubt **Umgebung** Vila Real - Vila Nova de Foz Côa - Mirandela **Kein Restaurant**.

Bei der Durchreise durch den Nordosten von Tras-os-Montes, der sich zur Zeit der Mandelbaum- und Kirschbaumblüte von seiner schönsten Seite zeigt, müssen Sie unbedingt in Torre de Moncôrvo Station machen. Das Dorf hat eine architektonisch interessante Vergangenheit, wie sie z.B. die hübsche *Casa da Avó* mit ihrer typischen Fassade, den *Azujelos* und den schmiedeeisernen Balkonen bezeugt. Die Innenausstattung besteht noch aus dem Familienmobiliar des ausgehenden 19. Jahrhunderts. In den Salons mit den Stuckplafonds, deren Wände mit Seide verkleidet sind, stehen kostbare Möbel und Dekorationsgegenstände. Von den nicht minder luxuriös ausgestatteten Zimmern blicken Sie auf einen ruhigen Garten und einen hundertjährigen Mandarinenbaum, aus dessen Früchten die leckere Konfitüre bereitet wurde, die Sie vielleicht zum Frühstück bekommen werden. Wenn Sie wählen dürfen, sollten Sie sich für das Zimmer entscheiden, wo die Präsidenten Soares und Sampaio genächtigt haben, als Sie auf Besuch in dieser Region waren. Eine einladende und bereichernde Etappe, wenn man Portugal kennen lernen will.

Anreise (Karte Nr. 2): 7 km südlich von Bragança auf der N 102.

TRAS-OS-MONTES

Casa das Torres de Oliveira TH *

Oliveira
5040 Mesão Frio (Vila Real)
Tel. 254-33 67 43/21-840 64 86 - Fax 254-33 61 95 - 21-846 33 19
Isidora Regüela de Sousa Girão

Geschlossen vom 1. September bis 31. März **3 Zimmer** u. 1 Suite m. Bad od. Dusche **Preise** DZ: 18500 Esc - Frühst. inkl. **Kreditkarten** akzeptiert **Verschiedenes** Hunde nicht erlaubt - Schwimmbad **Umgebung** Vila Real - Solar de Mateus - Sabrosa - Douro-Tal (peso da Régua: Bahuhof, Casa de Douro) - Amarante - Guimarães **Kein Restaurant** Imbiß auf Anfrage.

Wenn Sie Péso de Regua im Douro-Tal verlassen haben, fahren Sie die mit Weinreben bepflanzten Hänge hinauf. Die *Casa das Torres* befindet sich noch vor dem Ortseingang. Das bemerkenswerte Gebäude mit der weißen Fassade hat zahlreiche Fenster, die von grauen Steinmotiven untermalt sind. Die Dachziegel sind rosafarben. Der Innenhof, Springbrunnen und das ganze Tal liegt ihm zu Füßen. Hier erwarten Sie drei große und komfortable Gästezimmer. Im Garten gibt es auch ein Schwimmbad mit Panoramablick. Vergessen Sie nicht, den Wein des Hauses zu probieren.

Anreise (Karte Nr. 1): 36 km südöstl. von Vila Real bis Peso da Régua, dann rechts Rtg. Oliveira. 10 km von Mesão Frio.

TRAS-OS-MONTES

Casa d'Alem TR

Oliveira
5040 Solo Mesão Frio (Vila Real)
Tel. und Fax 254-32 19 91
Sr Paulo José Ferreira de Sousa Dias Pinheiro

Ganzj. geöffn. **4 Zimmer** m. Bad od. Dusche **Preise** DZ: 12000 Esc - Frühst. inkl. **Kreditkarten** Visa, Eurocard, MasterCard **Verschiedenes** Hunde erlaubt - Schwimmbad - Billard - Tischtennis - TV **Umgebung** Vila Real - Solar de Mateus - Sabrosa - Douro-Tal (Peso de Regua) **Gemeins. Essen** auf Best.

Wenn man das zur Zeit der Weinlese besonders schöne Douro-Tal durchquert, um in Richtung Meer oder nach Porto zu fahren, ist man sofort entzückt von der Landschaft und den Dörfchen, die seit ewigen Zeiten unverändert zu sein scheinen. Genau das Gefühl hat man auch, wenn man durch die Straßen von Oliveira schlendert und dort die charmante *Casa d'Alem* entdeckt. Dieser Familienbesitz eines Großgrundbesitzers wird heute von seiner Enkelin geführt. Die schmale Fassade läßt nicht ahnen, daß das Haus aus zahlreichen verschiedenen Gebäuden besteht und noch dazu über einen Garten zum Tal hin verfügt. Vier Zimmer werden vermietet, davon ist eines besonders schön, mit einem großen Salon und schönem Ausblick. Terrassen, schattige Gartenlauben und das Schwimmbad sind Plätze, die dazu einladen, die Natur und das goldfarbene Licht, das am Abend die Weinreben beleuchtet, zu genießen.

Anreise (Karte Nr. 1): 36 km südöstl. von Vila Real bis Peso da Régua, dann rechts Rtg. Oliveira. 10 km von Mesão Frio.

TRAS - OS - MONTES

Casa Agricola da Levada TH *

Timpiera 5000 Vila Real
Tel. 259-32 21 90 - Fax 259-34 69 55
Sr Paganini da Costa Lobo
E-Mail: casa-agricola-levada@netc.pt

Ganzj. geöffn. **4 Zimmer** u.1 App. (2 Pers.) m. Tel., Bad, WC, TV - Eingang f. Behinderte **Preise** DZ: 11000-14000 Esc, App.: 20000-22000 Esc; Extrabett.: 3200 Esc - Frühst. inkl. **Kreditkarten** Amex, Visa **Verschiedenes** Hunde erlaubt - Schwimmbad **Umgebung** Mateus (Herrenhaus Solar de Mateus) - Serra do Marão - Straße von Vila Real nach Amarante - Straße von Vila Real nach Mondim de Basto **Gemeins. Essen** auf Anfrage - Menü: 3000 Esc.

Diese 1922 von einem Gouverneur aus Mozambique errichtete Besitzung verfügt über eine Artdeco-Architektur portugiesischen Stils und soll von dem berühmten Architekten Raul Liria entworfen worden sein. Seit einigen Jahren für den "Haustourismus" geöffnet, bietet *Casa Agricola da Levada* vier Zimmer an. Wie in allen Häusern dieser Güte, kann man sich einer gewissen Eleganz sicher sein, und zudem wird Komfort geboten. Der gepflegte Garten ist im Sommer voller blühender Hortensien und Rosen. Der Wasserspeicher läßt sich auch als Schwimmbassin nutzen. Der fischreiche Fluß wird Angler begeistern, und wer noch mehr für Abenteuer übrig hat, kann sich auf dem Rücken eines Esels oder Maultiers die *Quinta* näher anschauen. Die unkomplizierte Küche ist sehr zufriedenstellend, und der Keller bietet eine gute Auswahl regionaler Weine.

Anreise (Karte Nr. 2): 95 km östl. von Porto über die IP 4 (Rtg. Vila Real) Ausf. Norte, dann Rtg. Vila Real. Nach der BP-Tankstelle links Rtg. Mateus, dann vor der Brücke links abbiegen.

TRAS - OS - MONTES

Vidago Palace Hotel

Vidoga 5425 (Villa Real)
Parque de Vidago
Tel. 276-90 73 56 - Fax 276-90 73 59
Sr Jaime Alves

Kategorie ★★★★ **Ganzj.** geöffn. **74 Zimmer** u. 9 Suiten m. Klimaanl., Bad, WC, Satelliten-TV, Minibar - Aufzug **Preise** EZ u. DZ: 13000-19000 Esc, 15000-25000 Esc; Suite: 23000-33000 Esc - Frühst. inkl., von 7.30 bis 10.00 Uhr **Kreditkarten** akzeptiert **Verschiedenes** Hunde nicht erlaubt - Schwimmbad - Tennis - Fitneßcenter - Golfpl. - Parkpl. **Umgebung** Wald von Vidago - Guimarães - Santo Tirso **Restaurant** von 12.30 bis 15.00 u. von 19.30 bis 22.30 Uhr - Karte - Regionale Küche.

Ein imposantes Gebäude taucht aus für den Norden Portugals typischen Eukalyptus- und Pinienwäldern auf. Die Fassade ist hundert Meter lang, drei Etagen mit einer Reihe von großen, von weißen Steinen eingefaßten Fenstern heben sich farblich von den rostfarbenen Mauern ab. Das Vidago Palace zeugt von einer Epoche, wo man Europa durchreiste und nur in Grand- und Luxushotels abstiege. Über eine Monumentaltreppe gelangt man in eine riesige Halle, die zu einer Seite zum Speisesaal mit sieben Meter hohen Decken führt, an denen eine Galerie entlang führt. Auf der anderen befindet sich eine ebenso reich verzierte Bar. Von der durch ein Glasdach erhellten Haupthalle führt ein doppelter Treppenlauf zu den Zimmern. Die banale Einrichtung der Zimmer steht im Gegensatz zum Prunk der anderen Räumlichkeiten; sie sind elegant, aber das Mobiliar sehr funktionell. Allerdings bieten alle einen Blick auf den herrlichen Garten. Zahlreiche Freizeit- und Fitneßmöglichkeiten tragen zum Luxus dieses Hotels bei. Dieses Luxushotel mitten in einer recht ursprünglichen Gegend ist eine recht ungewöhnliche Adresse.

Anreise (Karte Nr. 2): 140 km östl. von Porto.

AZOREN

Estalagem de Santa Cruz

Ile de Faial
9900 Horta
Rua Vasco da Gama
Tel. 292-293 021/22 - Fax 292-293 906 - Sra Manuela Lacerda

Kategorie ★★★★ **Ganzj.** geöffn. **25 Zimmer** m. Klimaanl., Tel., Bad u. TV (11 m. Minibar) **Preise** EZ u. DZ: 11900-18300 Esc, 13700-20100 Esc; Extrabett: 3300-4500 Esc - Frühst. inkl., von 7.00 bis 10.00 Uhr - HP u. VP: + 2600 Esc, + 4700 Esc (pro Pers.) **Kreditkarten** Amex, Visa, Eurocard, Master-Card **Verschiedenes** Hunde nicht erlaubt **Umgebung** Horta: Kirche São Francisco, Nossa Senhora von Carmo (Azulejos, Aussicht) - Caldeira - Grotten von Costa de Feteira **Restaurant** von 12.30 bis 14.30 u. 19.30 bis 22.00 Uhr - Menü: 2200 Esc - Karte.

Faial ist die schickste Insel der Azoren. Internationale Yachten dümpeln im Hafen, im *Café Sport* sieht man berühmte Leute, aber richtige Seeleute gehen lieber ins *Peters Friends*, das seit mehr als fünfzig Jahren von der gleichen irischen Familie geführt wird. In diesem Hafen befindet sich auch das *Santa Cruz*, das in einem Fort aus dem 15. Jahrhundert gebaut wurde. Zur Straße hin sind die Wälle mit Kletterpflanzen bedeckt, zum Meer hin mit einem Rasen bepflanzt. Die Zimmer zum Hafen haben Balkone, von denen aus man die Schiffe beobachten kann. Eine charmante Adresse im Stadtzentrum.

Anreise (Karte Nr. 7): am Hafen.

AZOREN

Hotel Faial

Ile de Faial
9900 Horta
Rua Consul Dabney
Tel. 292-292 181/72 - Fax 292-292 081 - Sr Jose de Sousa

Kategorie ★★★★ **Ganzj.** geöffn. **119 Zimmer** u. 4 Suiten m. Klimaanl., Tel., Bad, TV, Minibar in Suiten **Preise** EZ u. DZ: 11500-16570 Esc, 12500-17700 Esc; Suiten: 15200-20500 Esc; Extrabett: 3500-4950 Esc - Frühst. inkl., von 7.30 bis 10.00 Uhr - HP u. VP: + 2700 Esc + 5400 Esc (pro Pers.)
Kreditkarten Visa, Eurocard, MasterCard **Verschiedenes** Hunde nicht erlaubt - Schwimmbad - Tennis **Umgebung** Horta: Kirche São Francisco, Nossa Senhora von Carmo (Azulejos, Aussicht) - Caldeira - Grotten von Costa de Feteira **Restaurant** von 12.30 bis 14.30 u. 19.45 bis 22.00 Uhr - Menü: 2700 Esc - Karte.

Die Buchen an den Hängen der Vulkane der Caldeira haben dieser Insel ihren Namen gegeben. Man nennt sie sonst auch die "blaue Insel", aufgrund der vielen Hortensien, die hier wachsen. Das *Faial* liegt in einem grünen Viertel der Stadt, gegenüber dem Meer und dem Vulkan der Insel Pico. Das Hotel nennt sich "international", und es gibt hier Boutiquen, Seminarräume, einen Schönheitssalon… Aber in Anbetracht der doch nicht sehr zahlreichen Touristen bleibt dies ein sehr komfortables Hotel, wo man nicht von Menschen überrannt wird. Ganz in der Nähe gibt es auch einen Wassersportclub, wo man sehr gut segeln kann. Die Einrichtung im Stil der 70er Jahre entspricht nicht unbedingt dem heutigen Geschmack … Trotzdem eine gute Adresse für einen längeren Aufenthalt.

Anreise (Karte Nr. 7): im Stadtzentrum.

A Z O R E N

Residential Infante
Ile de Faial
9900 Horta
Tel. 292-292 837

Ganzj. geöffn. **21 Zimmer** m. Tel., 15 m. Bad **Preise** EZ u. DZ: 6000-7000 Esc, 8000-12000 Esc - Frühst. inkl., von 7.30 bis 10.00 Uhr **Kreditkarten** nicht akzeptiert **Verschiedenes** Hunde nicht erlaubt **Umgebung** Horta: Kirche São Francisco, Nossa Senhora von Carmo (Azulejos, Aussicht) - Caldeira - Grotten von Costa de Feteira **Kein Restaurant** (siehe unsere Restaurantswahl in Horta S. 226).

Diese sympathische Pension liegt in einem der schönsten Gebäude am Hafen. Von hier aus hat man einen phantastischen Blick auf die Schiffe dort und die Insel Pico. Es handelt sich u, eine einfache Pension, wo man es verstanden hat, den ursprünglichen Charme der 30er Jahre zu erhalten. Die Zimmer verfügen nicht alle über den gleichen Komfort, und wir empfehlen diejenigen mit Blick auf die Kais, die ein eigenes Badezimmer haben. Die Preise sind vernünftig, vor allem wenn man die äußerst günstige Lage berücksichtigt.

Anreise (Karte Nr. 7): am Hafen.

AZOREN

Quinta das Buganvílias TR

Ile de Faial
Castelo Branco 9900 Horta - Jogo, 60
Tel. 292-94 32 55/94 37 40 - Fax 292-94 37 43
Sr Manuel Joachim da Silva Brums

Ganzj. geöffn. **8 Zimmer** 7 m. Bad, einige m. Kochnische **Preise** EZ u. DZ: 11000 Esc, 13200 Esc - Frühst. inkl., von 7.30 bis 10.00 Uhr **Kreditkarten** akzeptiert **Verschiedenes** Hunde erlaubt **Umgebung** Horta: Kirche São Francisco, Nossa Senhora von Carmo (Azulejos, Aussicht) - Caldeira - Grotten von Costa de Feteira **Kein Restaurant** (siehe unsere Restaurantauswahl in Horta S. 226).

Die *Quinta das Buganvílias* liegt nur einige Kilometer vom Zentrum von Horta entfernt und ist die beste Adresse der Insel. Wie man sich schon denken kann, sind mehrere Gebäude von Bougainvilleen überwuchert. Die Spezialität dieser Quinta ist der Anbau von Blumen und Früchten. Im ältesten Teil, dem weißen Haus, wohnt der Besitzer und dort sind auch die vier zu mietenden Zimmer. Das andere Haus, ganz aus grauem Vulkanstein, liegt, noch näher am Meer, und dort befinden sich die Rezeption und die in der ehemaligen Getreidemühle untergebrachte Bar. Eine letzte kleine Villa wurde in ein 4-Personen-Appartement umgebaut. Alle sind sehr komfortabel (große Marmorbadezimmer) und schön eingerichtet. Der Garten, in dem es nach Zitronenbäumen duftet, ist ein kleiner Traum, und seine Farben sind je nach Saison die der Hortensien, Rosen oder Bougainvilleen.

Anreise (Karte Nr. 7): 10 km westl. von Horta.

AZOREN

Hotel São Pedro

Ile de São Miguel
9500 Ponta Delgada - Largo Almirante Dunn
Tel. 296-28 22 23/4/5 - Fax 296-62 93 19 - Luis Cogumbreiro
E-Mail: h.atlantico@mail.telepac.pt - Web: www.bensaude.pt

Kategorie ★★★★ Ganzj. geöffn. **20 Zimmer** u. 6 Suiten m. Tel., Bad od. Dusche u. WC **Preise** EZ u. DZ: 16200-18900 Esc, 17300-19500 Esc; Suiten: 27100-30600 Esc; Extrabett: 3150-3600 Esc - Frühst. inkl., von 7.30 bis 10.00 Uhr **Kreditkarten** Visa, Eurocard, MasterCard **Verschiedenes** Hunde nicht erlaubt - Schwimmbad - Sauna (50 m im Hotel Açores Atlantico) **Umgebung** Ponta Delgada: botanischer Garten, Museum Carlos Machado, Igreja matriz - See der Sete Citades - Lagao do Fogo - Botanischer Garten von Terra Nostra - Nossa Senhora da Estrela de Ribeira Grande **Kein Restaurant** Es besteht die Möglichkeit im Hotel Açores Atlantico zu essen.

São Miguel ist mit ihren 65 km Länge und 16 km Breite die größte der Azoren-Inseln. Eigentlich ist es schöner in der Umgebung zu wohnen, um von dieser "Garten-Insel" zu profitieren, aber Ponta Delgada ist auch einen Besuch wert, aufgrund der mit schwarzen und weißen Mosaiken gepflasterten Straßen, der botanischen Gärten und barocken Kirchen. Dieser fast zweihundert Jahre alte, ehemalige Sitz eines amerikanischen Konsuls beherbergt heute das beste Hotel von Ponta Delgada. Zur Stadt hin ist die Fassade mit grauer Lava eingesäumt und zieht sich bis zu dem kleinen Platz hin, auf dem die Kirche San Pedro steht. Zur Seite der Rasenflächen des Gartens führen Terrassen zum Hafen. Die Eingangshalle und Rezeption, der gemütlichere Salon sind in georgischem Kolonialstil eingerichtet: Exotische Holzverkleidungen erinnern daran, daß San Miguel eine Zwischenstation von Seemännern, die aus Indien oder Brasilien kamen, war. Der sehr gute Komfort und ein ausgezeichnetes Restaurant tragen dazu bei, daß man sich ganz der angenehm nostalgischen Stimmung des Ortes hingeben kann.

Anreise (Karte Nr. 7): in der Nähe des Hafens.

AZOREN

Convento de San Francisco

São Miguel
9680 Vila Franca do Campo
Tel. 296-58 35 32 - Fax 296-58 35 34
Sra Manuela Guerreiro

Kategorie ★★★★ **Ganzj.** geöffn. **12 Zimmer** m. Tel., Bad, TV **Preise** DZ: 22000 Esc - Frühst. inkl., von 7.30 bis 10.00 Uhr **Kreditkarten** nicht akzeptiert **Verschiedenes** Hunde nicht erlaubt - Schwimmbad - Squash - Parkpl. **Umgebung** Ponta Delgada: botanischer Garten, Museum Carlos Machado, Igreja matriz - See der Sete Citades - Lagao do Fogo - Botanischer Garten von Terra Nostra - Nossa Senhora da Estrela de Ribeira Grande **Kein Restaurant**.

In diese prächtige Landschaft kommen nur wenige eingeweihte Touristen und entdecken wie der ehemalige Vulkan in einen riesigen botanischen Garten umgewandelt wurde, wo die Straßen von Hortensien eingerahmt sind und in den Wäldern Hortensien in Hülle und Fülle wachsen. In dieser Gegend wird Ihnen die recht strenge Rafinesse des *Convento de San Francisco* fast richtig edel erscheinen. Die Einrichtung wurde ohne Schnörkel gestaltet. Man hat der Schönheit der Formen und Materialien den Vorrang gegeben: exotischer Holzboden, Vulkangestein in den Badezimmern. Jedes Zimmer ist anders eingerichtet, mit vergoldeten Holzelementen, Bettüberdecken aus Fell, Gemälden mit religiösen Szenen, oder modernen Tehmen. Dieser barocke Aspekt unterstreicht noch die elegante Nüchternheit der Einrichtung. Von der Terrasse aus hat man einen sehr schönen Blick aufs Meer und die Berge. Ein sehr schöner Zufluchtsort, der sich in der Nähe der Strände, eines Golfplatzes und Wanderwegen befindet.

Anreise (Karte Nr. 7): 30 km östl. von Ponta Delgada.

A Z O R E N

Hotel Vinha da Areia

São Miguel
9500 Vila Franca do Campo
Tel. 296-58 31 33/4/5 - Fax 296-58 25 01

Kategorie ★★★ **Geschlossen** von Oktober bis Juni **50 Zimmer** u. 2 Suiten m. Klimaanl., Tel., Bad, Satelliten-TV **Preise** EZ u. DZ: 13000 Esc, 15000 Esc; Suite: 20000 Esc - Frühst. inkl., von 7.30 bis 10.00 Uhr **Kreditkarten** nicht akzeptiert **Verschiedenes** Hunde nicht erlaubt - Schwimmbad - Tennis, Strand **Umgebung** Ponta Delgada: botanischer Garten, Museum Carlos Machado, Igreja matriz - See der Sete Citades - Lagao do Fogo - Botanischer Garten von Terra Nostra - Nossa Senhora da Estrela de Ribeira Grande **Kein Restaurant.**

Dies ist ein sehr schönes Hotel, gleich am Wasser. Die im mediterranen Stil errichteten Gebäude liegen zum Meer hin, und so hat man von allen Zimmern aus einen herrlichen Blick. Die Dekoration im regionalen Stil schafft eine gemütliche Atmosphäre. Im Salon sind die Decken mit bunten Stofftüchern bespannt, die Bar ist mit *Azulejos* verziert, und im Eßsaal stehen Tische aus Granitstein. Charme ist hier allgegenwärtig. Das Hotel befindet sich zwischen zwei kleinen Buchten mit schwarzem Sand, und nebenan wurde ein Schwimmbad und ein Tennisplatz gebaut. Auf einer großen Terrasse können Sie am Abend den Blick auf den Ozean genießen. Im Laufe des Jahres sind jedoch Renovierungsarbeiten vorgesehen. Diesbezüglich sollten Sie sich vor der Anreise informieren.

Anreise (Karte Nr. 7): 10 km östl. von Ponta Delgada.

A Z O R E N

Casa Nossa Senhora do Carmo TH

São Miguel
9500-614 Livramento
Rua do Pópulo de Cima, 220
Tel. 296-64 20 48 - Fax 296-64 20 38
E-mail: carmo@virtualazores.com

Geschlossen Dezember **5 Zimmer** 4 m. Bad, 1 m. Dusche **Preise** EZ u. DZ: 13000-15000 Esc, 14000-17000 Esc; Extrabett: 4000 Esc - Frühst. inkl., von 7.30 bis 10.00 Uhr **Kreditkarten** nicht akzeptiert **Verschiedenes** Hunde nicht erlaubt - Parkpl. **Umgebung** Ponta Delgada: botanischer Garten, Museum Carlos Machado, Igreja matriz - See der Sete Citades - Lagao do Fogo - Botanischer Garten von Terra Nostra - Nossa Senhora da Estrela de Ribeira Grande **Gemeins. Essen** auf Anfrage - abends: 4200 Esc.

L ivramento liegt einige Kilometer von Porta Dorada entfernt und zählt zu den kleinen Dörfern an der Küste. Das *Senharo do Carno* ist heute ein schöner Wohnsitz. Der Eingang mit Engeln, Jungfrauen und kleinen Altaren ist sehr ungewöhnlich. Die Zimmer liegen alle hintereinander: die Küche, der Eßsaal mit dem traditionellen Herd liegen vor dem Salon, dessen Boden mit einem Fellteppich bedeckt ist. Auch eine angenehme Terrasse auf der man Ihnen Kaffee serviert liegt in dieser Verlängerung. Die Besitzer haben für ihre Gäste einige Zimmer zum Garten eingerichtet. Die rustikale, typische Einrichtung verleiht diesem Hause Charme. Im Garten gibt es viele schattige Plätzchen, und wenn Sie durch das kleine Portal hindurchgehen, können Sie auf der Bananenplantage des Hauses spazieren gehen. Maria ist eine reizende Gastgeberin, die Ihnen auch ihren Weinkeller öffnet, wo die Priester ehemals ihren Messwein produzierten.

Anreise (Karte Nr. 7): 10 km östl. von Ponta Delgada.

AZOREN

Quinta da Terça ᵀᴴ

São Miguel
9500 Livramento
Rua Pópulo de Cima
Tel. 296-63 69 37 - Fax 296-64 21 95 - Sra Maria Manuela Soares

Ganzj. geöffn. **3 Zimmer** m. Bad **Preise** EZ u. DZ: 12000-14000 Esc, 14500-17500 Esc - Frühst. inkl., von 8.30 bis 10.00 Uhr **Kreditkarten** nicht akzeptiert **Verschiedenes** Hunde nicht erlaubt - Reitwege - Fahrräder - Parkpl. **Umgebung** Ponta Delgada: botanischer Garten, Museum Carlos Machado, Igreja Matriz - See der Sete Citades - Lagao do Fogo - Botanischer Garten von Terra Nostra - Nossa Senhora da Estrela de Ribeira Grande **Gemeins. Essen** auf Best. - abends: 4200 Esc.

Die *Quinta da Terça* liegt wie die *Casa Senhora do Carno* in Livramento, und auch hier gibt es angenehme Unterbringungsmöglichkeiten. Wenn Sie durch das Portal hindurchgehen, führt eine schattige Allee bis zum Bauernhaus, neben dem ein imposanter Gummibaum steht. Der ganze Stolz der Besitzerin ist allerdings der in den ehemaligen Ställen untergebrachte Salon. Es ist nicht nur ein Salon, sondern ein der Reitkunst gewidmetes Museum. Alle Familienmitglieder sind leidenschaftliche Reiter, und die Gäste werden nicht um eine lange Diskussion über dieses Thema herumkommen. Die zwei Gästezimmer sind klein, aber komfortabel. Der Service ist sehr aufmerksam und flexibel. Sie können sich das Frühstück z.B. auf dem Zimmer servieren lassen und abends um einen Tee zum Einschlafen bitten.

Anreise (Karte Nr. 7): 12 km östl. von Ponta Delgada.

AZOREN

Hotel Terra Nostra

São Miguel
9675 Furnas
Tel. 296-58 47 06 - Fax 296-58 43 04
Sr José Pimentel

Kategorie ★★★ **Ganzj.** geöffn. **79 Zimmer** u. 2 Suiten m. Tel., Bad, TV - Aufzug **Preise** EZ u. DZ: 11750-17300 Esc, 13000-19000 Esc - Frühst. inkl., von 7.30 bis 10.00 Uhr **Kreditkarten** akzeptiert **Verschiedenes** Hunde nicht erlaubt - Schwimmbad - Parkpl. **Umgebung** Ponta Delgada: botanischer Garten, Museum Carlos Machado, Igreja matriz - botanischer Garten von Terra Nostra, Thermalbäder vom 1. Juli bis 30. September - See der Sete Cidades - Lagoa do Fogo - Nossa Senhora da Estrela de Ribeira Grande **Restaurant** von 12.00 bis 14.30 u. von 19.00 bis 21.30 Uhr - Menü: 2700 Esc - Karte.

Im Osten der Insel befindet sich Furnas und der berühmte botanische Garten. Wieder ist Thomas Hickling der Urheber. Er hat den Palmenhain und andere üppig wachsende tropische Pflanzen anlegen lassen. *Terra Nostra* ist ein sehr guter Zwischenstop. Um ganz zufriedengestellt zu werden, sollten Sie in der ehemaligen Villa, der Casa do Parque wohnen, wo die luxuriöseren Zimmer sind. Die Einrichtung ist sehr schön und alt, der große Salon führt direkt zum Park mit Teich. Sie sollten wissen, daß der Hauptteil des Hotels jedoch in einem modernen Gebäude ohne architektonischen Charme untergebracht ist. Innen ist es aber sehr gepflegt und komfortabel. Hier befindet sich auch das für seine lokalen Spezialitäten bekannte Restaurant. Ein idealer Ort für lange Spaziergänge an den blumenumwachsenen Ufern des romantischen Sees, Vale das Furnas und Exkursionen zum Pico da Vara, hinauf auf 1080 Meter, von wo aus man einen ganz außergewöhnlichen Blick hat.

Anreise (Karte Nr. 7): 40 km östl. von Ponta Delgada.

AZOREN

Solar de Lalém TH

São Miguel
9625-391 Maia - Estrada de S. Pedro
Tel. 296-44 20 04 - Fax 296-44 21 64
Gerd und Gabriele Hochleitner
E-mail: solar.de.lalem@mail.telepac.pt - Web: www.azoresnet.com/solardelalem

Geschlossen Dezember bis Februar **10 Zimmer** m. Bad od. Dusche **Preise** EZ u. DZ: 11500-14500 Esc, 13000-16000 Esc - Frühst. inkl., von 8.00 bis 10.00 Uhr **Kreditkarten** nicht akzeptiert **Verschiedenes** Hunde nicht erlaubt - Schwimmbad - Parkpl. **Umgebung** Ponta Delgada: botanischer Garten, Museum Carlos Machado, Igreja matriz - See der Sete Citades - Lagao do Fogo - Botanischer Garten von Terra Nostra - Nossa Senhora da Estrela de Ribeira Grande - Golfpl. Furnas (8 km) **Gemeins. Essen** auf Anfrage - abends: 3800 Esc.

Wenn man von Furas aus nach Maia fährt, kommt man über eine sehr schöne Straße durch Täler und Hügel, die noch von den ehemals aktiven Vulkanen zeugen. Man kommt an vielen von Hortensien eingerahmten Weiden vorbei, wo Kühe grasen. Hier gibt es auch einige Teeplantagen, und man kann die einzige europäische Teefabrik in Gorreana besichtigen. Dieses aristokratische Herrenhaus wurde für den Tourismus umgestaltet: ein Schwimmbad und ein Krocketplatz wurden angelegt. Das Essen können Sie entweder in der alten, noch ursprünglichen Küche mit altem Ofen und Kupferutensilien oder im Eßraum einnehmen. Die Zimmer liegen teilweise im Haupthaus (sie sind komfortabler und haben außerdem immer einen schönen Ausblick) oder im Anbau, wo sie im Erdgeschoß und damit direkt zum Garten liegen. Die Strände, wie z.B. der Praia dos Moinhos liegen ganz in der Nähe. Sie können zahlreiche Ausflüge machen, und die Besitzer sind besonders sympathisch.

Anreise (Karte Nr. 7): 35 km nördl. von Ponta Delgada.

AZOREN

Casa das Calhetas [TH]

São Miguel
Calhetas 9600 Ribeira Grande
Rua da Boa Viagem
Tel. 296-49 81 20 - Fax 296-49 81 99 - Sr Carlos D. Gonzalez
E-Mail: e.regogonzalez@mail.telepac.pt - Web: www.virtualazores.com/turismo/casacalhetas

Ganzj. geöffn. **3 Zimmer** m. Bad od. Dusche **Preise** EZ u. DZ: 12000 Esc, 14000 Esc - Frühst. inkl., von 9.30 bis 10.00 Uhr **Kreditkarte** Amex **Verschiedenes** Hunde erlaubt - Parkpl. **Umgebung** Ponta Delgada: botanischer Garten, Museum Carlos Machado, Igreja matriz - See der Sete Citades - Lagao do Fogo - Botanischer Garten von Terra Nostra - Nossa Senhora da Estrela de Ribeira Grande **Gemeins. Essen** auf Anfrage.

Die *Casa das Calhetas* befindet sich im Norden der Insel. Die Besitzer brüsten sich damit, den größten Baum des Ortes zu besitzen, den man übrigens auch als Orientierungspunkt benutzen kann, um hierher zu finden. Die Fassade dieses wunderschönen Anwesens wird auf einer Seite von schwarzer Lava eingerahmt und auf der anderen von einem reich verzierten Portal. Die Zimmer befinden sich in der um den hübschen Innenhof gelegenen Loggia. Die Besitzer planen, im Jahr 2000 drei Wohnungen zu eröffnen, die eine größere Unabhängigkeit bieten. Eine schöne Adresse für einen Zwischenstop. Man muß allerdings vorher reservieren.

Anreise (Karte Nr. 7): 15 km nördl. von Ponta Delgada, vor dem Ortseingang von Ponte Delgada links Rtg. Calhetas abbiegen.

AZOREN

Solar do Conde

São Miguel
9545 Capelas - Rua do Rosário, 36
Tel. 296-29 88 87/8/9 - Fax 296-29 86 23
Sr Carlos D. Gonzalez

Ganzj. geöffn. **27 Bungalows** m. Tel., Bad od. Dusche, TV, Kochnische **Preise** EZ u. DZ: 10000-15000 Esc, 13000-17500 Esc; Extrabett: 4000-4500 - Frühst.: 750 Esc (Frühst. inkl. außer der Saison), von 7.30 bis 10.00 Uhr **Kreditkarten** akzeptiert **Verschiedenes** Hunde nicht erlaubt - Schwimmbad - Reinigung - Parkpl. **Umgebung** Ponta Delgada: botanischer Garten, Museum Carlos Machado, Igreja matriz - See der Sete Citades - Lagao do Fogo - Botanischer Garten von Terra Nostra - Nossa Senhora da Estrela de Ribeira Grande **Restaurant** von 12.30 bis 14.30 u. von 19.45 bis 22.00 Uhr - Karte: 2500-4000 Esc - Regionale Küche.

Der kleine Ort Capelas liegt am Ufer des Ozeans und nur ca. fünfzig Kilometer von Ponta Delgada entfernt. *Solar do conde* vermietet einige kleine Villen für zwei Personen mit jeweils einem Zimmer, einem Badezimmer mit Badewanne oder Dusche und einem Salon mit integrierter Kochnische. Zu jeder gehört ein Stück private Rasenfläche und baumähnlich gewachsene Farnkrautpflanzen. Für diejenigen, die gerne unter Leute gehen, gibt es ein Restaurant und eine Bar und zur großen Freude der Kinder ein Schwimmbad.

Anreise (Karte Nr. 7): 15 km nördl. von Ponta Delgada.

A Z O R E N

Casa do Monte ᵀᴴ

São Miguel
Santo António 9545 Capelas
Tel. 296-98 93 44 - Fax 296-98 93 447
Sra Gorgina Franco

Geschlossen Dezember bis Februar **5 Zimmer** m. Bad **Preise** EZ u. DZ: 8400-10800 Esc, 10500-12800 Esc - Frühst. inkl., von 7.30 bis 10.00 Uhr **Kreditkarten** nicht akzeptiert **Verschiedenes** Hunde erlaubt - Parkpl. **Umgebung** Ponta Delgada: botanischer Garten, Museum Carlos Machado, Igreja matriz - Botanischer Garten von Terra Nostra, Thermalbäder vom 1. Juli bis 30. September - See der Sete Citades - Lagao do Fogo - Nossa Senhora da Estrela de Ribeira Grande **Gemeins. Essen** auf Anfrage (siehe unsere Restaurantauswahl in Ponta Delgada S. 226-225).

Während eines Aufenthaltes in der *Casa do Monte* kann man das Leben auf einem noch ursprünglichen landwirtschaftlichen Besitz der Azoren kennenlernen, der seit drei Jahrhunderten von derselben Familie bewirtschaftet wird. Es ist ein richtiger Bauernhof mit Hühnern, Gänsen, Pferden und einer alten Küche, wo das Frühstück eingenommen wird. Obwohl es inzwischen längst fließendes Wasser gibt, stehen in den Badezimmern noch große Waschtische auf Porzellanfüßen mit dazu passenden Wasserkrügen. Der Ozean und das klare Wasser der Bucht von Capelas sind ganz in der Nähe, und man sollte hier auch von der Schönheit der Berge profitieren. Versäumen Sie es nicht, zum See der Sete Cidades zu wandern, dessen Name an die Geschichte der sieben Bischöfe erinnert, die auf der Flucht vor den Mauren Unterschlupf auf dieser Insel fanden und hier sieben Gemeinden gründen wollten. Der See hat die Form des Symbols der Unendlichkeit, und sein Wasser ist teilweise Blau, teilweise Grün.

Anreise (Karte Nr. 7): 15 km nördl. von Ponta Delgada.

AZOREN

Quinta da Nasce-Agua [TH]

Terceira
Vinha Brava 9700 Angra do Heroismo
Tel. 295-62 85 01 - Fax-295 62 85 02

Ganzj. geöffn. **5 Zimmer** m. Klimaanl., Tel., Bad, TV **Preise** EZ u. DZ: 18500-19000 Esc, 20000-20500 Esc - Frühst. inkl., von 7.30 bis 10.00 Uhr **Kreditkarten** nicht akzeptiert **Verschiedenes** Hunde erlaubt **Umgebung** Angra: Kathedrale, Jesuitenkirche, Kloster São Francisco (Museum) - Höhle Algar do Carvão - See Negro, See Ginjal - Veranstaltung: Corrida im Sommer **Restaurant** auf Anfrage (siehe unsere Restaurantswahl in Angra do Heroismo S. 227).

Diese *Quinta* zählt zu den raffiniertesten Adressen der Insel Terceira und befindet sich auf einer der Landstraßen um Angra herum. Die Nähe zum Golfplatz hat die Besitzer auf die Idee gebracht, zwei Golfübungsplätze einzurichten, die Ihnen gratis zur Verfügung stehen. Das Haus aus dem 19. Jahrhundert liegt mitten in einem großen Park, der so angelegt ist, daß jeder dort ein ruhiges Plätzchen finden kann: schattige Alleen führen zu einem Teich, der genau der richtige Ort ist, um zu "schmökern". Etwas weiter ist ein von einer weitläufigen Rasenfläche umgebenes Schwimmbad. In einem hübschen Salon können Sie jederzeit ein Glas zu sich nehmen. Die Zimmer sind groß und bieten den Komfort eines sehr guten Hotels. Der Empfang ist aufmerksam, und Sie können auch für einen Pauschalpreis ein Auto mieten.

Anreise (Karte Nr. 7): 4 km von Angra do Heroismo entfernt.

A Z O R E N

Quinta do Barcelos TR

Terceira
Terra do Pão, 2-S. Mateus 9700 Angra do Heroismo
Tel. 295-64 26 84 - Fax 295-64 26 83
Sr Adelino Barcelos

Ganzj. geöffn. **6 Zimmer** m. Klimaanl., Tel., Bad, Satelliten-TV **Preise** EZ u. DZ: 10000 Esc, 12000 Esc - Frühst. inkl., von 7.30 bis 10.00 Uhr **Kreditkarten** nicht akzeptiert **Verschiedenes** Hunde erlaubt - Parkpl. **Umgebung** Angra: Kathedrale, Jesuitenkirche, Kloster São Francisco (Museum) - Höhle Algar do Carvão - See Negro, See Ginjal - Veranstaltung: Corrida im Sommer **Restaurant** auf Reserv. (siehe unsere Restaurantauswahl in Angra do Heroismo S. 227).

Auf der Insel Terceira empfiehlt es sich, in einer *Quinta* zu wohnen, denn dort kann man unter den besten Voraussetzungen das ländliche Leben auf dieser Insel kennenlernen. Die *Quinta do Barcelos* gehört zu den Bauernhöfen, die einen richtigen "Natur-Aufenthalt" anbieten, bei dem trotzdem die Zimmer mit Klimaanlagen und allem nötigen Komfort ausgestattet sind. Sie können Ausflüge mit Kutschen machen, aber auch Autos mieten. Wenn Sie es wünschen, können Sie ein ausschließlich aus regionalen Spezialitäten bestehendes Essen in der *Adega* einnehmen (eine Art von traditioneller Taverne).

Anreise (Karte Nr. 7): 6 km von Angra do Heroismo.

A Z O R E N

Quinta do Martelo TR

Terceira
Cantinho - S. Mateus 9700 Angra do Heroismo
Canada do Martelo, 24
Tel. 295-64 28 42 - Fax 295-64 28 41 - Sra Lisa Vieira

Ganzj. geöffn. **10 Zimmer** m. Tel., Bad, TV **Preise** EZ u. DZ: 18000 Esc, 20000 Esc - Frühst. inkl., von 7.30 bis 10.00 Uhr **Kreditkarten** nicht akzeptiert **Verschiedenes** Hunde erlaubt - Schwimmbad - Tennis - Minigolf - Sauna - Fitneßraum - Mietwagen - Parkpl. **Umgebung** Angra: Kathedrale, Jesuitenkirche, Kloster São Francisco (Museum) - Höhle Algar do Carvão - See Negro, See Ginjal - Veranstaltung: Corrida im Sommer **Restaurant** von 12.30 bis 14.30 u. von 19.45 bis 22.00 Uhr - Karte.

Die *Quinta do Martelo* ist ein Bauernhof und Landgasthaus und sieht sich selbst als ethnographisches und gastronomisches Zentrum, wo den Gästen nur das Beste der azorischen Kultur und Tradition geboten wird. Hier wird noch der Mais im Eingang getrocknet, und die regionale Landwirtschaft ist überhaupt sehr traditionell bzw. in unseren Augen sogar archaisch. Es wurde ein Lebensrythmus erhalten, wie wir ihn heute nicht mehr kennen. Alles ist rustikal, authentisch und dennoch komfortabel. Zu jedem Zimmer gehört ein schönes und großes Badezimmer. Sportgeräte, Mietwagen und ein Service fast wie in einem Hotel, sowie ein gutes Restaurant sind zusätzliche Pluspunkte, die Ihnen den Aufenthalt hier angenehm machen.

Anreise (Karte Nr. 7): 5 km von Angra do Heroismo entfernt.

MADEIRA

Albergaria Penha da Franca

Madeira
9000 Funchal - Rua da Penha Franca, 2
Tel. 291-22 90 87 - Fax 291-22 92 61
Sr Jose Antonio Ribeiro

Kategorie ★★★★ **Ganzj.** geöffn. **76 Zimmer** m. Tel., Bad od. Dusche **Preise** DZ: 16500-21500 Esc - Frühst. inkl., von 8.00 bis 10.00 Uhr **Kreditkarten** akzeptiert **Verschiedenes** Hunde nicht erlaubt - Beheizt. Schwimmbad - Parkpl. **Umgebung** Funchal: Kathedrale, Museum, Azulejos in der Quinta da Nazaré u. in der Kapelle da Nazaré, botanischer Garten, Aussicht Portinha - Miradouro do Pináculo - Monte - Eira do Serrada - Pico Ruivo - Palheiro Golfpl. (18 L.); Golfpl. Santo da Serra (18 L.) **Bar-Restaurant** im Hotel.

Die *Penha da Franca* gehört zu den wenigen Hotels, deren Charme mit den traditionellen *Quintas* auf Madeira mithalten kann. Es befindet sich gleich am Meer und ist eine wahre Oase zwischen all den Betonpalästen, die in Funchal aus dem Boden gestanzt wurden. Der Besitz ist von Bäumen und Blumen umgeben und besteht aus mehreren kleinen, zwei- oder dreistöckigen Häusern, die in einem für Madeira typischen Stil erbaut wurden (mit roten Dachziegeln und grünen Fensterläden). Die Zimmer sind groß und alle verschieden in Farbe, Einrichtung und Ausblick. Dies erklärt die vielen unterschiedlichen Preise der Zimmer. Sie sind übrigens alle hübsch, und viele haben eine Terrasse. Seit kurzem ist ein neues Gebäude hinzugekommen. Auch wenn dieses neue Gebäude moderner eingerichtet ist, hat es keinen besonderen Charme, dafür aber den gleichen Komfort und guten Service wie das andere Haus. Auch die *Albergheria* ist empfehlenswert. Dort können Sie im Meerwasserschwimmbad baden, einen Drink zu sich nehmen oder in Joe's Bar zu Abendessen (ein Treffpunkt der Stammgäste).

Anreise (Karte Nr. 7): im Zentrum.

MADEIRA

Reids' Palace

Madeira
9000 Funchal
Estrada Monumental, 139
Tel. 291-71 71 71 - Fax 291-71 71 77

Kategorie ★★★★★ **Ganzj.** geöffn. **162 Zimmer** m. Klimaanl., Tel., Bad, Satelliten-TV, Minibar, Safe - Aufzug **Preise** EZ u. DZ: 34500-55000 Esc, 48500-76000 Esc; Junior-Suite: 102000-144000 Esc; Suite: 139000-320000 Esc; Extrabett: 9500-19500 Esc - Frühst. inkl., von 7.00 bis 10.30 Uhr **Kreditkarten** akzeptiert **Verschiedenes** Hunde außer im Restaurant erlaubt - Beheizt. Schwimmbad - Tennis - Wassersport - Parkpl. **Umgebung** Funchal: Kathedrale, Museum, Azulejos in der Quinta da Nazaré u. in der Kapelle da Nazaré, botanischer Garten, Aussicht Portinha - Miradouro do Pináculo - Monte - Eira do Serrada - Pico Ruivo - Golfpl. Palheiro (18 L.); Golfpl. Santo da Serra (18 L.) **Restaurant** Garten (mittags): Karte: 3750-4700 Esc - *Villa Cliff* (Italienische Küche): Karte: 4000-4800 Esc - *Les Faunes* (So geschl.): Karte: 6800 Esc.

Das *Reids* ist ein Luxushotel mit internationalem Ruf. Es liegt an der Bucht von Funchal, und dazu gehört ein außergewöhnlicher Park mit subtropischen Gewächsen, wildem Wein, Geranien und Hibiskussträuchern. Ein unvergeßlicher Ort ! Die Zimmer bieten den Luxus eines Grandhotels. Sie sind geräumig und elegant, die schönen Badezimmer komfortabel, und man kann sein Frühstück auf angenehme Weise auf der Terrasse einnehmen. Es gibt mehrere Restaurants, mehrere Schwimmbäder und ein breitgefächertes Angebot an Wassersportaktivitäten, sowie eine Sondergenehmigung für den Golfplatz von Funchal. All das zieht natürlich die Mitglieder des internationalen Jetset an.

Anreise (Karte Nr. 7): im Zentrum.

MADEIRA

Quinta da Bella Vista

Madeira
9000 Funchal
Caminho do Avista Navios, 4
Tel. 291-76 41 44 - Fax 249-76 41 43

Kategorie ★★★★ **Ganzj.** geöffn. **62 Zimmer** u. 5 Suiten m. Klimaanl., Tel., Bad, Satelliten-TV
Preise EZ u. DZ: 22500-29900 Esc, 30000-37400 Esc; Suite: 58000 Esc - Frühst. inkl., von 8.00 bis 10.00 Uhr **Kreditkarten** akzeptiert **Verschiedenes** Hunde nicht erlaubt - Schwimmbad - Tennis (750 Esc) - Sauna (750 Esc) - Billard - Parkpl. **Umgebung** Funchal: Kathedrale, Museum, Azulejos in der Quinta da Nazaré u. in der Kapelle da Nazaré, botanischer Garten, Aussicht aus Portinha - Miradouro do Pináculo - Monte - Eira do Serrada - Pico Ruivo - Golfpl. Palheiro (18 L.); Golfpl. Santo da Serra (18 L.) **Restaurant** auf Reserv.

Anfang des 20. Jahrhunderts wurden auf der Anhöhe von Funchal zahlreiche *Quintas* gebaut, um begüterten Ausländern schöne Landsitze mit verschwenderischer Blumenvielfalt anzubieten. Die *Quinta da Bella Vista* ist heute ein schönes Hotel, das auf familiäre Art geführt wird. Dabei fehlt es hier nicht an Professionalität und zuvorkommendem Service. Vom fünfzig Hektar großen Garten, der die Stadt überragt, hat man einen schönen Blick über das Meer und die Berge. Die Zimmer befinden sich in verschiedenen Gebäuden; die luxuriösen Suiten im Privathaus, wo Ihnen auch eine Bibliothek und ein Salon zur Verfügung stehen. Letzterer ist mit antiken Möbeln eingerichtet, und zusammen mit privaten Objekten der Besitzer macht dies den intimsten Teil des Hauses aus. In den zwei anderen Villen ist man allerdings unabhängiger. Empfehlenswert sind besonders die Zimmer zum Garten, wo der Farn bald so hochgewachsen ist wie die Palmen. Alle diese Zimmer haben auf jeder Etage einen großen gemeinsamen Salon. Außerdem gibt es ein gutes Restaurant.

Anreise (Karte Nr. 7): Auf der Anhöhe.

MADEIRA

Estalagem Quinta Perestrello

Madeira
9000 Funchal
Rua do Dr. Pita, 3
Tel. 291-76 23 33/37 20 - Fax 249-76 37 77

Kategorie ★★★★ **Ganzj.** geöffn. **30 Zimmer** m. Tel., Bad, TV **Preise** DZ: 20000 Esc; m. Terrasse: 22000 Esc - Frühst. inkl., von 8.00 bis 10.00 Uhr - HP: + 4250 Esc **Kreditkarten** Visa, Eurocard, MasterCard **Verschiedenes** Hunde nicht erlaubt - Schwimmbad - Parkpl. **Umgebung** Funchal: Kathedrale, Museum, Azulejos in der Quinta da Nazaré u. in der Kapelle da Nazaré, botanischer Garten, Aussicht Portinha - Miradouro do Pináculo - Monte - Eira do Serrada - Pico Ruivo - Golfpl. Palheiro (18 L.); Golfpl. Santo da Serra (18 L.) **Restaurant** von 19.30 bis 20.30 Uhr - Menü: 4250 Esc.

Die *Quinta* ragt aus einer Baumgruppe hervor und besitzt einen großen Garten, von dem aus man bis zum Meer blicken kann. Auf der Terrasse kann man schon morgens beim Frühstück die Landschaft ringsherum betrachten, die immer ein wenig im Dunst liegt. Weiter unten im Garten liegt das Schwimmbad und ein Anbau mit einigen Zimmern. Diese sind die reizvollsten, denn zu jedem gehört eine eigene Terrasse. Die im Haupthaus sind jedoch ebenso komfortabel. Die Gemeinschaftsräume sind auf klassische Art mit alten Möbeln eingerichtet, und immer duftet es in den Fluren nach frischen Blumen. Ein Nachteil hier ist, daß sich ganz in der Nähe eine große Kreuzung befindet, und während der Hauptsaison stört bisweilen der Lärm der Straße.

***Anreise** (Karte Nr. 7): Auf der Anhöhe.*

MADEIRA

Quinta da Fonte TH

Madeira
9050-209 Funchal - Estrada dos Marmeleiros, 89
Tel. 291-23 53 97 - Fax 291-23 53 97
Sr António Gomes Mendonça Estevinho
E-Mail: estevinho@mail.telepac.pt

Ganzj. geöffn. **5 Zimmer** m. Bad **Preise** DZ: 14000 Esc - Frühst. inkl., von 8.00 bis 10.00 Uhr **Kreditkarten** nicht akzeptiert **Verschiedenes** Hunde nicht erlaubt - Parkpl. **Umgebung** Funchal: Kathedrale, Museum, Azulejos in der Quinta da Nazaré u. in der Kapelle da Nazaré, botanischer Garten, Aussicht aus Portinha - Miradouro do Pináculo - Monte - Eira do Serrada - Pico Ruivo - Golfpl. Palheiro (18 L.); Golfpl. Santo da Serra (18 L.) **Kein Restaurant** (siehe unsere Restaurantauswahl S. 227).

Dies ist eine der besten Adressen in der Hauptstadt von Madeira. Von hier aus haben Sie den schönsten Blick auf die kleinen Häuser mit ihren roten Ziegeldächern, die sich terrassenförmig bis zum Meer hinunterschlängeln. Die *Quinta* selbst besteht aus verschiedenen Terrassen und ineinander verschachtelten Gebäuden, die von einem kleinen Garten umgeben sind. Im Innenhof steht die Familienkapelle. Die Inneneinrichtung hat den barocken Charme des portugiesischen Stils: imposante, dunkle Holzmöbel aus dem 18. und 19. Jahrhundert, Gemälde und Skulpturen mit religiösen Themen. Die Zimmer mit ihren Himmelbetten sind sehr stimmungsvoll. Der Empfang ist reizend, und die Frau von António wird Sie sicherlich auch zu einem Liquör-Liebhaber machen. Sie bietet neunundzwanzig hausgemachte Sorten an, die alle auf der Basis von Pflanzen der Insel hergestellt werden.

Anreise (Karte Nr. 7): Auf der Anhöhe.

MADEIRA

Quinta da Portada Branca TH

Madeira
9100 Casais d'Além-Camacha (Santa Cruz)
Tel. und Fax 291-92 21 19
Sr Ricardo Silva

Ganzj. geöffn. **5 Zimmer** m. Bad **Preise** EZ u. DZ: 8500 Esc, 13000 Esc - Frühst. inkl., von 8.00 bis 10.00 Uhr **Kreditkarten** nicht akzeptiert **Verschiedenes** Hunde nicht erlaubt - Parkpl. **Umgebung** Funchal: Miradouro do Pináculo - Caniço - Madre de Deus Kapelle - Gaula - Santa Cruz **Kein Restaurant**.

Nach der Besichtigung von Funchal können Sie eine Inselrundfahrt machen und dabei immer in *Quintas* übernachten. Auf diese Weise werden Sie die sehr unterschiedliche Landschaft entdecken und die Fortführung der Traditionen durch die Inselbewohner erleben. Über eine Straße im Landesinneren kommen Sie nach Camacha, das für seine Korbmacher und Folklore-Feste bekannt ist, wo die Frauen traditionelle Kostüme tragen. Das Haus erreicht man über eine lange Allee mit Kiefern und Eukalyptusbäumen. Sie können aber auch zu Fuß über einen Pfad durch den Wald gehen. Dieses hübsche Haus befindet sich in einer Talmulde und hat die typischen Farben der Insel: grün und bordeaux. Es ist sehr ruhig hier und lädt dazu ein zu bleiben.

Anreise (Karte Nr. 7): 20 km östl. von Funchal, Rtg. Camacha.

M A D E I R A

Quinta da Capela TH

Madeira
9225 Sitio do Folhadal - Porto da Cruz (Machico)
Tel. 291-23 53 97 - Fax 291-23 53 97
Sr António Gomes Mendonça Estevinho
E-Mail: estevinho@mail.telepac.pt

Ganzj. geöffn. **4 Zimmer** u. 1 Suite m. Bad od. Dusche **Preise** DZ: 13000 Esc - Frühst. inkl., von 8.00 bis 10.00 Uhr **Kreditkarten** nicht akzeptiert **Verschiedenes** Hunde nicht erlaubt - Parkpl. **Umgebung** Machico - Miradouro de Portela - Quinta da Junta - Camacha - Golfpl. Santo da Serra (18 L.) **Kein Restaurant.**

Wenn Sie unter der Landebahn des Flughafens Santa Catarina durchgefahren sind, können Sie auf dem Weg nach Machico einen Umweg zum Aussichtspunkt von Agua de Pena machen. Machico ist ein hübscher kleiner Ort, den der Fluß in zwei Teile geteilt hat: auf der einen Seite befindet sich die Altstadt mit ihren rosa und türkisen Häuschen, auf der anderen der Hafen und das Fort, wo Zarco, der Entdecker der Insel, angeblich gelandet ist. Um zur *Quinta da Capela* zu gelangen, fahren Sie in Richtung Portela (und halten unbedingt am *Miradouro*) und Porto da Cruz. Dies ist eine sehr schöne Spazierfahrt. Die Straße wird von Weinbergen und Bananenbäumen, Eukalyptuswäldern und charmanten "palheiros" (Schafställe mit Strohdächern) eingerahmt. Zur *Quinta* gelangt man über einen kleinen Pfad, der sich am Berhang entlangschlängelt. Das Gebäude ist eine Kapelle aus dem 17. Jahrhundert, von der noch der Glockenturm übriggeblieben ist. Einige komfortable Zimmer und eine Suite mit privatem Salon stehen für einen Aufenthalt bereit. Sie können sich hier ein paar Tage aufhalten, um lange Ausflüge zu machen und die lokalen Handwerksarbeiten zu entdecken.

Anreise (Karte Nr. 7): zwischen Porto da Cruz und Portela.

MADEIRA

Casa da Dona Clementina ᵀᴴ

Madeira
Achada Simão Alves 9800 Santana
Tel. 291-57 41 44 - Fax 291-22 75 26
Sr Ricardo Jorge Machado Almada Nascimento

Ganzj. geöffn. **8 Zimmer** m. Bad od. Dusche **Preise** DZ: 13000 Esc - Frühst. inkl., von 8.00 bis 10.00 Uhr **Kreditkarten** nicht akzeptiert **Verschiedenes** Hunde nicht erlaubt - Parkpl. **Umgebung** Miradouro de Faial - Santana - Ausflüge im Park das Queimadas - São Jorge (Kirche) **Kein Restaurant.**

Die *Casa da Dona Clementina* ist eine empfehlenswerte Etappe für Wanderer. Im Park das Queimadas kann man schöne Ausflüge zum Pico Ruivo, Pico das Pedras und Caldeirao Verde machen (letztere für die Erfahrenen). Es liegt einige Kilometer vom malerischen Ort Santana entfernt, der für seine bekannt buntbemalten Häuser ist. In dieser wunderschönen Umgebung steht das "Haus von Tante Clementine". Ein kleiner Garten voller Rosen und Hortensien umgibt das Haus mit Meerblick. Die Zimmer sind komfortabel. Der große Salon mit Fachwerkbalken ist hübsch möbliert. Hier kann man in aller Ruhe sein Frühstück einnehmen oder nach den Ausflügen des Tages ausspannen.

***Anreise** (Karte Nr. 7): 39 km nordöstl. von Funchal.*

MADEIRA

Casa da Piedade TH

Madeira
Sitio do Laranjal 9240 São Vicente
Tel. 291-84 60 42 - Fax 291-84 60 44
Sra Conceição Pereira

Ganzj. geöffn. **7 Zimmer** m. Klimaanl., Tel., Bad, TV **Preise** EZ u. DZ: 6500 Esc, 8000 Esc; Extrabett: 1500 Esc - Frühst. inkl., von 8.00 bis 10.00 Uhr **Kreditkarten** nicht akzeptiert **Verschiedenes** Hunde nicht erlaubt - Parkpl. **Umgebung** Seixal - Porto Moniz - Ribeira da Janela - Santa **Kein Restaurant.**

Dieser Ende des 18. Jahrhunderts erbaute, herrschaftliche Sitz befindet sich drei Kilometer vom Hafen von São Vicente entfernt und damit in bester Lage. Seine weiße, langgestreckte Fassade ist von zahlreichen Fenstern unterbrochen, von denen aus man die Gipfel der Insel betrachten kann. Vor dem Haus ist ein großer Rasen mit zahlreichen Liegen, hinter dem Haus ist die Vegetation dichter und wuchernd. Das seitliche Treppenhaus führt zu einem großen Salon, der mit auf der Insel hergestellten Möbeln aus Korbweide eingerichtet ist. Die Zimmer sind gut ausgestattet und befinden sich in der ersten Etage. Liebenswürdiger Empfang.

Anreise (Karte Nr. 7): 55 km nördl. von Funchal.

M A D E I R A

Casa do Lanço TH

Madeira
Sitio do Lanço 9240 São Vicente
Tel. 291-84 60 73 - Fax 291-74 24 12
Sra Filomena

Ganzj. geöffn. **4 App.** m. Bad **Preise** EZ u. DZ: 8660 Esc, 11550 Esc; Extrabett: 750 Esc - 13200 Esc; App. (2 Pers.): 13200 Esc (Extrabett: + 3950 Esc im App.) - Frühst. inkl., von 8.00 bis 10.00 Uhr **Kreditkarten** nicht akzeptiert **Verschiedenes** Hunde nicht erlaubt - Parkpl. **Umgebung** Seixal - Porto Moniz - Ribeira da Janela - Santa **Kein Restaurant.**

In der Gegend um Ponta Delgada herum gibt es zahlreiche Zitrusbäume und Weinberge, die einen guten Cru hervorbringen. Die *Casa do Lanco* befindet sich unweit des Meeres. Ihre Terrasse am Fuße eines Felsenhanges überragt das Tal, das zum Meer führt. Sie haben hier die Wahl zwischen freundlichen Zimmern mit geblümten Stoffen und Bildern von Früchten und Vögeln im Haupthaus oder Appartements für drei oder vier Personen im Anbau. In einem kleinen Pavillon mit eigenem Garten kann eine Familie untergebracht werden. Eine gute Adresse um die nordwestliche Küste Richtung Porto Moniz zu entdecken.

Anreise (Karte Nr. 7): 55 km nördl. von Funchal.

MADEIRA

Casa das Videiras TH

Madeira
Sitio da Serra d'Agua - Seixal 9270 (Porto Moniz)
Tel. 291-85 40 20 - Fax 291-85 40 21
Sr José Alberto Ascensaõ dos Reis
E-mail: johnny@madeira-island.com - Web: www.casa-das-videiras.com

Ganzj. geöffn. **4 Zimmer** m. Dusche **Preise** DZ: 9200-12500 Esc (mind. 2 Üb.) - Frühst. inkl., von 8.00 bis 10.00 Uhr **Kreditkarten** nicht akzeptiert **Verschiedenes** Hunde nicht erlaubt - Parkpl. **Umgebung** Porto Moniz - Ribeira da Janela **Gemeins. Essen** auf Anfrage.

Der Norden von Madeira bietet eine sehr vielfältige Landschaft. Hinter São Vicente sind nur noch wenige bepflanzte Felder zu sehen, stattdessen entdeckt man kleine Wasserfälle, die an jeder Wegbiegung sprudeln. In Seixal führt eine kleine Straße zum Meer, und dort stehen viele Villen, die den Blick etwas stören, aber die Ruhe der *Casa das Videiras* stören sie zum Glück nicht. In diesem Haus wird Gastfreundschaft groß geschrieben. Der sympathische Besitzer kocht selbst, falls Sie hier zu Abend essen möchten. Falls Sie lieber im Garten grillen, hilft er Ihnen dabei, den Grill anzuzünden. Die Zimmer sind im ersten Stock. Um die Ruhe des Hauses zu gewährleisten, sind nur Erwachsene erlaubt. Hinter dem Salon beginnt eine Terrasse, die der ideale Ort ist, um von der schönen Umgebung zu profitieren.

Anreise (Karte Nr. 7): 40 km nördl. von Funchal.

MADEIRA

Pau Branco TH

Madeira
Sitio de Pau Branco - Chão da Ribeira 9270 (Porto Moniz)
Tel. 291-85 43 89 - Fax 291-85 28 60
Sr Edgar Valter Castro Correia

Ganzj. geöffn. **Haus** m. 2 Zimmern, Salon, Küche, Bad **Preise** f. 1 Üb: 15000 Esc; 12000 Esc (pro Üb f. 1 Woche) **Kreditkarten** nicht akzeptiert **Verschiedenes** Hunde nicht erlaubt - Parkpl. **Umgebung** Seixal (Surf) - Wanderungen im Natuturalpark in Madeira - Porto Moniz - Seixal.

Pau Branco ist unsere Lieblingsadresse auf Madeira. Man muß dafür allerdings wirklich ein Naturliebhaber sein und sich nicht davor fürchten, sich wie am Ende der Welt zu fühlen. In Seixal verläßt man die Küste, um über eine immer enger werdende Serpentinenstraße in die Tiefen der Insel vorzudringen. Die Vegetation wird hier immer dichter, die Berge kommen immer näher, und schließlich erreicht man das Plateau von Pau Branco. Hier ist es wunderschön. Die ehemaligen Stallungen sind quasi die einzige Unterkunft, die alle charmanten Aspekte, die man sich nur wünschen kann, auf sich vereinigt. Im Erdgeschoß gibt es zwei Zimmer. Der gemütliche Salon wurde mit viel Geschmack im Dachzimmer eingerichtet. Wenn der Nebel für allzu kühles Wetter sorgt, kann man sich dort am Kaminfeuer aufwärmen. Von einer Terrasse aus gelangt man in die Küche und das sehr komfortable Badezimmer. Auch der Garten ist sehr gepflegt: eine Rasenfläche und ein hübsch angelegtes Blumenbeet umgeben das Haus. Der nächste Nachbar ist nicht ganz so weit entfernt, denn es gibt ein Restaurant, wo Sie hingehen können, wenn Sie sich zu sehr von der Welt abgeschieden fühlen.

***Anreise** (Karte Nr. 7): 50 km nördl. von Funchal.*

MADEIRA

Pousada dos Vinháticos

Madeira
Vinháticos 9350 Serra da Agua (Ribeira Brava)
Tel. 291-95 23 44 - Fax 291-95 25 40 - Reservieren: 291-76 56 58
Sr Edgar Valter Castro Correia

Ganzj. geöffn. **15 Zimmer** m. Tel., Bad od. Dusche, TV **Preise** DZ: 12000 Esc - Frühst. inkl., von 8.00 bis 10.00 Uhr **Kreditkarten** nicht akzeptiert **Verschiedenes** Hunde erlaubt - Parkpl. **Umgebung** Serra da Agua - Boca Encumeada - Miradouro de Balcões - Pico de Ariero **Restaurant** Menü: 4000 Esc.

Am Fuße der *Pousada dos Vinháticos* (Oleander) erstreckt sich eine grandiose Landschaft. Von hier aus starten sehr schöne Ausflüge in die Berge. Ganz in der Nähe befindet sich die Serra da Agua, wo alles, was Sie an Korbsachen auf dem Markt von Funchal finden, hergestellt wird. Weinberge wechseln sich hier mit Weidebepflanzungen und Zuckerrohrplantagen ab; Weiden und Pappeln stehen neben Feigenbäumen und Eukalyptussträuchern. Die *Pousada* ist recht einfach, aber die Zimmer sind alle freundlich. Die Stoffe haben Blumenmuster und Graphiken mit Themen der Flora und Fauna der Insel. Alle sind in gutem Zustand und haben einen tollen Ausblick. In der Verlängerung des Restaurants befindet sich eine große Panorama-Terrasse. Die Felsen ums Haus herum werden auch als kleine Balkons genutzt. Wenn Sie gerne Ferien in der Natur machen, können Sie hier einen unvergeßlichen Urlaub verbringen.

Anreise (Karte Nr. 7): 40 km nördl. von Funchal bis Serra da Agua; 2 km Rtg. São Vicente.

RESTAURANTS

RESTAURANTS

ALENTEJO

ÉVORA

Cozinha de St Humberto, rua da Moeda 39, Tel. 266-24 251 - Nov. geschl. Charmantes Restaurant, das etwas versteckt in einem kl. Gäßchen liegt, ganz in der Nähe des Praça do Giraldo. 3500 Esc – **Cozinha Alentejana**, rua 5 de Outubro, 51, Tel. 266-227 72 - Nov. geschl. 3000 Esc - **Fialho**, travessa das Mascarenhas, Tel. 266-23 079 - vom 1. bis 22. Okt., Weihnachten u. Neujahr geschl. 3500-5000 Esc. Portugiesische Taverne, traditionelle Küche – **O Antão**, rua João de Deus 5, Tel. 266-264 59 - 22 Juni bis 6 Juli geschl. 2000-3000 Esc. Ausgezeichnetes Preis-Leistungsverhältnis – **Guião**, rua da Repùblica, Tel. 266-224 27 - Dez. geschl. Eines der wirklich guten Restaurants der Stadt, portugiesisches Dekor. 3270-3700 Esc – **Garfo**, rua de Santa Caterina 17, Tel. 266-292 56. Spezialität: Schwein. Rustikal Atmosphäre – **Jardìm do Paço**, rua Augusto Filipe Simões 2 - Man kann in den schönen Gärten des Palastes, ganz in der Nähe des Klosters dos Loios, zu Mittag essen.

ESTREMOZ

Águias d'Ouro, Rossio Marquês de Pombal 27, Tel. 268-33 33 26 – 3000-4000 Esc. Klassisch und raffiniert – **Adega do Isaias**, rua do Almeida 23, Tel. 268-223 18. Hier kann man alle möglichen Spezialitäten vom Schwein probieren. Ein sehr sympathisches Bistro – **Café Central**, Rossio Marquês de Pombal. Das beliebteste Café der Stadt.

REDONDO

Convento de São Paulo, Aldeia da Serra, 10 km, Tel. 266-99 91 00. Hotel-Restaurant in einem ehemaligen Kloster. 3700-5400 Esc.

BEJA

Melius, Avenida Fialho de Almeida 68, Tel. 284-32 98 69. So abends u. Mo geschl. 2000-3000 Esc – **Os Infantes** rua dos Infantes 14, Tel. 284-227 89. 2000-3000 Esc – **Luís da Rocha**, rua Capitão João Francisco de Sousa. In diesem Café ist immer viel los und das Essen ist köstlich: *queijadas* (Quarktorte) und *porquinhos doces*.

ALGARVE

LAGOS

Alpendre, rua de 25 de Abril, Tel. 282-76 27 05 - Sehr beliebt. Man sollte reservieren, aber die Bar bietet auch einen angenehmen Aufenthaltsort, solange man auf einen Tisch wartet – **Dom Sebástião**, rua de 25 de Abril 20, Tel. 282-76 27 95 - Jan. u. Feb. geschl. 2000-3000 Esc. In einer rustikalen Taverne findet sich die lokale Stammkundschaft ein, um die Spezialitäten des Hauses zu genießen (Fisch und Langusten) – **O Galeão**, rua de Laranjeira 1, Tel. 282-76 39 09 - So und vom 27. Nov. bis 27. Dez. geschl. 2000-3000 Esc – **A Lagosteira**, rua 1 de Maio, Tel. 282-76 24 86. Sa mittags und So mittags sowie vom 10. Jan. bis 10. Feb. geschl. 2000-4000 Esc. Hier können Sie die traditionelle Fischuppe der Algarve kosten - Einfache Einrichtung – **O Trovador**, largo do Convento da Senhora de Gloria, Tel. 282-76 31 52 - Internationale Küche und nette, herzliche Bedienung.

PORTIMÃO

A Lanterna, Parchal Estrada 125, Tel. 282-2414 429. So , u. von 27. Nov. bis 28 Dez. geschl. 3000-4000 Esc. Spezialitäten: caldo de peixe – **The Old Tavern**, rua Júdice Fialho, Tel. 282-233 25 - Eines der ältesten Restaurants der Algarve, das trotz einer Renovierung seinen Charakter behalten hat. Sie können hier lokale Spezialitäten kosten, wie die *cataplana* von Langusten – **Mr Bojangles Bistro Bar**, rua da Hortinha 1, Tel. 282-230 42 - Mo geschl. Ein sehr charmantes Bistro – **Alfredo's**, rua Pe da Cruz, Tel. 282-229 54 - Fisch, Gegrilltes – **Lucio's**, Tenente Morais Sorães 10, Tel. 282-242 92 - Die besten Fischspezialitäten – **O Bicho**, largo Gil Eanes, Tel. 282-229 77 - Hier gibt es die authentischste *cataplana* und geschmortes Schweinefleisch mit Tomaten sauce und Weißwein.

PRAIA DA ROCHA

3 km von Portimão entfernt

Hotelbar Bela Vista, in diesem alten Haus in maurischem Stil kann man einen Drink nehmen – **Titanic**, Edificio Colúmbia, rua Engenheiro Francisco Bivar, Tel. 282-223 71. Dez. geschl. 2300-3000 Esc. Gute Küche, internationale Spezialitäten, elegant – **Falesia**, av. Tomás Cabreira, Tel. 282-235 24. 8 Jan. bis 8. Feb. geschl. - Angenehmer Service auf der Terrasse.

PRAIA DOS TRÊS IRMÃOS

5 km von Portimão entfernt

Alfredo, 5 de Outubro 9, Tel. 289-520 59 - Schmackhafte Küche, Hauswein – **O Montinho**, a Montechoro km 4, Tel. 289-539 59 - So, vom 15. Jan. bis 15. Feb. und vom 15. Nov. bis 15. Dez. geschl. 3000-5000

Esc. In einer der schönen portugiesischen *Quintas* untergebracht, die sehr viel Charme hat – **O Búzio**, Aldeamento da Prainha, Tel. 282-45 85 61. Nov. und März geschl. 4000-6000 Esc. Sehr gut besucht, es ist ratsam zu reservieren - am besten fürs Abendessen.

BARS

Harry's Bar, am Marktplatz. Ein unumgänglicher Treffpunkt der Region – **Caves do Vinho do Porto**, rua da Liberdade 23, Man kann hier den porto probieren und kaufen.

TAVIRA

Avenida, av. Dr. Mateus T. de Azevedo, Tel. 281-811 13. Do u. Mai geschl. 1700-2600 Esc. IN QUATRO AGUAS, 2 km entfernt **Portas do Mar**, Tel. 281-812 55 und 4 águas Tel. 32 53 29. Nov. geschl. 2000-4000 Esc. Zwei gute Adressen für Fischgerichte und Meeresfrüchte.

FARO

Cidade Velha, rua Domingos Guieiro 19, Tel. 289-271 45 - So u. Dez. geschl. 2500-3500 Esc. Hinter der Kathedrale, in einem hübschen Haus gelegen – **Dois Irmãos**, largo do Terreiro do Bispo 18. Portugiesisches Bistro aus dem Jahre 1925, wo Sie fangfrischen Fisch und Meeresfrüchte essen können.

SANTA BARBARA DE NEXE

12 km von Faro entfernt

La Réserve, Tel. 289-999 234 - 5500-8000 Esc. Elegantes Restaurant des Hotels mit dem gleichen Namen. Raffinierte Küche und guter Weinkeller

LOULÉ

Aux Bons Enfants, rua Engenheiro Duarte Pacheco 116, Tel. 289-39 68 40. So und vom 20. Jan. bis 20. Feb. geschl. 3500-4500 Esc. In Loulé für seine frz. Küche bekannt – **Bica Velha**, rua Martin Moniz 17, Tel. 289-46 33 76. So mittags, vom 15. bis 30 Nov. geschl. 3000 Esc. Rustikal – **O Avenida**, av. José Costa Mealha 40, Tel. 289-46 21 06 - So und Nov. geschl. 3500 Esc. Unbedingt hingehen: Dekoration mit ausländischen Geldscheinen u. Fußballpokalen.

BAR-KONDITOREI

O Morgadinha, rua 1 de Dezembro.

BEIRA

FUNDÃO

Herminia, avenida da Libedade 123, Tel. 275-525 37. 2500 Esc.

COIMBRA

Piscinas, rua Dom Manuel 2°, Tel. 239-71 70 13 - Feb. geschl. 2200-3500 Esc. Klassisch, portugiesische Küche und lokale Spezialitäten, Piano-Bar am Abend – **Dom Pedro**, avenida Emídio Navarro 58, Tel. 239-291 08 - 4000 Esc. Eine der guten Adressen von Coímbra –

Real das Canas, vila Méndes 7, 239-817 877 - Mi geschl. 2000-2500 Esc.

CAFES

Café Santa Cruz, praça 8 de Mayo - So geschl. Das bekannteste Café von Coímbra und Nordportugal, wo sich viele Studenten treffen.

AVEIRO

Salpoente, rua Canal São Roque 83, Tel. 234-38 26 74 – So geschl. 15. bis 23. Nov. geschl. 2200-3000 Esc – **Centenário**, praça do Mercado 9, Tel. 234-227 98 – Spezialität des Hauses: Fischsuppe. 3000 Esc.

GUARDA

O Telheiro, estrada N16 (1,5 km), Tel. 271-21 13 56. 3200-4000 Esc. Das schönste Restaurant von Guarda, Terrasse mit Ausblick.

SEIA

Monte Neve, rua A. de Oliveira in San Romao – **O Degrau**, rua Sacadura Casabral 48 in Loriga – **O Marquês de Seia**, av 1 de Maio 22 in Seia: Kabeljau, Bohnensuppe, Schweinefleisch... alles ist gut.

VISEU

Trave Negra, 40, rua do Loureiros, Tel. 232-261 38 – **O Cortiço**, 43 rua Augusto Hilário, Tel. 232-423 853. Die Portugiesen selbst nennen dieses Restaurant *típico* – **Churrasqueria Santa Eulàlia**, bairro de Santa Eulàlia (1,5 km), Tel. 262 83. 2000-3000 Esc.

NELAS

Os Antónios, largo Vasco de Gama, Tel. 232-949 515 - 2500-3500 Esc.

MEALHADA

Pedro dos Leitões, Tel. 231-220 62 - Montag, 15 Tage im April und Septembre 2500-3000 Esc.

D O U R O

AMARANTE

Outeiro de Baixo, rua Antinio Carveiro. Gute Restaurant – **Zé da Calçada**, rua 31 de Janeiro. Das beste Lokal am Fluß **Confeitera do Ponte**. Tee-Salon am Fluß.

PORTO

Portucale, rua de Alegria, Tel. 22-57 07 17. 5000-9000 Esc. Zwei Aufzüge fähren Sie auf die Dächer der Albergaria Miradouro hoch, zu einem intimen und raffinierten Diner, mit traumhaftem Bick auf die Stadt – **O Escondidinho**, 144 rua de Passos Manuel, Tel. 22-200 10 79 - Sontag geschlossen 4800-6500 Esc. Typisches Tavernen-Ambiente, eine Sammlung von alten portugiesischen Tonwaren, Fischsuppe und gegrillte Sardinen – **Mesa Antiga**, rua de Santo Ildefonso 208, Tel.

22-200 64 32. Sontag und Oktober 2500-3500 Esc. Die beste Adress, um die regionale Küche kennenzulernen – **Taverna do Bebobos**, Cais da Ribeira, Tel. 22-31 35 65 - Sontag und im März geschlossen. 1700-2000 Esc. Reservieren Sie besser vorher, wenn Sie in diesem kleinen Restaurant am Flußufer essen wollen. Es ist eine der ältesten Adressen von Porto. Fischspezialitäten – **Aleixo**, rua da Estação 216, Tel. 22-57 04 62. Authentisch, familiär, immer gutbesucht – **Mercearia**, Cais de Ribeira 32, Tel. 22-200 43 89. Für ein Abendessen direkt am Wasser.

IN FOZ DO DOURO, **Portofino**, rua do Padrão 109, Tel. 22-617 73 39. Sam mittags und vom 1. bis 15. Aug. geschl. 2500-3700 Esc. Schon die schöne, mit *Azulejos* verzierte Fassade ist ansprechend. Sie werden nicht enttäuscht sein.

LEÇA DA PALMEIRA, 8 km entfernt, **O Chanquinhas**, rua de Santana 243, Tel. 22-995 18 84 - Meeresfrüchte – **Garrafão**, rua António Nobre, Tel. 22-995 16 60 - Sontag, vom 15. bis 21. August. Eine andere gutes Adresse am Strand. Fisch und Meeresfrüchte.

LEÇA DA PALMEIRA-MATOZINHOS, Esplanada Marisqueira Antonio, Tel. 22-938 06 60. Mo geschl. Fisch und Meeresfrüchte.

CAFÉS UND WEINKELLER

Solar do Vinho de Porto, in diesem Landsitz liegt auch das romantische Museum von la Quinta da Marcieirinha, 220 rua de Entre Quintas. Probe des Portos jeden Sa bis 22.30 Uhr - So geschl. Meeresfrüchte.

Garrafeira do Campo Allegre, rua do Campo Alegre 1598 - **Garrafeira Augusto Leite**, rua do Passeio Alegre - gute Weinläden, wo Sie eine schöne Auswahl an Porto finden.

CAFES UND KONDITOREIEN

Majestic Café, rua de Sta Catarina - Brasilianisches Café mit kleinen Speisen, wird vor allem von Intellektuellen frequentiert – **Casa de Serralves**, rua de Serralves - Im Park eines schönen Hauses aus den 30er Jahren. Ein sehr netter Tee-Salon – **Casa Margaridense**, traversa de Cedofeita 20. Spezialitäten: *marmelada* und *pão de lò* – **Confeitaria Império**, rua Santa Catarina 231. Sehr bekannt.

SHOPPING

A Pérola da Guiné, rua Costa Cabral 231 und **A Pérola do Bolhão**, rua Formosa 279. Spezialitäten: Brasilianischer Kaffee.
Casa Oriental, Campo Mòrtires da Pàtria. Spezialitäten: Kabeljan. **Markt von Bolhão** und **Markt von Ribeira**, Spezialitäten: Kabeljan.

HANOWERK

José Rosas, rua Eugénio de Castro 282 **Luis Ferreira & Filhos**, Die beiden besten Goldschmiede im Norden des Landes.

FADO

Mal Cozinhado, rua do Outeirinho 13, Tel. 22-38 13 19. Die beste *casa de fado*.

POVOA DO VARZIM

30 km von Porto entfernt
Casa dos Frangos II, Nationalstraße 13, Richtung Viana do Costelo. Mo geschl. Bekannt für sein Fischragout – **O Marinheiro**, 2 km auf der N 13, Tel. 252-68 21 51. Fische und Krustentiere in einem rustikalen Ambiente. 3500-4500 Esc.

SANTO TIRSO

São Rosendo, 6 Praça do Municipio, Tel. 252-853 054. 2500-3000 Esc.

LAMEGO

O Marquês, Urb. da Ortigosa, estrada do Peso de Régua. Terrasse – **O Combadino**, rua da Oleiria 84. So geschl. Landestypische Taverne
In Lamego wird in den Weinkellern in der Nähe des städtischen Marktes der beste *vinho verde* serviert.

ESTREMADURA

LISSABON

RESTAURANTS FEINSCHMECKERRESTAURANTS - SCHÖN UND TEUER

Casa de Comida, travessa de Amoreiras 1, Tel. 21-387 51 32. Sa mittags und So geschl. 6000-9000 Esc. Das Lieblingsrestaurant vieler portugiesischer Gourmets, mit herzlicher Atmosphäre, charmantem Patio. Reservierung erforderlich – **Tavares**, rua de Misericórdia 37, Tel. 21-342 11 12 - Sa und So mittags geschl. 5500-9000 Esc. Das Tavares war ursprünglich ein Café (1784) und seine Goldverschnörkelungen und Spiegel, Stuck und der Esprit des 18. Jh. wurden erhalten. Traditionelle und klassische Küche.

Conventual, Praça da Flores 45, Tel. 21-390 91 96 - Sa mittags und So geschl. Gerichte nach alten Rezepten in netter Atmosphäre 3500-6000 Esc - **Antonio Clara Clube de Empresàrios**, Av. de la Repùblica 38, Tel. 21-796 63 80 - So geschl. 7000 Esc. Treffpunkt von Politikern und Bankern - **Aviz**, rua Serpa Pinto 12-B, Tel. 21-342 83 91 - So geschl. 6000-8000 Esc. Schöne *Azulejos* und Lüster. Authentische portugiesische Küche. Elegant - **Tágide**, largo da Academia nacional de Belas Artes 18, Tel. 21-342 07 20 - Sa und So geschl. 6000-8000 Esc. Spezialitäten der portugiesischen Provinz. Schöner Blick auf die Altstadt und den Tejo.

TYPISCHE KÜCHE

O Faz Figura, rua do Paraíso 15, Tel. 21-886 89 81 - So geschl. 5500-6500 Esc. Portugiesische Küche: *tipica bacalhau* (Stockfisch), die nationale Spezialität und *vinho verde* (spritziger Weiß- oder Rotwein). Fragen Sie nach einem Tisch auf der Veranda, mit Blick auf den Tejo - **O Funil**, avenida Elias García 82, Tel. 21-796 60 07 - So abends geschl. 2500-4500 Esc. Eine schöne Auswahl von nationalen Spezialitäten. Der Hauswein wird Ihnen die Zeit versüßen, während Sie auf einen freien Tisch warten - **Fidalgo**, rua da barroca 27, **A Primavera**, Trav. da Espera und **O Poleiro**, rua de Entrecampos sind drei typische und preiswerte Adressen - **O Nobre**, rua das Mercès 71, Tel. 21-363 38 27 - Sa mittags, So geschl. 4000-6000 Esc - **Mercado de Sta Clara**, Campo de Sta Clara, Tel. 21-87 39 86 - Sa abends, vom 15. Aug. bis 15. Sep. Schwierig zu finden. Sie sollten es sich vorher erklären lassen. 3000-4000 Esc - **Floresta do Ginjal**, Ginjal 7, Tel. 21-275 00 87 - Ferry boat ab la Praça do Comércio oder Cais do Sodré zum quai de Ginjal - **Pap'Acorda**, rua da Atalaia 57, Tel. 21-346 48 11 - Sa und So geschl. Ein modisches "In-Lokal" - unumgänglich, auch wenn die Küche mittelmäßig ist.

RESTAURANTS MIT AUSBLICK

Espelho d'Agua, Av. de Brasililia, Tel. 21-301 73 73 - So geschl. Auf einem kleinen, künstlichen See. 4000-6000 Esc – **Via Graça**, rua Damasceno Monteiro 9B, Tel. 21-87 08 30. Blick auf das Schloß São Jorge, auf die Stadt und den Tejo. 3000-4500 Esc.

ABENDESSEN IN BELEM

São Jerónimo, rua dos Jerónimos. 3000-4000 Esc. Einrichtung Stark und Corbusier. Eine gute Adresse. Nach der Besichtigung des Klosters.

ABENDESSEN UND FADOS

Il Senhor Vinho, rua Meda Alapa, Tel. 21-397 74 56 - Man kann hier auch zu Abend essen - Reservierung erforderlich – **A Mascote da Atalaia**, rua da Atalaia 47 - Sehr authentisch, im Bairo Alto – **Parreirenha da Alfama**, Beco do Espírito Santo 1 - Fado und nichts als Fado. Man kann auch zu Abend essen – **Adega Machado**, rua do Norte 91, Bairro Alto, Tel. 21-342 87 13 - Einer der beliebtesten Clubs von Portugal. Abendessen möglich, Fado und folklorische Tänze – **A Severa**, rua das Gáveas 51, Tel. 21-342 83 14. Im Bairro Alto - Eines der ältesten Häuser des fado, das die Anfänge vieler berühmter fadistas gesehen hat.

CAFES-RESTAURANTS

Versailles, Av. de la Republica 15/A - Schöne Stuckdecken und alte Spiegel. Gutes Essen – **Alcântara Café**, rua Maria Luisa Holstein 15. Eine ehemalige Halle, die von Antônio Pinto wunderschön dekoriert wurde. Gediegene Atmosphäre im Pub und der Bar, sehr modern im Restaurant – **Cervejaria Trindade**, rua Nova de Trindade Im Bairo Alto - Die älteste Taverne der Brauer von Sages. Natürlich gibt es hier Bier, aber man kann auch essen.

Pavilhão Chines, rua Don Pedro V 89. Unumgänglicher Treffpunkt für einen Tee, ein Cocktail oder einen "Absacker". Poetisches und ungewöhnliches Dekor.

O Chapitò, rua Costa do Castelo 7, für seine Terrasse über Alfama – **Martinho de Arcade**, praça do Comercio, Ecke rua da Prata - Eines der ältesten Cafés. Wöchentlich finden hier literarische Lesungen statt – **Brasileira**, rua Garret 102 - Dekor wie um die Jahrhundertwende. *Una bica paça favor* (kleines Café) – **A Ginjinha**, travessa de Saõ Domingo 8. Ein kleiner Halt im Rossio, in der Nähe der Kirche São Domingo, wo Sie an der Theke eine typisch Lissaboner Spezialität kosten können: einen Kirschlikör – **Nicola**, praça Dom Pedro IV 26, auf dem Rossio. Das berühmteste Café von Lissabon – **Procòpio**, Alto de São Francisco 21 - Stimmungsvolle Atmosphäre in einem Café-Salon mit schöner Einrichtung im Stil der Jahrhundertwende – **Os Pasteis de Belem**, rua de Belem 84 - Ideal am Nachmittag zur Teestunde, können Sie die berühmten *pasteis* de Belem kosten, die hier auch hergestellt werden und deren Rezept streng geheimgehalten wird – **Confeteria Nacional**, praça de Figueria - Altmodische Konditorei im Rossio, wo es köstliche gegrillte Brote mit Salzbutter gibt – **Solar do Vinho do Porto**, rua de São Pedro de Alcantara 45 - So geschl. An der Endstation der Seilbahn Glória. Man kann hier den Porto probieren. Große Auswahl -das *cálice* (Glas) kostet zwischen 70 und 700 Esc.

NIGHT CLUB

XXIV de Julho, avenida XXIV de Julho 116, in schönem Dekor trifft sich die Lissaboner Jugend und Schickeria – **Fràgil**, rua da Atalaia 126, Baìrro Alto, seit 1974 eine wahre Institution – **Kapital**, avenida XXIV de Julho 68, sehr schöner Dekor mit dem Thema: deutscher expressionistischer Film.

SHOPPING

Casa Quintão, rua Ivens 30 und **Casa de São Vicente**, Azinhaga das Viegas 1 in Marvila. Teppiche von Arraiolos – **Principe Real Enchovais**, rua Escola Polìtecnica 12. Haushaltswäsche – **Casa Regional da Ilha Verde**, rua Paiva de Andrade 4. Stickereien von den Azoren – **Madeira House**, rua Agusta 131. Haushaltswäsche von Madeira.

CASCAIS

O Pescador, rua das Flores, Tel. 21-483 20 54. 4000-5000 Esc. Ist als das beste Fischrestaurant von Cascais bekannt – **Visconde da Luz**, jardìm Visconde da Luz, Tel. 21-486 68 48. 5000-7000 Esc. Gute – **Reijos**, rua Frederico Arouca, Tel. 21-483 03 11. 2700-4400 Esc. So u. 20. Dez. bis 19. Jan. Amerikanische und portugiesische Spezialitäten. Immer sehr gut besucht – **O Batel**, travessa das Flores, Tel. 21-483 02 15. 4100 Esc. Gegenüber des

Fischmarktes. Günstige Preise, Thermidor – **Grande Tasca**, rua Sebastião José de Carvalho e Melo, Tel. 21-483 11 40. Sein Erfolg ist kein Geheimnis: eine schöne Einrichtung, gute Küche, günstige Preise, und es ist gleichfalls eine Weinbar.

GINCHO

4 km von Cascais entfernt

Porto de Santa Maria, Straße do Guincho, Tel. 21-487 02 40. 8000-12000 Esc. Fisch und Krustentiere - schick und teuer – **Mar do Gincho** Estalagem do Guincho, Praia do Guincho - Dieser Gasthof hat eine sehr gute Küche.

ESTORIL

Four Seasons, Hotel Pálacio, rua do Parque, Tel. 21-468 04 00 – Ein schicker Ort an der portugiesischen Riviera. Schickes und elegantes Restaurant. Es hat außerdem eine gute Küche – **Tamariz**, das meistbesuchte Restaurant am Strand von Estoril.

QUELUZ

Cozinha Velha, Palácio Nacional de Queluz, Tel. 21-435 02 32. 4 000 Esc. Sie essen hier in der Küche des Palastes Quelez, ein brillantes Beispiel des portugiesischen Rokoko.

SINTRA

Tacho Real, rua da Ferreira 4, Tel. 21-923 52 77 - Mi geschl., 3300-5000 Esc. Reservierung erforderlich. Regionale und internationale Küche, gute zubereiteter Fisch - **A Tiborna**, largo Rainha D. Amelia - Mi geschl. 2800-4300 Esc. Francisco Freitas bereitet Ihnen einen freundlichen Empfang und serviert außerdem eine gute Küche, die aus mediterranen Spezialitäten besteht – **Casa Piriquita**, rua das Padarias 1/3. Spezialitäten: *queijadas*.

LOURHINÃ

Frutos do mar, porto das Barcas. Di geschl – **Nordsêe**, Strand von Porto Dinheiro. Mi geschl. Fisch und schöner Ausblick in beiden Restaurants.

CALDAS DA RAINHA

Esplanade do Parco, Parc Dom Carlos - **Pateo da Rainha**, rua de Camões 39. Regionale Küche.

SETUBAL

Isidro, rua Pr Augusto Gomes 1, Tel. 265-53 50 99. 2000-4500 Esc – **O Beco**, largo do Misericórdia 24, Tel. 265-52 46 17. Dinstag, und vom 15. September. bis 10. Oktober geschlossen. Familiäres Restaurant, guter Service. 2000-3300 Esc.

ÓBIDOS

A Ilustre Casa de Ramiro, rua Porta do Vale, Tel. 262-95 91 94 - Jan. geschl. Sehr schöne Einrichtung. Auf dem Holzgrill zubereitete Fleischspezialitäten. 4000-5000 Esc – **Alcaide**, rua

Direita – **Dom João V**, 1 km auf des Straße nach Caldas da Rainha, largo da Igreja Senhor da Pedra. Kleines Restaurant, angenehm und nicht zu teuer.

CAFE

Ibn Errik Rex, 8 de Maio. Treffpunkt von Obidos wo bei einigen Gläschen *ginjinha* lautstark diskutiert wird.

ALCOBACA

Trindade, praça Dom Afonso Henriquez - Sa im Winter geschl. Der beste Ort für eine kleine Rast nach einem Besuch des wunderschönen Zisterzienserklosters.

NAZARÉ

Arte Xàvega, Calçada do Sitio, Tel. 262-55 21 36 – Nov. geschl. 3000 Esc – **Beira-Mar**, avenida da República, 40 - Dezember bis Februar geschlossen 2000 Esc. Eines der besten Restaurants am Hafen – **Mar-Bravo**, praça Sousa Oliveira 67-A, Tel. 062-55 11 80. 4500 Esc. Gut besucht, vor allem wegen Fisch und Meeresfrüchten.

FATIMA

O Recinto, av. D. José Alves Correia da Silva, Tel. 249-53 30 55. 2000-3000 Esc. In der Galerie Parque, Terrasse – **O Rtuão**, largo da Capela, Tel. 249-52 11 95. Landesypischer Dekor und Küche.

M I N H O

GUIMARÃES

Vira Bar, largo 28 de Maio, Tel. 253-41 41 16. 3000-5000 Esc. Eines der schönsten der Stadt – **Quinta de Castelães**, Castelães, Straße N 101, Tel. 253-55 70 02 - So abends u. Mo geschl. In einer ehemaligen *Quinta*. Auf dem Land (4 km).

BRAGA BON JESUS DO MONTE

O Inácio, Campo das Hortas 4,Tel. 253-61 32 25 - Mo und die erste Woche im Oktober geschl. Rustikale Einrichtung und guter Weinkeller, gute Küche

VIANA DO CASTELO

Os 3 Potes, Beco dos Fornos 7, Tel. 258-82 99 28 - Mo geschl. Hat alles um die Bedürfnisse des Touristen zu befriedigen, typische Dekor und Ambiente, Tanz am Fr und Sa während des Sommers und gute Küche – **Alambique**, rua Manuel Espregueira 86, Tel. 258-82 38 94 - Spezialitäten, unter anderem das bekannte *peijuada a transmontana*. **Pastelaria Zé Natàrio**, rua dos Combatentes da Grande Guerra - Spezialitäten: *manjeriscos de Viana* und *princesas do Lima*.

PONTE DE LIMA

Encanada, Av. Marginal, Tel. 258-94 11 89. Hier kann man nach einem Marktgang (jeden 2. Mo im Monat) zu Mittag essen. Ein malerisches Restaurant – **Madalena**, Monte de Sta Maria Madalena, Sulestre (3,5 km), Tel. 258-94 12 39 - Mi u. im Nov. geschl. 2500-4000 Esc.

BARCELOS

Arantes, Av. de la Liberdade, 33, Tel. 258-81 16 45 - Spezialitäten: *papas de sarabuhlo* und *pade de anho* – **Confeitaria Salvação**, rua Antònio Barroso 127 - Spezialitäten: *laranjas de doce und les belas queijadinhas*.

CAMINHA

O Barão, rua Barão de São Roque 33, Tel. 258-72 11 30 - Mo abends, Di u. von 15. Jan. bis 15. Feb. geschl. 2000-3000 Esc – **Solar do Pescado**, rua Visconde de Sousa Rego 85, Tel. 258-92 27 94 - Mo. von Okt. bis Mai u. Nov. geschl. 3000 Esc. Fisch und Meeresfrüchte.

VALENCA DO MINHO

Fortaleza, rua Apollinário da Fonseca, 5 - Mi u. von 15. Jan bis 15. Feb. geschl. 3000 Esc.

R I B A T E J O

TOMAR

Bela Vista, Ecke rua Marques und rua Fonte do Choupo, Tel. 249-31 28 70 - Mo abends, Di und im Nov. geschl. Schöner Blick auf die Stadt.

SANTAREM

Portas do Sol, jardim das Portas do Sol, Tel. 243-295 20 - So abends und Mo geschl. Eines der besten Restaurants von Santarém, mit einer guten regionalen Küche und einer schönen Auswahl an Weinen. Auf der Terrasse hat man Panoramablick.

VIAL FRANCA DE XIRA

O Redondel, praça de Touros - Di und im August geschlossen. 3000-4000 Esc.

RIO MAIOR

Adega da Raposa, travessa da estalagem - So u. von 1. bis 30 Juli geschl. 3000 Esc – **Cantinho da Serra**, antiga estrada - Mo u. Juli geschl. Zwei gute, nette und typische Adressen.

A Z O R E N

INSEL FAIAL

HORTA

Capitolio, rua Conselheiro Modeiros 23 – **O Lima**, rua Serpa Pinto 9.

CAFE

Peter's Friends, internationaler Treffpunkt der Matrosen, deren Schiffe in Horta anlegen.

INSEL SÃO MIGUEL

PONTA DELGADA

Die Restaurants im Stadtzentrum schließen schon früh.

London, rua Ernesto do Cauto 21 – **Casa Velha**, in Popolo de Cima, Tel. 225 00. So geschl. Reservierung erforderlich – **Chez Shamin**, in São Roque, Tel. 312 51. Am Strand. Orientalische Spezialitäten.

INSEL TERCEIRA

ANGRA DO HEROISMO

Beira Mar, rua de São João 1 – **Marcelino**, rua de São João 47.

M A D E I R A

FUNCHAL

Casa Vehla, rua Imperatriz D. Amelia 69, Tel. 291-22 57 49. Das beste Restaurant mit Ausblick in Funchal. 3500-5000 Esc – **Casa dos Reis**, rua Imperatriz D. Amelia 101, Tel. 291-22 51 82. Spezialitäten: Thunfischsteak und Kalb mit Brandy. 4000 Esc - Caravela, rua dos Comunidades Madeirenses 15, Tel. 291-22 84 64. 2000-3500 Esc – **Dona Amelia** rua Imperatriz D. Amelia 83, Tel. 291-22 57 84. 3500 Esc.

WEINPROBEN

Madeira Wine Association, av. de Arriaga 16. Sa und So geschl. Alle Weine aus Madeira.

SHOPPING

Casa do Turista, rua do Conselheiro; Korbsachen, Stickarbeiten.
Blumenmarkt, täglich, hinter der Kathedrale.

ORTSVERZEICHNIS

A
Aerosa (Viana do Castelo) - **Quinta da Boa Viagem** 158
Albufeira-Praia do Galé (Faro) - **Vila Joya** 37
Aldeia Velha (Avis) - **Monte de Pêro Viegas** 1
Almancil-Vale do Lobo (Faro) - **Hotel Dona Filipa** 38
Alpedrinha (Castelo Branco)
– **Casa da Comenda** 58
– **Casa do Barreiro** 59
Alvito (Beja)
– **Pousada do Castello de Alvito** 5
– **Quinta dos Prazeres** 6
Amarante (Porto)
– **Casa de Pascoaes** 85
– **Zé da Calcada** 86
Angra do Heroismo (Ie de Terceira / Les Açores)
– **Quinta da Nasce-Agua** 197
– **Quinta do Barcelos** 198
– **Quinta do Martelo** 199
Arcos de Valvedes-Jolda (Viana do Castelo) - **Paço da Gloria** 155
Ardegão (Viana do Castelo) - **Quinta de Vermil** 143
Arraiolos-(Evora) - **Pousada de Nossa Senhora da Assuncão** 10
Atouguia da Baleia- Penihe (Leiria) - **Casa do Castelo** 92
Aveiro - **Hotel Paloma Blanca** 53
Azeitão (Setúbal)
– **Quinta de Santo Amoro** *(Aldeia de Piedade)* 124
– **Quinta das Torres** *(Villa Nogueira)* 125
– **Quinta do Casal do Bispo** *(Aldeia de Piedade)* 126
– **Quinta de Arrábida** *(Casais da Serra)* 127
Azinhaga - Golegã- **Casa de Azinhaga** 165
Azoia de Baixo (Santarém) - **Quinta de Vale de Lobos** 169

B
Beja - **Pousada de São Francisco** 4
Benavilla (Avis) - **Monte do Chafariz** 2
Bom Jesus - **Casa dos Lagos** 133
Borba (Evora) - **Casa de Borba** 26
Braga
– **Hotel do Elévador** 131
– **Hotel do Parque** 132
Buarcos-Figueira da Foz (Coimbra) - **Clube de Vale de Leão** 64
Buçaco (Aveiro) - **Palace Hotel de Buçaco** 54

C

Caceira de Cima-Figueira da Foz (Coimbra) - **Casa da Azenha Velha** 65
Caldas da Rainha (Leiria) - **Quinta da Foz** 93
Caldelas - **Hotel Bela Vista** 134
Calhetas (Ile de São Miguel Les Açores) - **Casa das Calhetas** 194
Camacha - Casais d'Além (Madère) - **Quinta da Portada Branca** 205
Caminha (Viana do Castelo) - **Casa de Esteiró** 161
Campo Maior (Portalegre) - **Quinta dos Avòs** 29
Canas de Senhorim (Viseu) - **Casa de Abreu Madeira** 75
Caniçada - Vieira do Minho (Braga) - **Pousada de São Bento** 142
Capelas (Ile de São Miguel Les Açores) - **Solar do Conde** 195
Caramulo (Viseu) - **Pousada de São Jerónimo** 71
Cascais (Lisboa)
− **Estalagem Senhora da Guia** 100
− **Hotel Albatroz** 101
− **Casa da Pergola** 102
Celorico do Basto (Braga) - **Casa do Barao de Fermil** 135
Cem Soldos - (Santarém) - **Quinta da Anunciada Velha** 170
Chão da Ribeira - Pau Branco (Madère) - **Pau Branco** 211
Coimbra
− **Quinta das Lagrimas** 61
− **Hotel Astoria** 62
Constância (Santarém) - **Quinta de Santa Bárbara** 171
Curia (Aveiro) - **Curia Palace Hotel** 55

E

Elvas-(Portalegre) - **Estalagem Quinta de Sto Antonio** 31
Elvas-Monte da Amoreira-(Portalegre) - **Quinta de Sto Antonio** 32
Ericeira (Lisboa) - **Hotel Vilazul** 103
Estoril (Lisboa) - **Hotel Palacio** 104
Estremoz (Evora)
− **Pousada La Rainha Santa Isabel** 13
− **Monte dos Pensamentos** 14
Evora
− **Pousada dos Lóios** 15
− **Residencial Solar Monfalim** 16
− **Residencial Policarpo** 17
− **Casa de Sam Pedro** 18
− **Quinta da Espada** 19
− **Quinta de S. Thiago** 20
Evora- Monte das Flores-**Estalagem Monte das Flores** 21

F

Faia (Guarda) - **Quinta da Ponte** 66
Faro - Santa Barbara de Nexe - **La Réserve** 39
Faro - Estòi - **Monte do Casal** 40
Figueira e Barros (Avis) - **Monte do Padrão** 3
Flor da Rosa - Crato (Portalegre) - **Flor da Ros Pousada** 27
Fornos (Setúbal) - **Quinta dos Medos** 130

Funchal (Ile de Madère)
– Penha da Franca 200
– Hotel Reid's 201
– Quinta Bela Vista 202
– Quinta Perestrello 203
– Quinta da Fonte 204
Fundão (Castelo Branco) - **Casa dos Maias** 57
Furnas (Ile de São Miguel / Les Açores) - **Hotel Terra Nostra** 192

G
Guimarei (Porto) - **Quinta da Picaria** 84
Guimarães (Braga)
– Pousada de Santa Maria da Oliveira 137
– Pousada Santa Marinha 138
– Casa de Sezim 139
– Paço de S. Cipriano *(Taboadelo)* 140

H
Horta (Ile de Faial / Les Açores)
– Estalagem Santa Cruz 183
– Residencial Infante 184
– Hotel Faial 185
– Quinta das Buganvilias *(Castello Branco)* 186

L
Lagos - **Casa de San Gonzalo** 52
Lamego (Viseu)
– Quinta da Timpera 90
– Casa de S. Antonio 91
Lisboa
– Lapa Palace 105
– Hotel Avenida Palace 106
– Hotel Lisboa Palace 107
– York House Hotel 108
– As Janelas Verdes 109
– Hotel Metropole 110
– Hotel Lisboa Tejo 111
– Albergaria da Senhora do Monte 112
– Casa de San Mamede 113
Livramento (Ile de São Miguel Les Açores)
– Casa Nossa Senhora do Carmo 190
– Quinta da Terça 191
Loulé (Faro)
– Casa Belaventura 41
– Loulé Jardim Hotel 42
Lourinhã (Lisboa) - **Quinta da Santa Catarina** 144
Luso - Mealhada (Aveiro) - **Villa Duparchy** 56

M
Macedo de Cavaleiro (Bragança) - **Estalagem do Caçador** 176
Maia (Ile de São Miguel Les Açores) - **Solar de Lalèm** 193
Mangualde (Viseu) - **Estalagem Casa d'Azuzara** 74
Marvão (Portalegere) - **Pousada Santa Maria** 30
Meadela (Viana do Castelo) - **Casa do Ameal** 144
Mexilhoeira Grande (Faro) - **Casa de Palmerinha** 45
Molares - Celorico do Basto (Braga) - **Casa do Campos** 136
Monção (Viana do Castelo) - **Casa das Rodas** 157
Monchique (Faro) - **Estalagem Abrigo da Montanha** 43
Monsaraz - **Casa D. Nuno** 34
Monzaraz - Barrada de Monsaraz **Monte Saraz** 33
Monsaraz - Reguengos - Arrabalde **Estalagem de Monsaraz** 35
Mora-(Evora) - **Monte da Fraga** *(9200/10500 Esc)* 12

N
Nazaré (Leiria) - **Pensão Restaurante Ribamar** 94

O
Obidos (Leiria)
– **Estalagem do Convento** 96
– **Pousada do Castelo** 97
– **Casal do Pinhnão** 98
– **Casa d'Obidos** 99
Oliveira do Hospital (Coimbra) - **Pousada Santa Barbara** 63
Oliveira - Mesão Frio (Vila Real)
– **Casa das Torres de Oliveira** 179
– **Casa d'Alem** 180
Outeiro da Cortiçada -(Santarém) - **Quinta da Cortiçada** 173

P
Palmela (Setúbal) - **Pousada de Palmela** 36
Pavia-(Evora) - **Monte Velho da Jordana** 11
Penhas Douradas (Guarda) - **Pousada de São Lourenço** 67
Ponte de Lima (Viana do Castelo) -
– **Casa de Pereiras** 145
– **Casa de Sabadão** *Arcozelo* 146
– **Casa do Arrabalde** *Arcozelo* 147
– **Casa do Outeiro** *Arcozelo* 148
– **Convento Val de Pereiras** *Arcozelo* 149
– **Paço de Calheiros** *Calheiros-* 150
– **Casa do Barreiro** *S. Tiago da Gemieira* 151
— **Casa das Torres** *Facha* 152
– **Casa de Várzea** *Beiral do Lima* 153
Ponta Delgada (Ile de São Miguel Les Açores) - **Hotel San Pedro** 187
Portimão (Faro) - **Hotel Bela Vista** 44

Porto
– Hotel Infante de Sagres 78
– Casa do Marechal 79
– Hotel Tivoli Porto Atlantico 80
– Hotel da Bolsa 81
– Castelo de Santa Catarina 82
– Pensão Residential Rex 83
Porta da Cruz - Folhadal - (Madère) - **Casa da Capela** 206
Póvoa dos Mosqueiros (Viseu) - **Solar da Quinta** 76

Q
Queijada (Viana do Castelo) - **Casa do Baganheiro** 154
Queluz (Lisboa) - **Pousada Dona Maria I** 155

R
Redondo (Evora)
— **Quinta da Tahla** 22
— **Hotel Convento de São Paulo** 23
Ribeira de São João - Rio Maior (Santarém) - **Quinta da Ferraria** .174
Rio de Mouro (Lisboa) - **Quinta da Fonta Nova** 122
Rio Frio-Montijo (Setúbal) - **Palacio de Rio Frio** 128
Rio Maior (Santarém) - **Casa do Foral** 172

S
Sagres (Faro)
– **Pousada do Infante** 47
– **Fortaleza do Beliche** 48
Salteiros (Portalegre) - **Monte da Varzea d'Agua de Salteiros** 28
S. Bento da Vàrzea - Barcelos - **Quinta de Santa Comba** 141
San Romão - Seia (Guarda) - **Casa das Tílias** 69
Santa Clara a Velha (Beja) - **Quinta do Barranco da Estrada** 7
Santana-Achada Simão Alves (Madère) - **Casa da Dona Clementina** ..207
Santo Antonio (Ile de São Miguel Les Açores) - **Casa do Monte** ..196
Saõ Bras de Alportel (Faro) - **Pousada de São Bras** 46
São Vicente (Madère)
– **Casa da Piedade** *(Sitio do Laranjal-)* 208
– **Casa do Lanço** *(Sitio do Lanço)* 209
Sassoeiros - Parede (Lisboa) - **Quinta das Encostas** 123
Seia (Guarda) - **Estalagem da Seia** 68
Seixal - Sitio da Serra d'Agua (Madère) **Casa das Videiras** 210
Serpa (Beja) - **Pousada de São Gens** 8
Serra d'Agua (Madère) - **Pousada dos Vinhaticos** *(Vinhaticos)* 212
Serra do Marão (Amarante) - **Pousada São Gonçalo** 87
Sertã (Castelo Branco) - **Albergue do Bonjardim** 60
Setúbal - **Pousada de São Filipe** 129
Sintra (Lisboa)
– **Palacio de Seteais** 116
– **Quinta da Capela** 117
– **Casa Miradouro** 118

– Quinta das Sequóias 119
– Villa das Rosas 120
– Casa da Arcada 121

T
Tavira (Faro)
– **Convento de Santo Antonio** 49
– **Quinta do Caracol** 50
Timperia-Vila Real - **Casa Agricola da Levada** 181
Torre de Moncorvo (Bragança) - **Casa da Avó** 178
Torrozelo (Guarda) - **Quinta da Bela Vista** 70
Travanca (Porto) - **Solar de Miragaia** 88

V
Valado dos Frades (Leiria) - **Quinta do Campo** 95
Valença do Minho (Viana do Castelo)
– **Pousada do São Teotónio** 156
Viana do Castelo
– **Hotel Santa LuziaPousada** 159
– **Casa Granda de Bandeira** 160
Vidago (Vila Real) - **Vidago Palace Hotel** 169
Vila Franca de Xira (Lisboa)
– **Quinta de Santo André - São Jorge** 166
– **Quinta do Alto** 167
– **Quinta das Covas** *(Cachoeiras)* 168
Vilamoura (Faro) - **Estalagem de Cegonha** 51
Vila Franca do Campo (Ile de São Miguel Les Açores)
– **Convento de San Francisco** 188
– **Hotel Vinha do Campo** 189
Vila Nova de Anha (Viana do Castelo) - **Paço d'Anha** 162
Vila Nova da Cerveira (Viana do Castelo)
– **Estalagem da Boega** 163
– **Pousada Dom Dinis** 164
Vila Nova de Milfontes (Odemira) - **Castelo de Milfontes** 9
Vila Nova de Ourém (Santarém) - **Quinta da Alcaidaria - Mór** 175
Vila Viçosa (Evora)
– **Casa de Peixinhos** 24
– **Pousada D. Joao IV** 25
Vilar-Seco-Nelas (Viseu) - **Quinta da Fata** 77
Viseu
– **Hotel Grao Vasco** 72
– **Quinta de São Caetano** *(14000 Esc)* 73

ALPHABETISCHES VERZEICHNIS

A
Abrigo da Montanha Estalagem - *Monchique (Faro)* 43
Albatroz Hotel - *Cascais (Lisboa)* 107
Alcaidaria - Mór Quinta da - *Vila Nova de Ourém (Santarém)* 175
As Janelas Verdes - *Lisboa* 109
Astória Hotel- *Coimbra* 62
Avenida Palace Hotel – *Lisboa* 106

B
Bela Vista Hotel *Caldelas* 134
Bela Vista Hotel -*Portimão (Faro)* 44
Boega Estalagem da - *Vila Nova da Cerveira (Viana do Castelo)*...163
Bolsa Hotel da - *Porto* 81
Bonjardim Albergue do - *Sertã (Castelo Branco)* 60

C
Caçador Estalagem do - *Macedo de Cavaleiro (Bragança)* 176
Casa de Abreu Madeira - *Canas de Senhorim (Viseu)* 75
Casa Agricola da Levada *Timperia-Vila Real* 181
Casa d'Alem - *Oliveira - Mesão Frio (Vila Real)* 180
Casa do Ameal – *Meadela (Viana do Castelo)* 144
Casa do Arrabalde - *Arcozelo-Ponte de Lima (Viana do Castelo)* ..147
Casa da Arcada *Sintra* 121
Casa da Avó *Torre de Moncorvo (Bragança)* 178
Casa da Azenha Velha - *Caceira de Cima-Figueira da Foz* - 65
Casa da Azinhaga - *Azinhaga-Golegã* 165
Casa d'Azuzara Estalagem - *Mangualde (Viseu)* 74
Casa Granda de Bandeira - *Viana do Castelo* 160
Casa do Barao de Fermil - *Celorico do Basto (Braga)* 135
Casa do Barreiro - *Alpedrinha (Castelo Branco)* 59
Casa do Barreiro - *Giniera - Ponte de Lima (Viana do Castelo)* ...151
Casa Belaventura - *Loulé (Faro)* 41
Casa de Borba - *Borba (Evora)* 26
Casa dos Campos - *Molares - Celorico do Basto (Braga)* 136
Casa da Capela - *Sitio do Folhadal - Porta da Cruz (Machico)* 206
Casa das Calhetas - *Calhetas* 194
Casa do Castelo (TH) - *Atouguia da Baleia- Penihe (Leiria)* 92
Casa do Comenda - *Alpedrinha (Castelo Branco)* 58
Casa de Esteiró - *Caminha (Viana do Castelo)* 161
Casa D. Fernando - *Talefe - Mafra (Lisboa)* 115
Casa do Foral - *Rio Maior (Santarém)* 172
Casa da Dona Clementina - *Achada Simão Alves-Santana* 207
Casa dos Lagos *Bom Jesus* 133
Casa do Lanço - *Sitio do Lanço-São Vicente* 209
Casa dos Maias *Fundão (Castelo Branco)* 57
Casa do Marechal - *Porto* 79
Casa Miradouro - *Sintra (Lisboa)* 118

Casa do Monte - *Santo Antonio* 196
Casa do Outeiro - *Arcozelo-Ponte de Lima (Viana do Castelo)* 148
Casa Nossa Senhora do Carmo - *Livramento* 190
Casa D. Nuno - *Monsaraz* 34
Casa d'Obidos *Obidos (Leiria)* 99
Casa de Palmerinha - *Mexilhoeira Grande (Faro)* 45
Casa de Pascoaes - *Amarante (Porto)* 85
Casa de Pereiras - *Ponte de Lima (Viana do Castelo)* 145
Casa da Pergola - *Cascais (Lisboa)* 102
Casa de Peixinhos – *Vila Viçosa (Evora)* 24
Casa da Piedade - *Sitio do Laranjal-São Vicente* 208
Casal do Pinhnão - *Obidos (Leiria)* 98
Casa do Poço de Valença - *Valença do Minho (Viana do Castelo)* .148
Casa das Rodas - *Monção (Viana do Castelo)* 157
Casa de San Antonio de Britiande- *Lamego (Viseu)*....................91
Casa de San Gonzalo - *Lagos*...52
Casa de San Mamede – *Lisbonne* 113
Casa de Sam Pedro - *Evora* 18
Casa de Sezim - *Guimarães (Braga)*..................................139
Casa das Tílias - *San Romão - Seia (Guarda)* 69
Casa das Torres *Facha -Ponte de Lima* 152
Casa das Torres de Oliveira - *Oliveira - Mesão Frio (Vila Real)* .179
Casa de Várzea - *Beiral do Lima (Viana do Castelo)*.................153
Casa das Videiras - *Sitio da Serra d'Agua - Seixal (Porto Moniz)*- ..210
Castelo de Milfontes - *Vila Nova de Milfontes (Odemira)* 9
Castelo de Santa Catarina - *Porto* 82
Cegonha Estalagem de - *Vilamoura (Faro)* 51
Clube de Vale de Leão –*Buarcos-Figueira da Foz (Coimbra)* 64
Convento Estalagem do - *Obidos (Leiria)* 96
Convento de San Francisco - *Vila Franca do Campo)*................188
Convento de São Paulo Hotel - *Redondo*...............................23
Convento de Santo Antonio - *Tavira (Faro)*...........................50
Convento Val de Pereiras - *Arcozelo-Ponte de Lima (Viana do Castelo)* .149
Curia Palace Hotel - *Curia (Aveiro)*.................................55

D
Dona Filipa Hotel – *Almancil-Vale do Lobo (Faro)* 38

E
Elévador Hotel do - *Braga* 131

F
Faial Hotel - *Horta*..184
Fortaleza do Beliche - *Sagres (Faro)*................................48

G
Grao Vasco Hotel - *Viseu* 72

I
Infante de Sagres Hotel - *Porto* 78

L
Lapa Palace Hotel – *Lisboa* 105
Lsboa Palace Hotel - *Lisboa* 108
Lisboa Tejo Hotel – *Lisboa* 111
Loulé Jardim Hotel - *Loulé (Faro)* 42

M
Metropole Hotel – *Lisboa* 110
Monsaraz Estalagem de - *Reguengos de Monsaraz-Arrabalde* 35
Monte da Amoreira - *Elvas - Monte da Amoreira (Portalegre)* 32
Monte do Casal - *Estói-Faro* 40
Monte do Chafariz *Benavilla (Avis)* 2
Monte das Flores Estalagem - *Monte das Flores-Evora* 21
Monte da Fraga - *Mora-(Evora)* 12
Monte do Padrão *Figueira e Barros (Avis)* 3
Monte dos Pensamentos - *Estremoz (Evora)* 14
Monte de Pêro Viegas - *Aldeia Velha (Avis)* 1
Monte Saraz - *Barrada de Monzaraz* 33
Monte da Varzea d'Agua de Salteiros - *Salteiros (Portalegre)* - ... 28
Monte Velho da Jordana - *Pavia-(Evora)* 11

P
Paço de San Cipriano – *Taboadelo- Guimarães (Braga)* 140
Palacio Hotel - *Estoril (Lisboa)* 104
Palacio de Rio Frio - *Rio Frio-Montijo (Setúbal)* 128
Palace Hotel do Buçaceo - *Buçaco (Aveiro)* 54
Paloma Blanca Hotel – *Aveiro* 52
Parque Hotel do - *Braga* 132
Paço d'Anha - *Vila Nova de Anha (Viana do Castelo)* 162
Paço da Gloria - *Jolda - Arcos de Valvedes (Viana do Castelo)* 155
Paço de Calheiros - *Ponte de Lima* 150
Pau Branco - *Pau Branco-Chão da Ribeira (Porto Moniz)*- 211
Penha da Franca Albergaria - *Funchal-* 200
Pensão Residential Rex - *Porto* 83
Pensão Restaurante Ribamar - *Nazaré (Leiria)* 94
Pousada do Castelo - *Obidos (Leiria)* 97
Pousada do Castelo de Alvito - *Alvito (Beja)* 5
Pousada Dom Dinis - *Vila Nova da Cerveira (Viana do Castelo)*... 164
Pousada D. Joao IV - *Vila Viçosa (Evora)*- 25
Pousada de Dona Maria I – *Queluz (Lisboa)* 115
Pousada Flor da Rosa - *Flor da Rosa-Crato (Portalegre)* 27
Pousada do Infante *Sagres (Faro)* 47
Pousada dos Lóios - *Evora* 15
Pousada de Palmela *Palmela (Setúbal)* 36
Pousada de Nossa Senhora da Asuncão *Estremoz (Evora)* 10
Pousada Santa Barbara - *Oliveira do Hospital (Coimbra)* 63
Pousada de São Bento - *Vieira do Minho (Braga)* 142
Pousada de Saõ Bras – *Saõ Bras de Alportel (Faro)* 46

Pousada de São Filipe - *Setúbal* 129
Pousada de Saõ Francisco – *Beja* 4
Pousada de São Gens - *Serpa (Beja)* 8
Pousada de São Gonçalo - *Serra do Marão (Amarante)* 87
Pousada La Rainha Santa Isabel *Estremoz (Evora)* 13
Pousada de São Jerónimo - *Caramulo (Viseu)* 71
Pousada de São Lourenço *Penhas Douradas (Guarda)* 67
Pousada Hotel Santa Luzia - *Viana do Castelo* 159
Pousada Santa Maria - *Marvão (Portalegere)* 30
Pousada de Santa Maria da Oliveira - *Guimarães (Braga)* 137
Pousada de Santa Marinha - *Guimarães (Braga)* 138
Pousada do São Teotónio - *Valença do Minho (Viana do Castelo)* .. 156
Pousada dos Vinhaticos - *Vinhaticos-Serra d'Agua (Ribeira Brava)* 212

Q
Quinta da Anunciada Velha - *Cem Soldos - Tomar (Santarém)* .. 179
Quinta de Arrábida - *Azeitão-Casais da Serra(Setúbal)* 127
Quinta do Alto *Vila Franca de Xira (Lisboa)* 167
Quinta dos Avòs *Campo Maior (Portalegre)* 29
Quinta do Baganheiro - *Queijada (Viana do Castelo)* 154
Quinta do Barranco da Estrada - *Santa Clara a Velha (Beja)* - 7
Quinta de Bela Vista - *Funchal-* 202
Quinta da Bela Vista - *Torrozelo (Guarda)* 70
Quinta da Boa Viagem - *Viana do Castelo - Aerosa* 158
Quinta das Buganvilias - *Castelo Branco - Horta* 186
Quinta do Barcelos - *Angra do Heroismo* 198
Quinta do Campo – *Valado dos Frades (Leirta)* 95
Quinta da Capela - *Sintra (Lisboa)* 117
Quinta do Caracol – *Tavira (Faro)* 49
Quinta do Casal do Bispo - *Vila Nova de Azeitão (Setúbal)* 126
Quinta da Cortiçada - *Outeiro da Cortiçada -(Santarém)* 173
Quinta das Covas - *Vila Franca de Xira (Lisboa)* 168
Quinta das Encostas *Sassoeiros - Parede (Lisboa)* 123
Quinta da Espada *Evora* 19
Quinta da Fata - *Vilar-Seco-Nelas (Viseu)* 77
Quinta da Ferraria - *Ribeira de São João - Rio Maior (Santarém)* .174
Quinta da Fonta Nova - *Rio de Mouro (Lisboa)* 122
Quinta da Fonte - *Funchal-* 204
Quinta da Foz - *Caldas da Rainha (Leiria)* 93
Quinta das Lagrimas - *Coimbra* 61
Quinta do Martelo - *Angra do Heroismo* 199
Quinta dos Medos - *Fornos (Setúbal)* 130
Quinta da Nasce-Agua - *Angra do Heroismo* 197
Quinta Perestrello - *Funchal-* 203
Quinta da Picaria – *Guimarei (Porto)* 84
Quinta da Ponte - *Faia (Guarda)* 66
Quinta da Portada Branca - *Casais d'Além-Camacha (Sta Cruz)* .205
Quinta dos Prazeres - *Alvito (Beja)* 6
Quinta do Ribeiro - *Pedraza - Resende (Porto)* 89
Quinta de Sabadão - *Ponte de Lima* 146
Quinta de Santo Amoro - *Azeitão-Aldeia de Piedades (Setúbal)* .. 124
Quinta de Santo André - *Vila Franca de Xira (Lisboa)* 166
Quinta de Sto Antonio – *Elvas Monte da Amoreira-(Portalegre)* 31

Quinta de Santa Barbára - *Constäncia (Santarèm)* 171
Quinta de São Caetano - *Viseu* 73
Quinta da Santa Catarina - *Lourinhã (Lisboa)* 114
Quinta de Santa Comba - *S. Bento da Vàrzea - Barcelos* 141
Quinta de S. Thiago *Evora* 20
Quinta das Sequóias – *Sintra (Lisboa)* 119
Quinta da Tahla *Redondo (Evora)* 22
Quinta da Terça - *Livramento* 191
Quinta da Timpera - *Lamego (Viseu)* 90
Quinta das Torres - *Azeitão (Setúbal)* 125
Quinta de Vermil - *Ardegão (Viana do Castelo)* 143

R
Reid's Palace - *Funchal-* 201
Residencial Infante - *Horta* 185
Residencial Policarpo - *Evora* 17
Residencial Solar Monfalim 16
Réserve La - *Faro - Santa Barbara de Nexe* 39

S
San Pedro Hotel - *Ponta Delgada* 187
Santa Cruz Estalagem - *Horta* 183
Seia Estalagem da - *Seia (Guarda)* 68
Senhora da Guia Estalagem - *Cascais (Lisboa)* 100
Seteais Palacio de - *Sintra (Lisboa)* 116
Solar das Arcas - *Arcas (Bragança)* 177
Solar do Conde - *Capelas* 195
Solar da Quinta - *Póvoa dos Mosqueiros (Viseu)* 76
Solar de Lalèm - *Maia* 193
Solar de Miragaia - *Travanca (Porto)* 88

T
Terra Nostra Hotel - *Furnas* 192
Tivoli Porto Atlantico Hotel – *Porto* 80

V
Vilazul Hotel *Ericeira (Lisboa)* 103
Vidago Palace Hotel - *Vidago (Vila Real* 182
Villa das Rosas - *Sintra (Lisboa)* 120
Villa Duparchy - *Luso - Mealhada (Aveiro)* 56
Vila Joya – *Albufeira-Praia do Galé (Faro))* 37

Y
York House Hotel - *Lisboa* 107

Z
Zé da Calcada - *Amarante (Porto)* 86

Guide de Charme

HOTELS UND LANDGASTHÄUSER MIT CHARME IN ITALIEN

2000

506 Adressen und 28 Straßenkarten

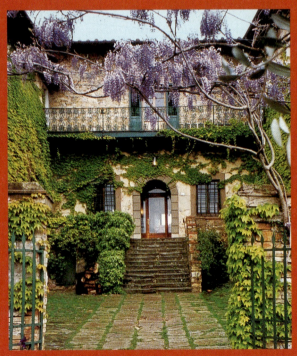

Rivages/GeoCenter

Guide *de* Charme

2000

HÔTELS UND LANDGASTHÖFE MIT CHARME IN SPANIEN

230 Adressen und Straßenkarten

Rivages/GeoCenter

DIE REISEFÜHRER MIT CHARME VON RIVAGES

www.guidesdecharme.com

Die Internet-Fortsetzung der
guides de charmes Rivages

Derzeit on-line:
"Hotels und Landgasthöfe mit Charme in Frankreich"

Jeden Monat eine neue Auswahl

Sonderangebote
Eine Auswahl von Häusern, die uns besonders zusagten und die Sie jeden Monat kostenlos als E-Mail erhalten können.

Hotels
Wochenend- oder Themen-Aufenthalte.

Regionen
Alle Sonderangebote nach Regionen.

Daten
Genau festgelegte Zeitspannen und Daten.

Entdecken - Reservieren
Detaillierte Präsentation des jeweiligen Hotels, gegebenenfalls mit Webside-Informationen.

Eine Möglichkeit für Leser zum Mitteilen von Erfahrungen über Hotels mit Charme.

N.B. Unsere Informationen sind in französischer Sprache verfaßt!

Printed in Italy
Litho Service (Verona)